SABINE ADLER

Ich sollte als Schwarze Witwe sterben

Buch

Sie sind Allahs mörderische Amazonen, sind Racheengel oder Rebellin, gläubige Witwe oder betäubte Braut. In keinem Land der Erde haben Kamikaze-Frauen so gewütet wie in Russland. Doch was treibt tschetschenische Frauen dazu, sich selbst und Hunderte unschuldiger Opfer in die Luft zu sprengen? Auch die in einem Dorf bei Grosny aufgewachsene 19jährige Raissa sollte als Selbstmordattentäterin sterben. Doch es gelang ihr, sich dem gesellschaftlichen Zwang zu widersetzen, sie suchte Schutz, ausgerechnet in den Armen des Feindes. Raissa ist Opfer einer uralten patriarchalen Gesellschaftsstruktur, die für tschetschenische Frauen nur die Rolle der gehorsamen Tochter, der unterwürfigen Schwester oder der duldsamen Ehefrau vorsieht. Ohnmächtig musste sie zusehen, wie Familienmitglieder und Freunde von der russischen Armee verschleppt, gefoltert und getötet wurden; sie erlebte, wie der Tod unschuldiger Menschen immer neue Opfer forderte. Als die junge Tschetschenin selbst für das tödliche Witwenkommando rekrutiert werden soll, begibt sie sich in russische Schutzhaft. Sabine Adler erzählt ihre Geschichte. Sie enthält sich dabei jeglicher Schwarzweißmalerei.

»Die Brutalität und die Verbrechen der russischen Soldaten an der tschetschenischen Zivilbevölkerung werden ebenso eindrucksvoll geschildert wie die Skrupellosigkeit tschetschenischer Feldkommandeure, die kein Interesse am Stopp des Blutvergießens haben, weil sie, wie viele ihrer russischen Gegenspieler, am Krieg auch prächtig verdienen.«

DIE ZEIT

Autorin

Sabine Adler, geboren 1963, arbeitet seit 1987 als Rundfunkjournalistin. Seit 1999 berichtet sie für das »DeutschlandRadio« aus Russland. Im Zuge ihrer Recherchen besuchte sie, häufig ohne Wissen der russischen Behörden, das tschetschenische Kriegsgebiet. Sie lebte inmitten der Familien und traf auf verzweifelte Frauen, die den Weg der Schwarzen Witwen gehen sollten (oder wollten).

Sabine Adler

Ich sollte als Schwarze Witwe sterben

Die Geschichte der Raissa und ihrer toten Schwestern

GOLDMANN

FSC
Mix
Produktgruppe aus vorbildlich bewirtschafteten Wäldern und anderen kontrollierten Herkünften

Zert.-Nr. SGS-COC-1940
www.fsc.org
© 1996 Forest Stewardship Council

Verlagsgruppe Random House FSC-DEU-0100
Das FSC-zertifizierte Papier *München Super* für Taschenbücher aus dem Goldmann Verlag liefert Mochenwangen Papier.

1. Auflage
Taschenbuchausgabe Oktober 2006
Wilhelm Goldmann Verlag, München,
in der Verlagsgruppe Random House GmbH

Lektorat: Ulrich Volz
Umschlaggestaltung: Design Team München
Umschlagfoto: Corbis/Turnley (TL008157)
KF · Herstellung: Str.
Druck und Bindung: GGP Media GmbH, Pößneck
Printed in Germany
ISBN-10: 3-442-15387-5
ISBN-13: 978-3-442-15387-9

www.goldmann-verlag.de

Inhalt

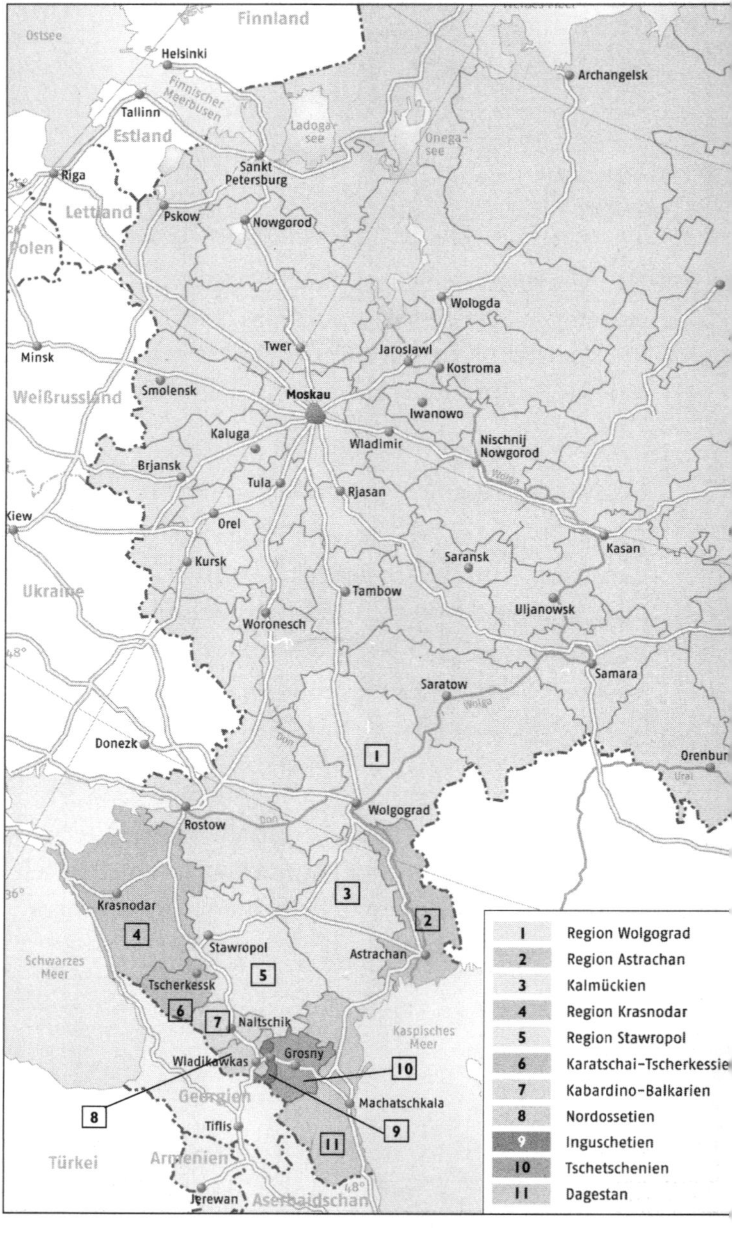
Finnland
Ostsee
Helsinki
Finnischer Meerbusen
Tallinn
Estland
Ladogasee
Onegasee
Archangelsk
Sankt Petersburg
Riga
Lettland
Pskow
Nowgorod
Polen
Wologda
Minsk
Twer
Jaroslawl
Kostroma
Weißrussland
Smolensk
Moskau
Iwanowo
Kaluga
Wladimir
Nischnij Nowgorod
Brjansk
Wolga
Tula
Rjasan
Kiew
Orel
Kasan
Saransk
Kursk
Ukraine
Tambow
Uljanowsk
Woronesch
Samara
Saratow
Wolga
Don
Donezk
Orenburg
Ural
Rostow
Don
Wolgograd
Krasnodar
Stawropol
Astrachan
Schwarzes Meer
Tscherkessk
Naltschik
Kaspisches Meer
Wladikawkas
Grosny
Georgien
Machatschkala
Tiflis
Türkei
Armenien
Jerewan
Aserbaidschan
1 Region Wolgograd
2 Region Astrachan
3 Kalmückien
4 Region Krasnodar
5 Region Stawropol
6 Karatschai-Tscherkessien
7 Kabardino-Balkarien
8 Nordossetien
9 Inguschetien
10 Tschetschenien
11 Dagestan

Narjan-Mar
Obbusen
Ussinsk
Jenissej
72°
Ob
Ob
erm
Irtysch
Jekaterinburg
Tjumen
Tscheljabinsk
Omsk
Ural
84°
Astana
Kasachstan
48°
Russ. Republiken
Flüsse
Große Fernstraßen
Städte
Staatsgrenze
Ländergrenze
0
500
1000 km
72°
www.schreibervis.de

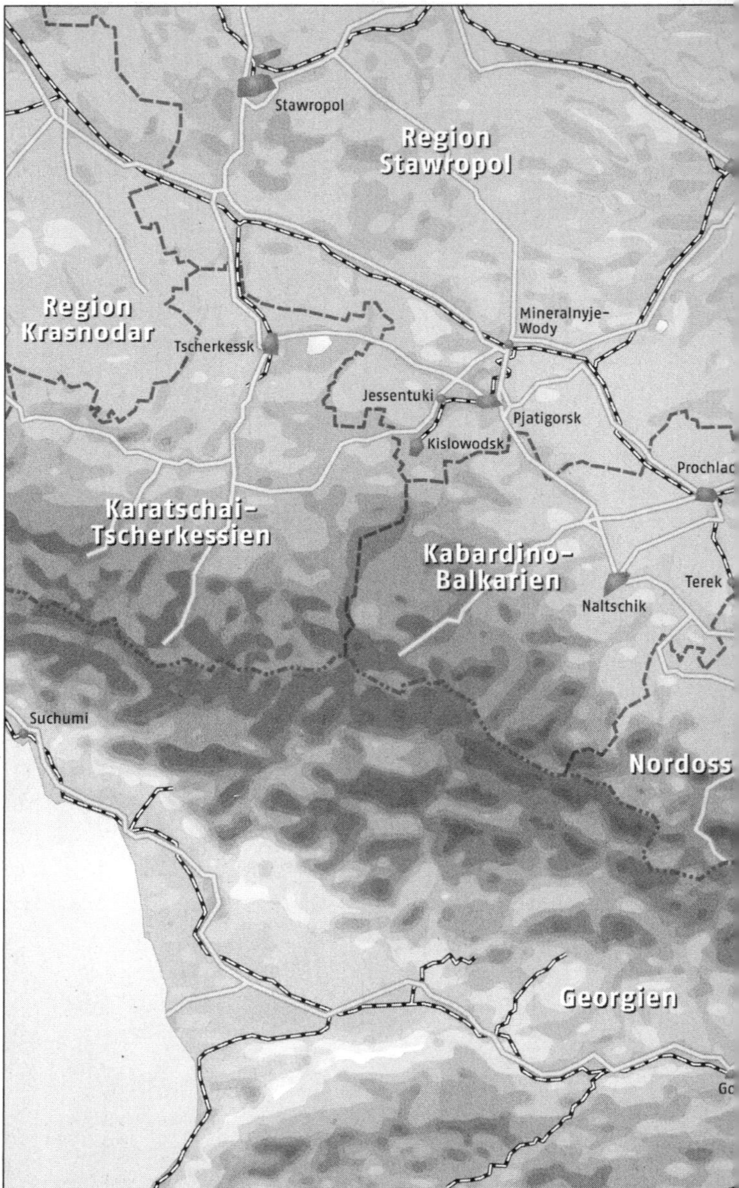

Stawropol
Region
Stawropol
Region
Krasnodar
Tscherkessk
Mineralnyje-
Wody
Jessentuki
Pjatigorsk
Kislowodsk
Prochlad
Karatschai-
Tscherkessien
Kabardino-
Balkarien
Terek
Naltschik
Suchumi
Nordoss
Georgien

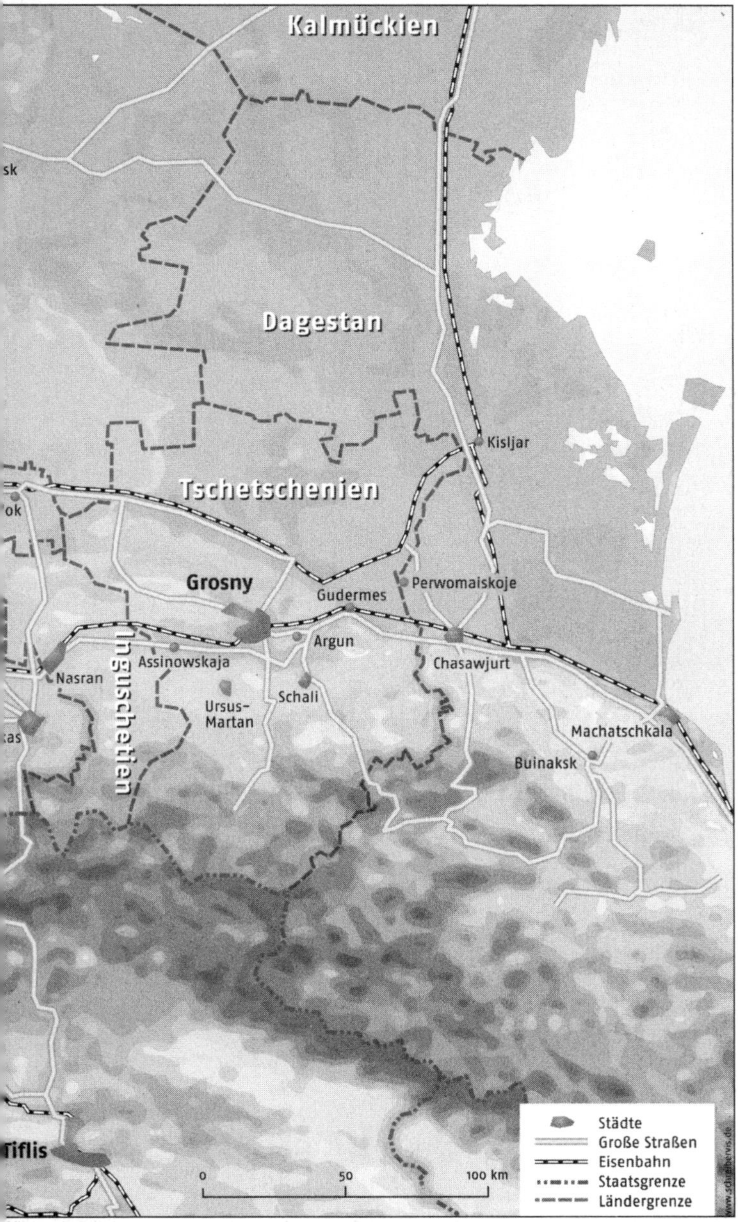
Kalmückien
Dagestan
Kisljar
Tschetschenien
Grosny
Gudermes
Perwomaiskoje
Argun
Assinowskaja
Chasawjurt
Nasran
Inguschetien
Schali
Ursus-
Martan
Machatschkala
Buinaksk
Tiflis
0
50
100 km
Städte
Große Straßen
Eisenbahn
Staatsgrenze
Ländergrenze

TSCHETSCHENISCHE RITUALE

Handgranaten am Bein

Dschamil rannte die Straße hinunter, keuchte und schnaufte, der Rucksack rutschte ihm immer wieder von der rechten Schulter und schlug schwer in seine Armbeuge. Er hatte keine Zeit, ihn richtig aufzusetzen, durfte sich keine Pause gönnen, sonst würde der Siebenuhrfünfer ohne ihn nach Jessentuki fahren. Die Bahnhofsuhr zeigte zwei Minuten nach sieben.

Den Bahnsteig bevölkerte eine düstere Menschenmenge in meist schwarzen Lederjacken und Wollmützen, der Einheitskluft der Tschetschenen. Dazwischen entdeckte er Ali, Ruslan und die anderen. Als Dschamil die Stufen zu ihnen hinaufhastete, rollte der Regionalzug gerade in die Station von Mineralnyje Wody ein. Außer Atem begrüßte er seine Kommilitonen, schüttelte allen die Hand, so viel Zeit mußte sein, und schlug Ruslan, seinem Freund, auf die Schulter. Der Schlag knallte laut auf der Jacke, Ruslans Neuanschaffung, auf die er stolz war wie ein König. »Starkes Teil«, würdigte Dschamil das glänzende Stück.

Der Zug hielt. Vor ihnen stiegen zwei junge Frauen ein, die Mühe hatten, ihre schwere Reisetasche in den Waggon zu hieven. Dschamil faßte mit an. Er wollte ihnen die Tasche ins Abteil tragen, aber die beiden bestanden darauf, daß er sie direkt neben der Zugtür absetzte. Dschamil folgte Ruslan und den anderen zu den Sitzplätzen. Weil das Abteil jedoch bis auf den letzten Platz belegt war, kehrten sie zurück in den Vorraum zu den beiden Frauen mit der Tasche. Der Morgenzug von Mineralnyje Wody nach Jessentuki war immer voll besetzt.

»Dschamil, hast du die Feldskizze gezeichnet?« fragte Ruslan. Dschamil galt als Koryphäe am Erdölinstitut, er nickte. Die besten Experten, rußlandweit, hatte die Fachschule für Erdöltechnik in Grosny ausgebildet. Solange die zerbombten Schulgebäude nicht wieder aufgebaut waren, fanden die Kurse in Mineralnyje Wody oder Jessentuki statt, also im russischen Teil des Kaukasus.

Dschamil kramte den Hefter aus dem Rucksack und erklärte Ruslan, der nie etwas verstand, die Skizze, die einen kartographierten Ausschnitt des Erdinneren zeigte. Verschiedene Farben sollten Sandschichten, Lehmböden und Ölkammern darstellen. Dschamil hatte versucht, so gut es ging perspektivisch zu zeichnen, doch verglichen mit den perfekten Computersimulationen der großen Ölgesellschaften nahm sich seine Zeichnung dilettantisch und hinterwäldlerisch aus. Er wußte, daß ihm nur ein exzellenter Abschluß einen Platz an den Hochleistungscomputern der Ölriesen bot. Er schrieb bereits an seiner Diplomarbeit. Bei seinen Bewerbungen würde es sich zeigen, ob er gut genug war.

Noch hatten die Tschetschenen ihren hervorragenden Ruf als Ölspezialisten nicht eingebüßt. Dschamil träumte davon, für Lukoil, Sibneft, Tatneft oder wie die großen Ölfirmen auch immer hießen präzise Zeichnungen vom Erdinneren anzufertigen. Er wollte den Erdölspezialisten genaue Karten an die Hand geben, damit sie wußten, wo sie mit ihren Bohrungen ansetzen mußten, wie groß die Ölkammern waren, welche Ausbeute zu erhoffen war. Gern würde er Techniken entwickeln, mit denen selbst der letzte Tropfen aus jeder Kammer gesaugt werden konnte, doch davon waren sogar die fortschrittlichsten Firmen noch weit entfernt.

Er hatte einmal eine Präsentation in 3-D-Technik gesehen. Alle mußten dafür alberne Pappbrillen aufsetzen, doch niemand achtete mehr darauf, als sich das Erdreich räumlich vor ihnen auftat und man glaubte, durch die Kammern spazieren zu können. Dschamil war ein Erdölnarr, ganz anders als Ruslan, der in dem ruckelnden Zug lustlos die Skizze abmalte.

Fast halb acht. Der Stadtrand von Jessentuki kam in Sicht. Dschamil drängte seinen Freund einzupacken. »Mach nachher in der Pause weiter, wir sind da.«

Plötzlich riß eine der beiden jungen Frauen mit der Tasche die Waggontür auf. Beide lehnten sich hinaus. Der Zug fuhr zwar schon etwas langsamer, aber immer noch viel zu schnell, um abspringen zu können. Das wäre viel zu gefährlich. Die erste wagte es dennoch, und die zweite folgte ihr. Ihre große Tasche stand jetzt mitten in der offenen Tür. Ein junger Mann in der Nähe griff plötzlich hinein, dann zerriß ein ohrenbetäubender Knall den Waggon. Die Bombe fetzte die Regionalbahn in zwei Teile. Vom Vorraum, wo Dschamil in die Luft geschleudert wurde, blieb nichts mehr übrig. Alle vor der Abteiltür des zweiten Waggons waren sofort tot: Dschamil, sein Freund Ruslan und der Mann, der in die Tasche gefaßt und damit offenbar den Sprengstoff gezündet hatte. An den Überresten seiner Beine wurden später angebundene Handgranaten gefunden.

Die Wucht der Bombe hatte den Waggon aus der Spur gehoben und dadurch den gesamten Zug zum Stehen gebracht. Durch die Explosion fing das Abteil Feuer. Stichflammen schlugen hoch. Der Zug stoppte fünfzig Meter vor dem Bahnhof von Jessentuki, wo Dschamil und Ruslan aussteigen und einen neuen Studientag beginnen wollten.

In der Höhle des Löwen

Raissa sah die Baustelle schon von weitem, direkt vor dem Tunnel. Ihr Minibus raste in einem Höllentempo frontal darauf zu und schoß in den Tunnel hinein. Der Fahrer hätte das Tempo drosseln müssen, sie waren viel zu schnell. In der dunklen Röhre konnte er doch kaum sehen, wohin er fuhr!

Nach dem Tunnel gab es keine Straße mehr. Nur einen Abgrund. Sie stürzten in die Tiefe. Ihr Wagen schwebte in Zeitlupe hinunter in die Schlucht, über die Wipfel der dichtgewachsenen Tannen hinweg. Viel Zeit zum Schreien, merkwürdig viel Zeit. Die Sekundenbruchteile erschienen ihr wie Minuten. Sie wollte kreischen wie die anderen im Bus, doch unwillkürlich fing sie an zu jammern: »Ich habe doch gleich gesagt, fahren Sie nicht so schnell. Aber Sie hören ja nicht.« Schließlich krachte der alte Minibus auf den Boden. Statt sich zu überschlagen, sackte er nur schwer in die Stoßdämpfer, rollte noch ein kleines Stück und stand dann still. Auf der linken Busseite gab es keine Reifen, keine Räder, keine Felgen mehr, die blanken Achsen ragten unter der Karosse hervor. Aber sie war am Leben.

Raissa schlug die Augen nicht auf. Sie war wach, verstand, daß sie nur geträumt hatte. Wieder so ein verfluchter Alptraum. Nacht für Nacht diese Todesängste! Sie fühlte unsägliche Erschöpfung, wollte weinen, sich jemandem mitteilen, um sich davon zu befreien. Sie brauchte Trost, brauchte Fatima. Sie mochte nicht aufstehen. Lieber noch mal einschlafen, endlich mal was Schönes träumen.

Sie wunderte sich, daß sie noch immer Motorenlärm hörte. Doch was jetzt herandröhnte, waren keine Autos oder Busse, das waren schwere Panzer-Dieselmotoren. Mehrere auf einmal. Einer löste sich heraus, kam immer näher. Hunde bellten, Stimmen riefen einander irgend etwas zu.

Eine Säuberung? Dann würde es gleich Kalaschnikowsalven geben. Doch es blieb still. Sie öffnete die Augen. Die Sonne war schon aufgegangen. Sie hörte den näherkommenden Panzer. Er fuhr vorüber. Der hellere Ton der ratternden Ketten hielt sich bedeutend länger in der Luft als das schwere Dröhnen des Dieselmotors, das alles zum Beben brachte.

Raissa drehte sich um, stopfte sich unter der Decke, die sie sich über den Kopf gezogen hatte, die Ohren zu. Sie wollte nichts hören und wartete doch schon auf den nächsten Panzer. Da brummte er heran. Wieder vibrierte alles in ihrem Raum. Die Fensterscheiben, der Tisch, ihr Stuhl, das Gitter vor dem Fenster.

Nicht einmal halb sechs. Sie waren immer früh unterwegs, im Morgengrauen fuhren sie los. Werktags wie sonntags, im Sommer und Winter. Die Panzer kündigten keine der berüchtigten Hausdurchsuchungen an, sie war ja überhaupt nicht zu Hause! Raissa steckte mitten in der Höhle des Löwen. In Chankala, unweit von Grosny. Hier gab es russische Soldaten, aber keine bewaffneten Tschetschenen, die man hochnehmen konnte.

Raissa hielt sich immer noch mit beiden Händen die Ohren zu. Sie wußte, daß den Panzern Männer mit Metalldetektoren hinterherliefen. Sie schwenkten die Ruten von links nach rechts, von rechts nach links, immer so, daß die kleinen Teller dicht über dem Boden schwebten. Was die Detektoren nicht entdeckten, sollten die Hunde neben ihnen finden, die eifrig – die Nase wie ein Staubsaugerrüssel am Boden – Spur aufnahmen. Ihnen folgte der letzte Panzer, der nicht wie die ersten beiden explodierenden Sprengstoffladungen standhielt, sondern nur zur Absicherung des Minensuchkommandos hinterherfuhr. Dies war häufig genug selbst Ziel von Anschlägen und Überfällen militanter Tschetschenen.

Jeden Morgen starteten mehrere solcher Minensuchtrupps von der Kaserne aus in den Tag. Manchmal gelang es Raissa, sie zu überhören, weiterzuschlafen, dann fing der Tag gut an. Doch meist bekam sie schon mit, wenn die Panzer in der Kaserne angelassen wurden. Wenig später rasselten sie mit den lärmenden Ketten über den betonierten Boden und verließen das Gelände durch das Tor, hinaus auf die Straße, Zentimeter für Zentimeter Asphalt und Seitenstreifen nach Minen absuchend, die die tschetschenischen Kämpfer über Nacht gelegt haben könnten.

Allerdings säuberten die Soldaten nur Wege, auf denen sie sich selbst bewegten. Die Märkte oder Pfade zwischen den Ruinen von Grosny interessierten sie nicht. Denen geht es doch nur um ihre eigene Sicherheit, dachte Raissa verächtlich. Daß sich Kinder locken ließen von den perfiden Attrappen – Musikkassetten, Fotoapparate, Colaflaschen –, kümmerte die russischen Suchtrupps nicht. Weder klärten sie die Zivilisten auf, noch warnten sie sie. Bestimmt war es ihnen sogar ganz recht, wenn ab und an eine solche selbstgebastelte Bombe ein tschetschenisches Kind, eine Tschetschenin oder noch besser einen Tschetschenen zerfetzte! In den Augen der russischen Soldaten wahrscheinlich die gerechte Strafe dafür, daß die Zivilbevölkerung die Terroristen unterstützte und versteckte.

Raissa hatte die Lehrtafel für die Soldaten mit den verschiedenen Arten von selbstgebastelten Bomben gesehen, sie hatte sie sich erläutern lassen und gedacht, daß man solche Tafeln überall aufhängen sollte. Doch dann hätten die russischen Bomben ebenfalls abgebildet sein müssen. Für die Soldaten war das freilich nicht nötig, sie legten sie schließlich jeden Tag! Wahrscheinlich mindestens genauso viele wie die Rebellen. Doch davon sprach Schabalkin natürlich nicht, als er ihr die Extra-Lektion erteilte. Das war vor vielen Wochen gewesen.
Ruhe!!! Raissa drückte sich die Ohren noch fester zu, drehte sich

auf die andere Seite, zog die Beine an, um sich unter der Decke so klein wie möglich zu machen. Sie fror, wünschte sich weg von hier, nach Hause. Aber als sie an das Elternhaus dachte, kamen ihr nur Bombenangriffe in den Sinn. Einem war Fatima zum Opfer gefallen. Das war während des ersten Krieges, Raissa war damals elf gewesen.

Ausgerechnet Fatima, die sie von ihren drei Schwestern am meisten liebte. Die gütige, fröhliche Fatima, bei der sie, die Kleinste, sich anschmiegen konnte, die sie immer in den Arm nahm, mit ihr kuschelte, sie streichelte, was die Mutter nie tat. Für keines ihrer zehn Kinder hatte die Mutter wirklich Zeit, deshalb kümmerte sich Fatima, die Älteste, um die Kleinen.

Fatima war Kinderkrankenschwester gewesen in Grosny in der Klinik Nummer 9. Ihr Traumberuf. Jeden Morgen, wenn sie in Assinowskaja den Bus nach Grosny nahm, konnte man glauben, Fatima führe zu einem Rendezvous und nicht einfach nur zur Arbeit, so freute sie sich darauf, so geheimnisvoll lächelte sie, so schön hatte sie sich immer zurechtgemacht. Beschwingt nahm sie die Tasche, drehte sich winkend an der Ecke um, von der aus man das Elternhaus zum letzten Mal sah, und ging in Richtung Hauptstraße, an der der Bus nach Grosny hielt.

Jener Dezembermorgen war grau und trübe. Fatima war dennoch leichtfüßig auf die Straße gelaufen, so, als steckte ihr nicht die Müdigkeit der schlaflosen Stunden in den Knochen. Als hätte sie nichts mitbekommen von den Bombenangriffen ganz in der Nähe.

Am Nachmittag dann hatte Raissa mit der Mutter immer wieder voller Sorge in Richtung Osten in den Himmel geblickt. Sie hatten Angst vor den tieffliegenden russischen Hubschraubern. Wenn die sich so niedrig hielten, feuerten sie meist Raketen ab. Raissa und die Mutter sahen die Explosionen, hörten sie manchmal sogar und beobachteten, wie dunkle Rauchwolken aufstiegen. Die Hubschrauber drehten weiter in Richtung Osten ab. Sie flogen Angriffe auf Grosny, am Nachmittag auf den Markt, am Abend dann auf das Krankenhaus. Fatima war das erste Kind, das der Krieg den Eltern entriß.

Raissa warf die Decke zurück, als wollte sie damit die trüben Erinnerungen abschütteln. Der Tag begann schlecht, warum konnte sie an nichts Schönes denken? Hatte sie ihre Gedanken so wenig im Griff? Gab es so wenig Gutes? »Los, mach schon!« trieb sie sich an. »Denk was Lustiges, was Freundliches, etwas, was dir Spaß machen würde!« Ihr fiel nichts ein, absolut nichts. Raissa wurde wütend. Auf sich, auf ihr Leben, auf diesen Dreckskrieg. Noch so ein Scheißtag! Sie trat gegen die Wand. Verdammt, das tat weh! Sie rieb ihren Fuß. Was war sie für eine Idiotin! Auf der Bettkante sitzend, zog sie sich dicke Socken über die nackten Füße und schimpfte weiter mit sich selbst.

Wenn sie sich anstrengte, hörte Raissa in der Ferne noch immer die Minensuchpanzer. Sie wußte, daß in den nächsten zwei Stunden niemand nach ihr fragen würde. Lustlos schlurfte sie in den Vorraum. Seit Monaten bewohnte sie nun schon eines der Offizierszimmer in dieser Vorzeigekaserne, die so gar nichts gemein hatte mit normalen russischen Soldatenunterkünften. Viel zu sauber, viel zu gut ausgestattet. Hier gab es ein WC, Waschbecken, Duschen. Raissa genoß den Luxus der täglichen Dusche, die Toilette mit Wasserspülung, etwas, was sie in ihrem Dorf überhaupt nicht hatten.

Zu Hause gingen sie auf die »Sommertoilette«, die selbstverständlich auch im Winter benutzt wurde, denn eine andere gab es nicht. Selbst ihr Onkel, ein steinreicher Mafioso in Dagestan, der sich ein Haus mit zehn Zimmern hatte bauen lassen, benutzte weiter den Abort auf dem Hof. Zwar war in seinem Haus ein komplettes Badezimmer installiert worden, mit Wanne, Waschbecken, WC – alles in Muschelform. Sogar die Klobrille war muschelförmig! Aber nichts funktionierte. Weder kaltes noch warmes Wasser war angeschlossen, die Hähne mündeten ins Leere, die Spülung blieb stumm. Raissa und Hejda standen damals in dem Raum, in dem nichts zur Benutzung bestimmt war, und kicherten. Die beiden Schwestern machten sich heimlich lustig über den reichen Onkel. Sie hatten verstanden, daß das gesamte Badezimmer nichts als eine Attrappe darstellte. Alles nur zum Prahlen.

Hier in der russischen Kaserne war es anders. Heiß lief das Wasser über ihren Körper. Sie mochte den Hahn gar nicht abstellen, warum auch. Nichts und niemand wartete auf sie. Raissa fragte sich, wie jeden Morgen seit einigen Monaten, was sie hier verloren hatte, wozu sie hier bleiben mußte, warum die Russen sie nicht endlich nach Hause ließen. Richtig, das hier war kein »Isolator«, kein Untersuchungsgefängnis, in dem die Russen Geständnisse mit Folter erpreßten. Aber was sollte sie hier?

Sie schaltete das Radio an. Terroranschlag auf den Regionalexpreß von Mineralnyje Wody nach Jessentuki. Bombe im zweiten Waggon, vierundvierzig Tote. Fahndung nach zwei Frauen.

Raissa war die Strecke vertraut. Sie nahm diesen Zug immer, wenn sie ihre Verwandten besuchte, und sie kannte auch einige Jungen, die am Erdölinstitut eingeschrieben waren. Dschamil, der ihr von seinem Freund Ruslan erzählt hatte und von Ali. Ob sie…? Bitte nicht! Warum nur schon wieder ein Anschlag auf dieser Strecke, warum auf die eigenen Leute, warum nicht in Moskau, auf die Russen? Die hatten es verdient! Wurde es zu schwer, dorthin zu gelangen? Und wer waren die beiden Frauen? Mädchen aus Assinowskaja?

Als sie die Russen vor drei Monaten mitnahmen, waren sie wie stets bei ihren berüchtigten »Säuberungen« am frühen Morgen in ihr Haus in Assinowskaja eingedrungen. Raissa hatte nicht gehört, wie sie kurz nach vier Uhr über die Mauer gesprungen waren und die Haustür geöffnet hatten. Sie standen plötzlich mitten in ihrem Zimmer, erschreckten sie zu Tode mit ihren schwarzen Masken vor den Gesichtern. Dabei kannte Raissa das doch schon, hatte unzählige Male erlebt, wie Nachbarjungen in die gepanzerten Fahrzeuge gestoßen wurden, wie ihre Mütter weinend nebenhergelaufen waren, die Soldaten anflehend, ihre Söhne, ihre Männer zu verschonen. Es war stets vergeblich gewesen und endete immer gleich: mit auf der Straße zusammenbrechenden Großmüttern, hysterisch kreischenden Müttern, verängstigt weinenden Kindern, deren Blicke verrieten, daß sie nichts begriffen.

Raissa ärgerte sich, daß man ihr die Angst ansah. Sie hatte sich beherrschen wollen. Sie antwortete einsilbig auf die Fragen nach Waffen. Wie immer wurden ihre vier Brüder gesucht.

»Wo sind sie? Wann waren sie das letzte Mal hier?«

Raissa schwieg.

»Wann?« fragte einer leise, aber in scharfem Ton nach.

»Weiß nicht.«

»Was? Sprich lauter! Was hast du gesagt?«

»Ich weiß es nicht.«

»Was weißt du nicht?«

»Wo sie sind, wann sie hier waren. Ich weiß es nicht.«

»Wo haben sie ihre Waffen versteckt?«

»Weiß ich nicht.«

Die Soldaten stellten auch Fragen nach Medina und Hejda, ihren beiden Schwestern. Wozu? Die waren tot. Tot, tot! Sie mußten es doch am besten wissen, schließlich hatten sie sie umgebracht! Vor Monaten schon, was wollten sie also noch? Raissa schrie die Soldaten in Gedanken an, verfluchte sie. Sie biß sich auf die Lippen. Drehte sich zur Wand. Nie würden sie von ihr etwas erfahren! Nie!

Die Soldaten lärmten nicht, sprachen ruhig und sachlich, der eine fast so, als täte ihm diese Störung zur Unzeit leid. Raissa schwor sich, ihnen auch dieses Mal nicht das Geringste zu verraten. Kein Wort davon, daß zwei ihrer Brüder nur wenige Stunden zuvor im Haus gewesen, daß sie wie immer nur auf einen Sprung vorbeigekommen waren, um die Eltern zu besuchen. Irgend jemand aus Assinowskaja mußte die Brüder im Dorf gesehen und verraten haben.

Die Mutter hatte in größter Eile für ihre stets ausgehungerten Söhne Essen aufgetragen. Gekochtes Huhn, panierte Kohlblätter, in dicke Scheiben geschnittene »Doktorskaja«, eine Kochwurst. Sie tranken einen verdünnten Obstsaft von eingeweckten Früchten. Wie immer stürzten sich die beiden auf die Speisen. Stopften sich hastig, ohne jeden Genuß, damit voll, blickten ständig unruhig um sich, als würde sich jemand von hinten an sie heranschleichen und ihnen die Teller entreißen. Raissa und die Mutter schauten im Stehen zu. Sich zu ihnen zu setzen, gar mit ihnen zu essen, war strikt verboten, verletzte jede Regel.

Als die Mutter sah, daß sie fast aufgegessen hatten, wagte sie ein paar Fragen. »Bleibt ihr über Nacht?«

»Auf keinen Fall, wir müssen gleich wieder los.«

»Wie lange haust ihr noch in den Bergen, wann ist das endlich alles vorbei?«

»Fang doch nicht schon wieder an, es ist vorbei, wenn es vorbei ist.«

Als hätten sie geahnt, daß die Zeit dieses Mal ganz besondern knapp sein würde, verschwanden sie sofort nach dem Essen.

Die russischen Soldaten befahlen Raissa, sich anzuziehen. Einer von ihnen blieb an der Zimmertür stehen, drehte sich aber demonstrativ von ihr weg und wartete. Sie griff den langen Rock, das schwarze T-Shirt, Sandalen und ihre Jeansjacke, band das braune Tuch fest um den Kopf, so daß keine Haarsträhne entweichen konnte. Die Mutter sah sie ernst, aber stumm an. Dieses Mal weinte und jammerte sie nicht, wollte von dem Kommandeur nur wissen, wohin sie Raissa bringen würden, wann sie wiederkäme. »Geh morgen zur Administration, Mütterchen, dort erfährst du alles.«

Der Vater blickte starr an seiner Tochter vorbei. Scharf gruben sich zwei tiefe Falten in seine Wangen, die von weißen Stoppeln überzogen waren. Er hatte eilig das abgewetzte braune Samtjackett über den Schlafanzug gezogen und die Papacha aufgesetzt. Eigentlich verleiht die hohe Pelzmütze aus grau gelocktem Lammfell den tschetschenischen Männern ein würdevolles Aussehen, doch wie der Vater in der Diele stand – mit hängenden Schultern, den Schlafanzug unterm Jackett –, war er nichts als ein kraftloser Greis, der auf den Lauf der Dinge keinen Einfluß mehr hatte. Er konnte nicht einmal verhindern, daß seine jüngste Tochter verhaftetet wurde und ihm damit von seinen insgesamt zehn Kindern keines mehr blieb.

Raissa mußte in einen klapprigen Militärjeep einsteigen, dessen Karosserie von dicken Schichten hellblauer Lackfarbe zusammengehalten wurde. Die Frontscheibe war winzig und obendrein auf der Beifahrerseite zersprungen. Sie erklomm das wacklige Trittbrett, zog sich am Türrahmen hinauf und stieg über die heruntergeklappte Lehne des Beifahrersitzes nach hinten auf die zerschlissene Rückbank. Die Eltern standen auf der Treppe und blickten der Tochter niedergeschlagen hinterher.

Draußen war es noch dunkel, erst langsam stieg die Dämmerung auf. Zunächst hatte Raissa geglaubt, daß man sie nach Grosny bringen wollte. Als sie aber das zerstörte Stadtzentrum hinter sich ließen und noch immer weiter in Richtung Süden fuhren, fiel ihr nur noch Chankala, ein großer Stützpunkt der russischen Armee, ein. War Chankala das Ziel?

Raissa hatte keine Angst. Sie starrte aus dem Autofenster, verschwendete keinen Gedanken an die vorüberziehenden, von den Militärfahrzeugen zernarbten Wiesen und Wege, sondern knabberte an den Fingernägeln, die ohnehin schon bis ans Nagelbett abgekaut waren. Sie dachte an ihre Schwestern. Fatima, die Gute. Medina und Hejda.

Begegnung mit der Miliz

Mit Medina und Hejda war sie schon einmal festgenommen worden. Gut zwei Jahre war das jetzt her. Bei einer der berüchtigten Säuberungen, die damals noch viel häufiger stattfanden. Die Russen suchten wieder einmal Achmed und Aslan, die als militante Separatisten galten. Sie wollten von den Schwestern wissen, wo die Banditen, wie sie die Brüder nannten, steckten.

Damals waren sie alle drei in einem Panzer auf eine Polizeiwache in Grosny gebracht worden. Die Milizionäre dort benahmen sich grob. Sie schienen angetrunken zu sein, liefen mit nackten Oberkörpern herum und grölten: »He, ihr tschetschenischen Schlampen, sagt schon, wo die beiden Hurensöhne stecken.« Die Schwestern wurden eingesperrt. Zunächst alle drei zusammen in eine Zelle. Raissa zeigte nicht, daß sie Angst hatte. Aber Hejda, die Zartbesaitete, zitterte am ganzen Körper. Als die Polizisten in die Zelle kamen, nahmen sie Medina mit, die hübscheste von ihnen. Die Männer grinsten dreckig. »Jetzt kitzeln wir mal aus dir raus, wo eure werten Herren Brüder sind. Oder will das Täubchen es uns freiwillig sagen?«

Medina wurde das Tuch vom Kopf gerissen, sie zerrten sie an den Haaren nach draußen. Sie gab keinen Laut von sich. Zwei qualvolle Stunden warteten Raissa und Hejda, lauschten auf jeden Laut, immer in der Erwartung, daß sie Medina zurückbrachten und sie danach an der Reihe wären. Dann öffnete sich das Schloß. Zwei Männer hielten Medina an den Oberarmen fest, auf diese Weise hatten sie sie zurück in die Zelle geschleift. Sie konnte nicht mehr gehen, ihre Füße waren nackt, die Zehen bluteten. Dann sah Raissa, daß auch sämtliche Finger verletzt waren. Ein dritter Polizist warf vom Korridor aus Medinas Schuhe in die düstere Zelle. Einer der beiden, die Medina zurückgebracht hatten, packte Raissa grob am Arm, der andere stieß Hejda zur Tür. Medina blieb, verletzt wie sie war, allein in der Zelle zurück.

Raissa führten sie in einen fast leeren Raum. Dort standen nur ein großer Tisch und ein Stuhl. Sie wurde auf den Stuhl gestoßen, konnte sich nicht schnell genug abfangen und fiel zu Boden. Der Polizist ging raus, kurz darauf näherten sich grölende Stimmen. Mindestens zwei. »Da ist ja noch so eine Schlampe. Jetzt wollen wir doch mal wissen, wo die Schlampenbrüder sind. Los, du Hündin! Mach's Maul auf! Wo sind deine Saubrüder? Zu welcher Gruppe gehören sie, wann hast du sie das letzte Mal gesehen?« Raissa reagierte nicht, blickte zu Boden. »Hände flach auf den Tisch! Sieh mich an, wenn ich schon mit dir Tschetschenenhure rede!« Er hatte die Arme hinter dem Rücken verschränkt und lief wie ein Aufseher auf der anderen Seite des Tisches auf und ab. Plötzlich kam er um den Tisch herum und holte aus.

Etwas Schwarzes, eine Gerte, surrte durch die Luft und traf alle zehn Finger. Raissa schrie auf vor Schmerz. Die Finger bluteten augenblicklich. Er schlug noch zweimal zu. Weil sie sich weigerte, die Hände noch einmal auf den Tisch zu legen, rammte ihr der zweite sein Knie in die Seite. Dann rissen sie ihr die Schuhe von den Füßen. Sie sollte auf den Tisch steigen, taumelte aber und schaffte es nicht. Die beiden stießen sie hinauf.

Raissa glaubte zu wissen, was nun folgen würde. Sie mußte

sich auf den Rücken legen. Plötzlich holte der mit der Gerte wieder aus und schlug ihr mit voller Kraft auf die bloßen Füße. Sie krümmte sich auf dem Tisch, wollte sich setzen, ihre schmerzenden Zehen befühlen, da schlug ihr der zweite, der wieder von hinten an sie herantrat, ins Gesicht. Die blutenden, schmerzenden Füße bekamen noch mehrere Hiebe. Raissa wünschte sich, ohnmächtig zu werden. Sie weinte, schrie, daß sie aufhören sollten. »Sag, wo die Hurenböcke sind!« Sie biß sich auf die Lippen, bis auch die bluteten.

So schnell und effizient sie begonnen hatten, schienen die Folterknechte ihre Lust zu verlieren. Sie wendeten sich von ihr ab und verließen den Raum. Raissa lag auf dem verdreckten Tisch, rollte sich mühsam hinunter auf den Stuhl, auf dem sie sich kaum halten konnte. Ihre Finger und Zehen brannten, die Haut war aufgeplatzt, das rohe Fleisch trat hervor. Als sie die Zehen mit ihrem Rockstoff bedeckte, schmerzten die Wunden nur noch mehr.

Wieder flog die Tür auf. Zwei Polizisten, die sie noch nicht gesehen hatte, packten sie an den Oberarmen und schleiften sie mehr, als sie sie trugen, über den Gang. Raissa bemühte sich, die Zehen hochzuziehen, damit sie keinesfalls den Betonboden berührten. Ein paar Mal stieß sie dennoch irgendwo an, es schmerzte höllisch.

Hejda hatten sie vor ihr zurückgebracht. Genauso zerschunden wie Medina, lag sie wimmernd auf der Pritsche. Die Mädchen schauten einander kurz an. »Bist du …?« fragte Raissa Hejda. Die schüttelte den Kopf und schaute fragend zurück. »Nein«, antwortete Raissa und blickte fragend in Richtung Medina. Die bedeutete mit den Augen, daß auch sie nicht vergewaltigt worden war. Die Mädchen versuchten zu schlafen. Weder am Morgen noch im Verlaufe des Tages sah jemand nach ihnen. Am übernächsten Morgen wurden sie aus ihrer Zelle hinaus durch den Gefängnisflur vor die Wache gestoßen. Sie waren frei und konnten gehen.

Die Russen hatten sie nicht vergewaltigt, das war das Entscheidende. Eine Frau um die Fünfzig sah sie damals vor der Wache stehen, alle drei barfuß, mitten im Winter. Sie fragte sie auf Tschetschenisch, ob sie ihnen helfen könne, woher sie seien, und eilte davon, um einen Wagen zu organisieren. Ihr Bekannter fuhr die Mädchen zurück nach Assinowskaja, wo sie von den Eltern, die krank vor Sorge waren, empfangen wurden.

Raissas Hände sind seitdem gezeichnet. Dunkelbraune Narben ziehen sich über ihre kurzen, kräftigen Finger. Die Narben sind nicht verblaßt, ihre Erinnerung an diesen Zwischenfall schon. Es hätte für sie schlimmer ausgehen können, die Mädchen hatten sogar Glück.

Als der Jeep jetzt durch das Kasernentor fuhr, dachte Raissa, daß es ihr mittlerweile egal war, ob sie sterben würde oder nicht. So viel war in den zurückliegenden zwei Jahren seit ihrer gemeinsamen Verhaftung und Folter und auch seit Medinas Hochzeit passiert. Sie erwartete absolut nichts mehr von der Zukunft.

Hinter dem Kasernentor lagen niedrige Baracken. In einer Tür stand ein dicker Mann in Tarnuniform, der Raissa bekannt vorkam. Der Fahrer und ihr Bewacher salutierten vor ihm und traten ab. Der Dicke stellte sich vor: Ilja Schabalkin. Raissa erinnerte sich, wer er war. Sie hatte ihn Dutzende Male im Fernsehen gesehen, wenn er von den Erfolgen der russischen Truppen in Tschetschenien berichtete. Manchmal trug er auch Ergebnisse von Geheimdienstoperationen vor, die sich hinterher als reine Propaganda erwiesen. Wie viele tschetschenische Feldkommandeure hatte er nicht schon für tot erklärt!

Raissa grüßte nicht und nannte auch nicht ihren Namen. Sie hatte keine Ahnung, was sie hier sollte. Schabalkin befahl ihr hineinzugehen und öffnete eine der vielen Türen auf der rechten Seite des Korridors.

Er trat in ein Zimmer. »Hier wirst du wohnen.«

»Wieso wohne ich hier, was soll das heißen?«

»Du bleibst vorläufig hier.«

»Ist das ein Gefängnis?«

»Nein, eine russische Kaserne.«

»Was soll ich hier?«

»Hier wirst du vor deinen Brüdern geschützt.«

»Ich brauche keinen Schutz vor meinen Brüdern.«

»O doch.«

»Bin ich jetzt eine Kriegsgefangene?«

»Nein, du bleibst einfach eine Weile hier.«

»Und wie lange?«

»So lange, bis du wieder in Sicherheit bist.«

»Solange Sie in meinem Land Krieg führen, bin ich hier genausowenig sicher wie zu Hause.«

»Hier bist du sicherer.«

Schabalkin wandte seinen mächtigen Körper zum Gehen. »Du hast hier alles, was du brauchst. Wenn etwas fehlt, sag es mir.«

»Kann ich meinen Eltern Bescheid geben, kann ich sie anrufen?«

»Das machen wir.«

Raissa schaute sich in dem Zimmer um. Ein Bett, ein Tisch, drei Stühle, ein Schrank, ein Fernseher und ein Radio. Kochplatte und Waschbecken gab es ebenfalls. Für ein Gefängnis ziemlich komfortabel. Sie setzte sich aufs Bett und überlegte: Was sollte sie, eine Tschetschenin, in einer russischen Kaserne? Noch dazu in dieser. Hier wohnten die Besatzer, die ihr Land in Schutt und Asche gelegt hatten!

Raissa fühlte sich ausgeliefert. So wie die Soldaten sie vor knapp zwei Stunden mitgenommen hatten, war sie hier angekommen. Sie hatte keine Wäsche zum Wechseln bei sich, keine Zahnbürste, nicht einmal ihren Koran. Ob sich Medina nach ihrer Hochzeit so in ihrer neuen Familie gefühlt hat? Auch so allein, so fremd? Aber wenigstens hatte sich Medina nicht vor den Menschen um sie herum zu fürchten brauchen, denn das waren schließlich Tschetschenen.

Medinas Hochzeit

Medina hatte vor fast zwei Jahren geheiratet. Von der Hochzeit sprach noch heute das ganze Dorf, aber nicht etwa, weil sie ein so rauschendes Fest gewesen wäre.

Medinas Bräutigam hatte sie in Assinowskaja mit dem Auto abgeholt. Die Häuser entlang der Hauptstraße wiesen allesamt Schäden auf, was einem Fremden jedoch verborgen blieb. Er bekam nur die nackten gelben Gasleitungen zu Gesicht, die sich an den Zäunen entlangschlängelten, um plötzlich im rechten Winkel in das jeweilige Gehöft einzubiegen. Stand allerdings ein Tor unerwarteterweise offen und gab den Blick frei auf die Wohnhäuser, dann erzählten die Löcher in Dächern und Ziegelwänden vom Schrecken des Krieges, wenn Raketen ein Haus regelrecht durchbohrt hatten und nichts die Geschosse hatte stoppen können.

Assinowskaja, das mit seinen hohen Zäunen und abweisenden Mauern ohnehin wenig einladend aussah, hatte an diesem Februartag einen besonders trostlosen Anblick geboten. Auf den ungepflasterten Straßen war der Hochzeitswagen fast im hellbraunen Schlamm steckengeblieben, und als der Bräutigam auf Medinas Hof ausstieg, drohte der Matsch seinen linken Schuh fast zu verschlucken. Als Malik noch versuchte, den

Schuh mit dem Fuß wieder aus dem Matsch zu angeln, trugen seine Begleiter schon eilig die Geschenke für die Brauteltern ins Haus. Sie wollten dem unangenehmen Schneeregen entfliehen, der schon seit dem Morgen niederging.

Wie es der tschetschenische Brauch verlangte, überreichte Malik Medinas Eltern den zusammengerollten Teppich, der feierlich mit einer Schleife verschnürt war, er übergab den dreissig Kilogramm schweren Sack Zucker und Teepäckchen. Die Brauteltern erhielten zudem Kleiderstoffe – dunkelblaues Tuch aus Wolle für den Vater, einen glänzenden, in Beige- und Brauntönen gehaltenen Blusen- oder Kleiderstoff für die Mutter, außerdem Geld. Ein Bräutigam gab, was er konnte, damit der Kalym, der Brautwert, so hoch wie möglich ausfiel.

Die Brauteltern waren nicht zu Geschenken verpflichtet, sie überreichten ausschließlich Geld als Mitgift. Die üblichen zwei Monatsgehälter, jetzt zu Kriegszeiten rund sechstausend Rubel, knapp zweihundert Euro. Die Mutter hatte die Scheine am Morgen sorgfältig in ein weißes Spitzentüchlein eingewickelt und verschnürt. Das Geld war jetzt zu Kriegszeiten für die Eltern kaum zu entbehren, aber wollten sie ihre Tochter verheiraten, mußten sie zahlen.

Auf der Treppe zu Raissas und Medinas Elternhaus stapelten sich Frauenschuhpaare, meist heruntergetretene Slipper, Gummigaloschen, selten Stiefel, die bei diesem Wetter eigentlich das richtige gewesen wären. Freundinnen, Cousinen, Schwestern, kurzum alle Frauen des Ortes hatten sich im Wohnzimmer versammelt. Die Sofas und Sessel reichten nur für die Alten. Die jungen Frauen lehnten an den Wänden, müde vom langen Stehen und den Kleinkindern, die in ihren Armen immer schwerer wurden. Manche von ihnen waren schon wieder schwanger. Mit ernsten Gesichtern schauten sie allesamt in eine Richtung, hin zum Stuhl am Fenster, wo Medina angekleidet wurde. Sie alle waren gekommen, sich von ihr zu verabschieden, ihr den Gang aus ihrem Elternhaus zu erleichtern.

Sie ließen sich nichts von diesem feierlichen Moment entgehen, in dem Medina das weiße Kleid angelegt und der Schleier aufgesteckt wurde. Die Frauen sprachen nur gedämpft miteinander, um so lauter schrien dafür die übermüdeten Säuglinge.

Die Cousinen des Bräutigams schminkten Medina mit größter Sorgfalt. Sie waren liebevoll zu ihrer künftigen Verwandten und gaben ihr zu verstehen, daß sie keine Angst zu haben brauche vor ihrer neuen Familie, in der sie von nun an leben würde.

Nur die alte Marussja saß in der Ecke und schimpfte. »So ein Zirkus! Früher ging das alles viel einfacher vor sich, da wurde nicht so ein Budenzauber veranstaltet. Ich bekam mein Köfferchen in die Hand gedrückt, wurde auf die Straße gestellt, und dort holte mich mein Bräutigam ab. Nichts da mit weißem Kleid, geschmücktem Auto, und seit wann bewirtet die Braut Gäste? Das ist ja wie bei den Russen!« Marussja schlug mit ihrer dürren Hand auf das Wachstuch und schaute angriffslustig in die Runde. Doch keine der Frauen ließ sich auf einen Streit mit ihr ein. Was wollte Marussja eigentlich? Den vielen Frauen, die hier auf Strümpfen im Wohnzimmer standen, wurde nicht einmal Tee angeboten. Und das mit dem Köfferchen konnte auch nicht stimmen, denn jede Braut, ob früher oder heute, brachte ihre ganz persönliche Aussteuer mit in die neue Familie. Jedes Kleid, jedes Nachthemd, jeder Strumpf hatte neu und originalverpackt zu sein, nichts durfte eine Braut aus ihrem alten Leben mit in das neue nehmen.

Wenn die alte Marussja, die nur noch in ihrer abgewetzten Kittelschürze herumschlurfte, so weitermachte, würde sie bald niemand mehr ernst nehmen.

Damit der Abschied nicht zu schwerfiel, durfte eine Schwester, Cousine oder Freundin die Braut für zwei Wochen in das neue Zuhause begleiten. Raissa war froh, daß sie das nicht tun mußte. Hejda würde mit Medina in der fremden Familie wohnen, Hejda, die Medina ohnehin wie ein Schatten überallhin folgte.

Medina sah wunderschön aus. Das geliehene Kleid saß wie maßgeschneidert, der Schleier auf dem rötlichen Haar verlieh ihr etwas Königliches. Von Medina ging etwas Geheimnisvolles aus, eine Mischung aus feierlichem Ernst, Traurigkeit und einem kleinen Schimmer von Vorfreude lag in ihren Augen. Und sie strahlte etwas unbekannt Verführerisches aus, das Raissa nie zuvor an ihr bemerkt hatte.

Raissa hatte sich in den vergangenen Wochen häufig über Medina gewundert. Ihre ältere Schwester kannte ihren Bräutigam so gut wie nicht. Sie hatte ihn vorher genau zweimal gesehen – selbstverständlich nicht allein, sondern in Begleitung von Hejda – und kaum mit ihm gesprochen, schon gar keine Fragen gestellt, denn das ziemte sich nicht. Nach diesen zwei Begegnungen hatte ein Freund Hejda gefragt, ob Medina Malik heiraten würde. Bevor Medina irgendeine Entscheidung treffen konnte, mußte Hejda die Eltern über Maliks Antrag informieren.

Medina durfte die nächsten Wochen das Haus nicht verlassen. Die Eltern hatten Angst, daß ihre Tochter von ihrem Bräutigam oder dessen Freunden entführt werden könnte, wie das im Kaukasus Brauch war. Damit war die Ehre eines Mädchens zwar keineswegs beschmutzt. Aber wie oft hatten sie in jüngster Zeit vom plötzlichen Sinneswandel junger Männer in letzter Minute gehört! Nein, sie wollten nichts riskieren.

Als es sich einmal partout nicht vermeiden ließ, daß Medina das Haus verließ, mußte Hejda ihre Schwester begleiten. Das war zwar kein Schutz vor der Entführung, aber zumindest hätten die Eltern im Falle eines Falles Bescheid gewußt und sofort Verhandlungen mit dem anderen Clan aufnehmen können.

Medina war sicher, daß sie Malik lieben würde. Schließlich hatte er sie nicht entführt, erklärte sie Raissa. Für Raissa war das noch lange kein Beleg, galt der Brautraub mitunter doch gerade als ganz besonderer Liebesbeweis. Woher nahm ihre Schwester nur die Zuversicht, daß sich die Liebe schon einstellen würde, wenn man es nur wirklich wolle? Auch daß man jetzt von ihr erwartete, möglichst viele Kinder, vor allem natürlich Söhne, zu gebären, machte Medina keine Angst. Dann würde sie um so anerkannter sein, hatte sie zu Raissa gesagt. Alles, wovor Raissa sich fürchtete, konnte Medina nicht beunruhigen. Seltsam. Sie waren so verschieden.

Als Medina fertig angekleidet war, lief eine der Frauen zu den Männern im Hause, wo nicht nur der Bräutigam, sondern auch der Mullah wartete. Der Mullah war zusammen mit Medinas künftigem Ehemann in Assinowskaja eingetroffen. Hier im Elternhaus der Braut wurde der Bräutigam von ihm gefragt, ob er auf die Ehe vorbereitet sei. Malik hatte dem Mullah mit ja geantwortet und war damit verheiratet. Er hielt sich weiterhin versteckt, niemand durfte ihn sehen. Nicht einmal seine Braut. Dann kam Medina an die Reihe. Sie trat vor den feisten Mann mit Papacha und Backenbart und war überrascht, wie jung der Mullah war. Er trug einen grauen Kittel mit kleinem Stehbundkragen und verdeckter Knopfleiste und darüber eine schwarze Lederjacke. Er war nicht groß und wirkte eigentümlich geschlechtslos. Medina konnte sich nicht erinnern, ihn je zuvor gesehen zu haben. Er blickte an Medina vorbei, als er ihr die Frage stellte, ob auch sie auf die Ehe vorbereitet sei. Medina sagte wie ihr Bräutigam ja, und nun war das Paar vermählt. Weder der künftige Partner noch die Familie, allein dieser Mullah war Zeuge dieses wechselseitig abgegebenen Versprechens.

Der Geistliche ging nun ins Nachbarzimmer, wo Malik wartete. Er nickte ihm kurz zu – für den Bräutigam das Signal vorauszufahren. In seinem Heimatdorf Belgatoi wartete die Hochzeitsgesellschaft seiner Familie schon ungeduldig auf ihn und die Braut, erst dann konnte das Fest beginnen.

Medina würde Malik, ihrem Mann, frühestens in der Nacht begegnen, bis dahin hatte er sich vor ihr zu verbergen, so wollte es der Brauch. Und so lange kümmerten sich seine Freunde um die Braut.

Einer ergriff ihren Ellenbogen und führte sie mit feierlicher Miene die Stufen hinunter in den Hof, wo das geschmückte Auto wartete. Die zahnlose Marussja stand am Fuße der Treppe und konnte sich eine Bemerkung über die Luftballons und Schleifenbänder am Auto nicht verkneifen: »Früher sind wir ohne diesen ganzen Zinnober ausgekommen!«

Zwei weitere Freunde trugen Medinas Aussteuertruhe aus hellem lackiertem Holz hinterher, verstauten sie im Kofferraum, wo vorher der Zucker, die Teepäckchen und der Teppich für die Brauteltern gelegen hatten. Die Frauen eilten hinterher und nahmen auf der Treppe Aufstellung. Sie hatten sich ihre Jacken oder Tücher lose über die Schultern gelegt. Anziehen lohnte nicht, der Abschied würde kurz sein. Jetzt redeten alle laut durcheinander, jede wollte Medina noch einen Rat, gute Wünsche, einen Abschiedsgruß mit auf den Weg geben. Mit großen, traurigen Augen stand sie neben dem weißen Wolga. Die Mutter hielt eine Porzellanuntertasse voll Mehl in den Händen. Sie wartete hinter dem Auto. Als der Wagen mit Medina und Hejda durch das grün gestrichene Hoftor rollte, warf sie den Teller auf den Boden. Scherben und Mehl für ein Leben in Glück und Wohlstand. Raissa und einige ihrer Cousins und Cousinen durften hinterherfahren zur Feier, obwohl auch das als russisch verschrien und doch längst in Tschetschenien Sitte war. Raissa saß in einem der geschmückten Autos, die unter fröhlichem Hupen von der schlammigen Dorfstraße auf die Trasse in Richtung Grosny bogen.

Noch bevor die Wagen auch nur fünf Kilometer gefahren waren, mußten sie schon an einer Militärkontrolle, den sogenannten Blockposten, anhalten. Sie fuhren hinein in den Hindernisparcours aus schwarzweiß gestrichenen Betonplatten und hielten neben den Soldaten mit den kugelsicheren Westen, Helmen und Kalaschnikows im Anschlag. Hamas, der Fahrer im Wagen der Braut, kurbelte die Scheibe herunter, wies stolz auf Medina auf dem Rücksitz. Er mimte lautstark den albernen Verwandten, der seine Nichte in bester Stimmung zum großen Fest fährt. In Wahrheit haßte er die Russen und hörte nicht auf, gegen sie zu kämpfen. Immer nachts zog er gegen sie los. Jetzt am hellichten Tage, inmitten der Hochzeitsgesellschaft, stieg er flink aus, rief fröhlich nach dem Kommandeur und reichte ihm kumpelhaft die Hand.

Geldscheine wechselten den Besitzer. Der Kommandeur blickte blitzschnell in seine Faust, fühlte genügend Scheine und gab mit einladender Geste den Weg frei. Die Hochzeitsgäste lehnten sich schreiend aus den Autofenstern: »Und jetzt Salutschüsse auf das Paar!« Die russischen Soldaten rissen die Kalaschnikows hoch und feuerten ganze Salven ab. Lachend, grölend, mit den Waffen winkend. Von wegen Feinde. Patronenhülsen polterten auf die Autodächer hinunter. Sobald die Gesellschaft außer Sichtweite war, drehten sie den Russen lange Nasen und hatten nichts als Schimpfworte für sie übrig.

Die kurze Strecke nach Belgatoi kostete weitere Stopps, weitere Rubelscheine, die Hamas bereitwillig zahlte, weil er nervende Kontrollen, Autodurchsuchungen und Befragungen vermeiden wollte. Weit unten im Tal lag Grosny. Die Autos bogen von der Trasse auf die holprige Dorfstraße von Belgatoi. Je näher sie der empfangsbereiten Hochzeitsgesellschaft kamen, um so ausgelassener wurden die jungen Männer und auch die Frauen in den Wagen. Die Fahrer drehten die Autoradios auf volle Lautstärke, von irgendwoher zauberte jemand grünrotweiße tschetschenische Freiheitsfahnen hervor, und sie schwenkten sie übermütig, weit hinausgelehnt aus den Autofenstern. Selbst Hamas, der Fahrer, war nun wirklich fröhlich. Er lenkte den schweren Wolga in Schlangenlinien die Dorfstraße entlang, so als wollte er auch den Wagen zum Tanzen bringen. Aus vollem Halse sangen alle den Hit »Grosny, mein Grosny« mit:

»Wie ein Adler so stolz,
wie ein Bergmädchen so schön,
hast du dich nicht ergeben, nicht gezittert, nicht gewankt.
Nach jedem Krieg bist du aus den Ruinen auferstanden.
Grosny – du bist eine Heldenstadt.
Deine Straßen sind Schutt, unsere Kindheit
liegt unter Trümmern.
Aber, Grosny, wir sind stolz auf dich.«

Die ausgelassenen Männer und Frauen übertönten die dunkle Stimme der beliebten tschetschenischen Sängerin Lisa Umar, nur der harte Rhythmus der Bässe setzte sich noch durch.

Winkend und jubelnd empfing die wartende Hochzeitsgesellschaft die Wagen vor dem Tor. Die Autos fuhren durch das Menschenspalier in den Hof, und alle begrüßten einander auf tschetschenische Art. Seitlich Hüfte an Hüfte, einen Arm auf die Schulter des anderen, so als schickten sie sich an, einen Sirtaki zu tanzen.

Für Medina begann nun der anstrengende Teil des Festes. Sie mußte sich in eine Ecke des Saales stellen, durfte die ganze Feier hindurch weder reden noch lachen oder essen und selbstverständlich auch nicht tanzen.

Musik setzte ein. Frauen und Männer nahmen einander gegenüber Aufstellung. Raissa und Hejda, die in dieser Gesellschaft neuen Gesichter, wurden ein ums andere Mal aufgefordert. Die Freunde des Bräutigams reichten ihnen immer wieder die Rosenblüten und holten sie damit in die Mitte der Tanzfläche. Frauen und Männer der neuen Familie hatten nun Gelegenheit, die beiden Fremden ausgiebig zu begutachten. Wie setzten sie die Füße beim Tanzen? Machten sie auch ja kleine, zierliche Schritte? Bewegten sie sich anmutig und doch zurückhaltend? Lag Grazie in ihren Armbewegungen? Gehorchten sie den Anweisungen der männlichen Tanzpartner, die sie mit ausgestreckten Armen mal in die eine, mal in die andere Richtung dirigierten?

Das war Hejdas Stunde! Mit stolz erhobenem Kopf und unnahbarem Blick setzte sie die kleinen Schritte so weich, als würde sie über dem Boden schweben. Ihre schlanken nackten Arme hoben und senkten sich schwerelos wie Flaumfedern. Sie war die Königin. Wenn sie sich drehte, ihre Schritte kurz und schnell wurden, wippte ihre Lockenmähne unter dem Kopftuch. Dann wiederum stoppte sie urplötzlich, als hätte sie es sich anders überlegt, reichte die Rose einem der wild Klatschenden auf der Männerseite und reihte sich wieder ein in den Frauenflügel. Genug der Vorstellung.

Meist kam nach Hejda Raissa an die Reihe. Einer der Tanzpartner, der sie wieder und wieder aufforderte, obwohl sie ihm jeweils nur einen kurzen und lustlosen Anstandstanz gewährte, erschreckte sie jedes Mal mit einem unerwarteten Ausfallschritt. Eine Art ritterlicher Kniefall, offenbar sein Markenzeichen, auf das er mächtig stolz war.

Raissa mochte diese Tänze nicht. Auch die Musik nicht. Zu hart die Rhythmen, zu eintönig, zu grob. Sie fühlte sich wie auf dem Präsentierteller, zu sehr beobachtet. Sie war viel zu unsicher, als daß sie sich in dem Rhythmus hätte vergessen können, viel zu scheu, um ausgelassen zu sein. Auch die starren Rituale begannen sie zu nerven. Mädchen und Frauen hatten abzuwarten, bis sich einer von den Männern für sie entschied.

Überhaupt kamen die Männer inzwischen immer besser ohne Tanzpartnerinnen aus. Bald schon forderte nicht mehr einer nach dem anderen eine Partnerin auf, während alle dazu klatschten; jetzt sprangen sie immer häufiger auch ohne Frauen in den Kreis und drehten sich in wilden, hohen Sprüngen, auf Zehenspitzen und in weiten Ausfallschritten, die Arme weit ausgebreitet. Ihre Gesten wurden zunehmend raumgreifender und herrischer, wie stolzierende Hähne. Raissa fiel es schwer, diese Gockel ernst zu nehmen.

Als die Musik vorbei war, teilte sich die Gesellschaft in vier Gruppen. Die jungen Männer verschwanden in einem angrenzenden Raum, die älteren im Wohnzimmer. Auch die jungen Mädchen und die älteren Frauen blieben jeweils unter sich. Nur Medina, die Braut, wurde wie eine Weihnachtstanne mal in die eine, mal in die andere Gesellschaft gestellt. Dabei versuchten die jungen Männer, sie mit frechen Sprüchen zum Lachen und Sprechen zu bringen. Aber eine Braut, die am Hochzeitstag redet, gilt als Plapperweib, das Mühe hat, seine Zunge zu hüten; deshalb lockte niemand mehr als ein Schmunzeln aus ihr heraus. Medina übte sich in Geduld, bald würde alles überstanden sein. Nach dem Festmahl würde auch sie endlich wieder etwas sagen dürfen. Allerdings erst dann, wenn ihr die männlichen Hochzeitsgäste für ihre Antworten im voraus entsprechend große Geldscheine zugesteckt hatten. Eigens dafür trug sie ein weißes Spitzenbeutelchen am Handgelenk.

Medina war trotz der Strapaze, die das Fest für sie darstellte, keine Ermüdung anzumerken. Sie reagierte freundlich, beherrscht, ließ sich nicht anmerken, daß ihr Rücken und ihre

Füße schmerzten. Endlich nahm ihre Schwiegermutter sie beiseite, sie war erlöst und durfte sich stärken. Zeit, das Hochzeitskleid gegen ein festliches Hauskleid zu wechseln. Raissa und Hejda holten es aus der Aussteuertruhe. Orangefarbene Seide.

Nun begann Medinas zweiwöchige Probezeit. Sie mußte der Schwiegermutter beweisen, daß sie eine gute Hausfrau war, und jeden Auftrag ohne Widerworte erfüllen. Als erstes hatte sie sämtliche Schuhe der Hochzeitsgäste zu putzen. Auf den Treppen zu beiden Seiten des Hauses stapelten sich Dutzende Paare, an denen der Lehm der Dorfstraße klebte. Die tschetschenische Gastfreundschaft gebot, daß Besucher das Haus mit sauberem Schuhwerk verließen.

Die Hochzeitsgesellschaften saßen immer noch beim Tee, der aus goldumrandeten Gläsern getrunken wurde. Auf den Tischen drängten sich die Glasschalen mit unzähligen Salaten, Platten mit gebratenem Huhn, üppige Nougat- und Sahnetorten mit rosa- und gelbfarbenen Buttercremerosen, Krokantrollen und mit Schokolade überzogene Sandkuchen.

Während die Gäste schlemmten, putzten und schrubbten Medina und Hejda, die ihr zur Hand ging, im Hausflur den eingetrockneten Schlamm der Dorfstraße ab. Gemeinsam überlegten sie, welchen Namen Medina welchem Familienmitglied geben würde. Das Gesetz verbot ihr, ihren Mann, die Schwiegereltern und sämtliche angeheiratete Verwandte mit ihren Vornamen anzureden. Sie mußte sich neue, schmeichelnde Kosenamen ausdenken. Die Blauäugige, der Hochgewachsene, der Weise ... Doch die Frage, die Medina insgeheim am meisten beschäftigte, war, ob ihr Mann sie in der Nacht in sein Zimmer holen würde.

Malik war nicht erschienen. Medina hatte ihre erste Nacht in dem Haus der Schwiegereltern kaum zu schlafen gewagt, aus lauter Sorge, daß sie seinen Ruf oder Pfiff überhören könnte. Doch ihr Bräutigam war nicht gekommen. Über das angespannte Horchen auf ein Zeichen von ihm war sie schließlich eingenickt. Am frühen Morgen fuhr ein Auto vor, Türen klappten. Das silbern gestrichene Metalltor, das mit spitzen Metallzinnen gespickt war, wurde aufgeschoben. Wenig später schrie nebenan im Wohnzimmer die Schwiegermutter auf. Sie kreischte und schluchzte laut. Die drei Schwestern warfen sich große Wolltücher über und stürzten in das Zimmer, wo sie einen fremden Mann, Malik und die Schwiegereltern in Tränen aufgelöst antrafen.

Medinas Mann hatte den Arm um seinen Vater gelegt. Raissa bekam auf diese Weise ihren Schwager zum ersten Mal richtig zu Gesicht. Er sah seinem Vater ähnlich, genauso schmal. In dem blassen Gesicht, das zu einem spitzen Kinn auslief, wirkten seine Lippen fast unnatürlich rot. Die Brauen über den hellbraunen Augen verliefen waagerecht, ohne jeden Schwung. Malik kniete neben dem Sessel, in dem sein Vater saß.

Die drei Schwestern sahen sich an, sie verstanden nichts. Was war geschehen, welche schlechte Nachricht hatte der Fremde mitgebracht? Malik erhob sich und drehte sich zu seiner Frau um. Er erklärte kurz: »Magomed wurde umgebracht.« Die Schwestern standen unschlüssig in dem Raum, bis ihnen Malik mit einem Blick bedeutete, Platz zu nehmen. Magomed, das wußte Medina, war der beste Freund der Familie, auf den sie gestern den ganzen Hochzeitstag lang vergeblich gewartet hatten. Seit zwei Tagen hatte Maliks Familie kein Lebenszeichen von ihm erhalten. Magomed ging nicht an sein Handy, rief nicht, wie sonst üblich, von selbst an. Die Schwiegereltern und etliche Hochzeitsgäste waren deswegen während des gesamten Festes beunruhigt gewesen.

Nun hatten russische Soldaten Magomeds Vater wissen lassen, daß sein Sohn getötet worden sei. Sie forderten Geld für die Aushändigung seiner Leiche. Eine hohe Summe, denn Magomed war nicht irgendein kleiner Fisch. Er hatte als Feldkommandeur schon im ersten Krieg gegen die Russen gekämpft, galt als enger Vertrauter von Ex-Präsident Maschadow. Er war Maliks großer Freund, den er seit frühester Kindheit anbetete. Es würde kaum möglich sein, die Summe entscheidend herunterzuhandeln.

Eile war geboten. Medinas Schwiegereltern mußten helfen, das Geld schnell aufzutreiben, damit Magomed so bald wie möglich freigekauft und bestattet werden konnte. Doch niemand hatte eine Ahnung, wo der tote Freund zu suchen war, mit wem man über die Summe zu verhandeln hatte. Für Trauer länger als diesen Moment blieb keine Zeit. Sie würden das Geld sammeln gehen, ein Auto verkaufen.

Einige Männer mußten Kontakt mit den Russen aufnehmen, um herauszubekommen, wer die Leiche wo versteckt hielt. Und sie würden die Umstände des Todes in Erfahrung zu bringen haben. Rache war schon jetzt gewiß. Auf welche Weise sie sie nehmen würden, hing davon ab, wie Magomed getötet worden war. Auf eben diese Art würden seine Mörder sterben. Noch hatte die Familie genügend Männer, die diese Aufgabe übernehmen konnten.

Die Hochzeitsfeier, die mindestens zwei, vielleicht sogar drei Tage dauern sollte, war jäh zu Ende. Vor allem die jungen Leute reagierten auf die Nachricht verbittert. Sie hatten sich auf neue Tänze gefreut, auf die Aussicht, ein paar Tage in großer Gesellschaft zu verbringen mit Gesprächen, Neckereien. So mancher hoffte auf ein ermunterndes Zeichen von Hejda und Raissa. Mit einem der Studenten, Dschamil, war Raissa, die sonst nur schwer Kontakte fand, ins Gespräch gekommen. Genaugenommen hatte die ganze Zeit nur er gesprochen. Über sein Studium, mit dem er fast fertig war, seine Kommilitonen. Daß er wie sein Vater auf einem Ölfeld in Sibirien oder im Hohen Norden arbeiten wollte. Raissa hatte zugehört und mußte, während sie mit den Frauen an der Festtafel saß, hin und wieder an ihn denken. Nicht, daß er sonderlich gut ausgesehen hätte. Er war zwar groß, aber ein bißchen pummelig. Besonders sein Doppelkinn störte sie. Aber sein warmes Lächeln gefiel ihr mehr, als sie ihren Schwestern gegenüber je zugegeben hätte. Nun war an all das vorläufig nicht mehr zu denken. Es wurde erwartet, daß die Gäste bis zum Abend abreisten.

Die Stimmung wurde so trübselig wie der fade Morgen. Der Schneeregen vom Tag zuvor war in einen eisig stechenden Nieselregen übergegangen. Die inzwischen schwarzverfärbten Schneereste, die hartnäckig den ersten Sonnenstrahlen getrotzt hatten, lagen wie schmutzige Flecken auf den braunen Feldern. Die Trasse nach Grosny war von der Dorfstraße aus nicht zu erkennen.

Raissa packte ihre Tasche. Immer wieder fiel ihr Blick auf ihre frisch vermählte Schwester, die verloren in ihrem neuen Hauskleid auf einem Stuhl saß und darauf wartete, daß ihr die Schwiegermutter einen Auftrag erteilte. Hejda räumte die Matratzen und das Bettzeug fort, zumindest das Zimmer der jungen Frauen sollte schon vorzeigbar sein.

Vorzeitige Rückkehr

Raissa wurde am frühen Nachmittag in Assinowskaja abgesetzt. Wieder hatten sie an den verschiedenen Blockposten Schmiergelder gezahlt, um schneller und ohne Kontrollen weiterfahren zu können, doch die heitere Stimmung von gestern war vollständig verflogen. Die Mutter kam ihr auf der Treppe mit fragendem Blick entgegen: »Warum bist du nicht mehr auf der Hochzeit?«

»Sie ist vorbei, die Russen haben Magomed getötet, den besten Freund von Malik. Wir haben gestern den ganzen Tag auf ihn gewartet, er kam nicht. Heute morgen hat ein Verwandter die Nachricht überbracht, daß er tot sein soll, aber die Russen geben seine Leiche nicht heraus, sie wollen Geld sehen.«

»Arme Medina«, entgegnete die Mutter und fuhr sich mit dem Handrücken über die Augen. »Sie hat sich so auf das Fest gefreut.«

Die Mutter blieb noch immer auf der Treppe stehen. Raissa wunderte sich. Es war kalt, was der Mutter für gewöhnlich zu schaffen machte. Aber irgend etwas hinderte sie ganz offensichtlich daran, ins Haus zurückzugehen. »Du hast eine Aufgabe bekommen. Wir haben jemanden im Haus, einen Fremden.«

»Schon wieder eine Geisel?«

Die Mutter nickte. »Achmed hat ihn mitgebracht. Er sagt, wir müssen ihn nicht lange behalten.«

»Wer ist es? Wieder ein Russe?« fragte Raissa mißtrauisch. Sie wunderte sich kein bißchen über den neuen Gefangenen. Fast ununterbrochen mußten sie im Auftrag der Brüder, die dafür gutes Geld von ihrem Anführer erhielten, Geiseln versorgen. Sowohl Raissa als auch der Mutter taten diese unschuldigen Menschen, die von Achmed und seinen Kampfgefährten auf offener Straße gekidnappt wurden, leid. Die Familie war zwar auf das Geld angewiesen, denn das, was der Vater von den Baustellen in Kasachstan schickte, reichte vorn und hinten nicht. Doch an den Frauen blieb die Arbeit, vor allem aber die seelische Belastung hängen. Andererseits war Raissa jedesmal, wenn sie eine Geisel im Keller hatten, froh, wenn sich ihre Brüder nur selten blicken ließen.

Die Brüder waren grausam. Sie hatten einem dreizehnjährigen Jungen aus Podolsk bei Moskau zwei Fingerspitzen abgeschnitten und dies sogar gefilmt. Wie eine Trophäe hatten sie die kleinen Kuppen in die Kamera gehalten. Die Kuppen und die Videokassette dienten als Beweismittel, ohne das die Auftraggeber nicht zahlten. Der schmächtige Junge, Sohn eines russischen Offiziers, der in Tschetschenien diente, war vor Schmerzen in Ohnmacht gefallen. Er hatte sich anfangs tapfer gehalten, sich nicht gewehrt, nicht geweint. Aber nach der grausamen Tat seiner Peiniger schien seine Seele den kleinen Körper verlassen zu haben.

Raissa und der Mutter wurde himmelangst beim Ausdruck seiner Augen, die er ständig weit aufriß und nie zu schließen schien. Der Blick, mit dem er um sich schaute, war seltsam entrückt, als fehlte ihm jegliche Kraft, etwas festzuhalten. Die Mutter weinte jedesmal, wenn sie aus dem Keller kam. Raissa und sie pflegten den Kleinen, trösteten ihn, so gut sie konnten, doch der Junge wurde immer apathischer, stand nicht mehr auf, aß nicht mehr, bis die Mutter und Raissa bei den Brüdern Alarm schlugen, sich mit den Verhandlungen zu beeilen.

Nach neun Monaten Kellerhaft kam der Kleine endlich frei. Er sprach nicht mehr, wirkte ängstlich wie ein scheues Tier, und das Schlimmste war, daß er nicht mehr gehen konnte. Seine Muskeln waren vom monatelangen Sitzen auf der Matratze so geschwächt, daß sie selbst seinen schmächtigen Körper nicht mehr trugen. Die Mutter schämte sich sehr, als sie später im russischen Fernsehen die Bilder von dem Freigelassenen sah. Wie der russische Vater seinen völlig abgemagerten, bewegungsunfähigen Jungen auf den Armen trug. Sie hatten sich mitschuldig gemacht und konnten sich doch nicht wehren. Als Raissa es nicht mehr aushielt und Achmed und Aslan mit Vorwürfen überhäufte, hatte ihr Achmed wortlos mit der Handkante ins Gesicht geschlagen. Raissa war durch das Zimmer getaumelt, ihre Lippe blutete.

Achmed war ihr zweitältester Bruder. Er hatte sie angezischt: »Halt dich da raus!« und das Haus verlassen. Aslan, der Jüngere, war ihm gefolgt, und Raissa hatte bemerkt, daß er vermied, ihr in die Augen zu schauen. Nach diesem Zwischenfall wagten weder die Mutter noch ihre jüngste Tochter je wieder Einspruch zu erheben.

Ihr Wissen, daß in fast jedem Keller von Assinowskaja die Nachbarn wie sie Geiseln hielten, tröstete sie wenig. Die Geiselnahmen waren für etliche Familien der einzige Gelderwerb. Drei Viertel der Tschetschenen waren seit dem ersten Krieg arbeitslos, und wer noch eine Beschäftigung hatte, erhielt keinen Lohn. Der Staat schuldete Lehrern, Universitätsprofessoren, Busfahrern, einfach allen seinen Angestellten seit Jahren die Gehälter.

Die Summen, die die Familien bekamen, bei denen die Geiseln versteckt wurden, waren lächerlich gering. Den größten Teil kassierten die Feldkommandeure. Die höchsten Lösegeldforderungen stellten sie, wenn sie Ausländer gekidnappt hatten, Mitarbeiter von Hilfsorganisationen oder Journalisten. Doch seitdem sie mehreren ausländischen Helfern die Köpfe abgeschlagen und diese aufgespießt gefilmt hatten, stellten die internationalen Gesellschaften jegliche Hilfe in Tschetschenien ein. Auch ausländische Korrespondenten trauten sich nicht mehr ins Kriegsgebiet. Einerseits aus Angst vor Entführungen, andererseits, weil sie sich in diesem zweiten Tschetschenienkrieg, im Unterschied zum ersten, nur in offizieller russischer Militärbegleitung im Konfliktgebiet aufhalten durften. Darauf ließen sie sich ein-, zweimal ein, ersparten sich aber später derart sinnlose Reisen, die ohnehin nur russischer Propaganda dienen sollten.

Raissa wußte immer noch nicht, wer die neue Geisel war. »Nun sag schon, Mutter!«

»Ein Journalist.«

»Ein Russe? Nun red doch!«

»Ja, ein Russe. Aber kein richtiger. Ein Burjate. So ein kleiner, mit Schlitzaugen, du weißt schon, wie ein Chinese. Er kommt vom Baikalsee. Ein ruhiger Junge.«

»Kann ich zu ihm?«

»Geh nur, er heißt Dmitri.«

Raissa stieg die Treppe hinab. In dem Kellerraum standen große Tiefkühltruhen wie in Geschäften. Zur Not konnten dort Geiseln versteckt werden. Die Truhen tarnten das eigentliche Versteck: ein Loch im Boden, keinen halben Meter breit, knapp zwei Meter tief. Ein Kurzzeitasyl, wenn die Luft richtig brannte.

Raissa öffnete die beiden Schlösser der ersten Tür, die in einen Vorratsraum führte. Hinter einem Vorhang war eine zweite Tür verborgen. Auch sie wurde mit einem Vorhängeschloß gesichert. Als Raissa die Tür öffnete, sah sie der Mann auf der Klappliege ängstlich an. Er zwinkerte nervös, erhob sich.

In dem fensterlosen Kellerraum brannte eine nackte Glühlampe. Gegenüber der Campingliege standen ein Schemel und ein kleines wackliges Tischchen. In einer Ecke ein Plastikeimer mit Deckel für die Notdurft.

Dmitri hielt ein Gebetskettchen mit rosafarbenen Perlen in der linken Hand. Schnell zupfte er mit der Rechten das Kettchen vorwärts. Er sagte kein Wort, sein Atem ging schnell, fast japste er.

»Ich denke, es kommen keine Journalisten mehr nach Tschetschenien?« begann Raissa.

»Ich bin regelmäßig hier, insgesamt schon über dreißig Mal, bisher ist es immer gut gegangen. Wer bist du, gehörst du zur Familie?«

»Ja. Wie ist es passiert?«

»Gleich am Flughafen in Nasran.«

»Wie?« wiederholte sie barsch ihre Frage. Als sie sah, daß sie ihm mit diesem Ton nur noch mehr Angst einjagte, wurde sie sanfter. »Also am Flughafen, was ist genau passiert?«

»Eigentlich war alles wie immer.«

»Und das heißt?«

»An der Gangway standen die Inguschen mit Kalaschnikows im Anschlag, als würde jedes Flugzeug, das aus Moskau eintrifft, voller Terroristen sein. Dieses Mal teilte die Flughafenleitung mir nicht sofort zwei Leibwächter zu, ich konnte gehen, wohin ich wollte. Ich nahm mir ein Taxi. Kurz nachdem wir losgefahren waren, hielt der Fahrer wieder. Ich sollte aussteigen. Ein Polizist, der uns angehalten hatte, wollte meine Papiere sehen. Plötzlich kamen von der Seite drei Männer. Nicht in Uniform, aber mit Pistolen. Sie stürzten sich auf mich, stülpten mir einen Sack über den Kopf und fesselten mich, dann stießen sie mich in das Auto zurück und stiegen dazu. Weißt du, wer das war? Deine Brüder?« Als Tschetschenienexperte wußte er, daß Entführungen meist das Werk von Familien oder Clans waren.

»Kann schon sein«, antwortete Raissa. Sie lehnte an der Wand neben der Tür. »Setz dich!« Der Journalist nahm wieder auf der Kante des Klappbettes Platz. Er schaute sie mit fragenden Augen an, sagte aber nicht mehr viel. Er hatte sich etwas beruhigt. Sein Atem ging wieder normal. Da sie ihm sein Gepäck weggenommen hatten, trug er einen geliehenen Trainingsanzug, der ihm viel zu groß war.

»Ich bring dir später das Essen.« Raissa ging. Ihr fiel ein, daß sie vergessen hatte zu fragen, für welche Zeitung oder welchen Sender er arbeitete. Aber er lief ja nicht fort.

Dmitri war klein, keine einssechzig groß, dicklich, gütig, irgendwie nicht so, wie sie sich einen Journalisten vorgestellt hatte. Sie glaubte, daß Journalisten harte Hunde seien. Richtige Kerle, unhöflich und großmäulig. Dieser hier mit seinen kleinen Augen, die durch die Brille blinzelten, war sanft. Das einzig Männliche an ihm waren seine Bartstoppeln, und selbst die schienen nicht in sein weiches, bubenhaftes asiatisches Gesicht zu passen.

Raissa wußte nicht, ob sie sich wünschen sollte, daß er bald freikam. Er hatte ihre Neugier geweckt.

Hoffentlich taten die Brüder ihm nichts. Er schien so harmlos, hatte es einfach nicht verdient. Aber welche der bedauernswerten Geiseln hatte sich schon schuldig gemacht! Darum ging es längst nicht mehr.

Raissa haßte es, daß in ihrem Haus ständig Menschen festgehalten wurden. Der Vater hätte das nicht erlaubt. Doch die Frage war, ob Achmed überhaupt noch auf ihn hören würde. Achmed hatte längst begonnen, nicht nur die Rolle des ältesten Bruders zu spielen, sondern auch die des Familienoberhauptes. Weder das eine noch das andere stand ihm wirklich zu. Doch gerade weil der Vater auch während der Kriege weiter in Kasachstan auf Montage arbeitete und selbst in dieser für die Familie so schweren Zeit nicht nach Hause zurückkehrte, hatte er seine Führungsrolle eingebüßt. Raissa stieg langsam die Kellertreppe hinauf. Sie setzte sich auf eine Stufe und dachte nach. Ihre Familie war zerfallen, und der Vater hatte es zugelassen.

Im Winter kam er für zwei, maximal drei Monate auf Urlaub. Doch er traf sich kaum mit den Männern im Dorf. Er saß zu Hause, reparierte manchmal etwas auf dem Hof, und Raissa wurde das Gefühl nicht los, daß er froh war, wenn er wieder fahren konnte. Zehn Kinder hatte er während dieser Besuche gezeugt, davon sechs Söhne. Sechs Söhne! Er war stolz auf sich, auf seine Frau und fuhr dennoch immer wieder fort.

Ramsan, der Älteste, lebte schon seit fast zwölf Jahren in der

Ferne, arbeitete mal bei der einen, mal bei der anderen Ölgesellschaft. Er schickte der Mutter und seinen neun Geschwistern zwar ab und an Geld, vor allem jetzt während des zweiten Krieges, aber er hatte sie lange nicht mehr besucht. Anscheinend war er mit seiner eigenen fünfköpfigen Familie hinreichend beschäftigt. Raissa kannte Ramsan kaum. Als sie, das Nesthäkchen, geboren wurde, war er schon fast aus dem Haus. Er hatte noch in Grosny studiert, dann aber Tschetschenien verlassen. Den Zerfall der UdSSR, die blutigen Auseinandersetzungen in den sich von Moskau lösenden Sowjetrepubliken, die Unabhängigkeitsbewegung in Tschetschenien – all das sah er sich von Sibirien aus an.

Ramsan war ein gefragter Ölspezialist und hatte in der Fremde geheiratet, eine Frau aus der Komi-Republik, in deren Heimat sie jetzt lebten. Raissa hatte sich zunächst nichts unter den Komi vorstellen können. Als sie das Bild ihrer blaßhäutigen blonden Schwägerin sah, war sie vollends verwirrt. Sie hatte geglaubt, daß das Komi-Volk eine Art Eskimo-Stamm darstellte, schlitzäugig und schwarzhaarig, mit breitflächigen Gesichtern und wettergegerbter Haut. Schließlich galten die Komi doch als Ureinwohner, wenn auch westlich des Urals. Sie waren Rentierzüchter und damit Nomaden. Aber eben Nordeuropäer. Selbst Raissas Eltern kannten ihre Schwiegertochter nur vom Foto. Wenn Ramsan kam, dann stets ohne sie und die Kinder. Es war zu riskant, weil die meiste Zeit Krieg herrschte. Er befürchtete stets, bei den Kontrollen für einen Kämpfer gehalten und verhaftet zu werden. Deshalb vermied er Besuche.

Achmed, der Zweitälteste, hatte auf Fatimas Tod im ersten Tschetschenienkrieg am heftigsten reagiert. Damals war er erst vierzehn gewesen. Während sich vor allem die kleine Raissa gar nicht beruhigen konnte, biß Achmed, der Halbstarke, die Zähne zusammen, schluckte die Tränen herunter und schwor, Rache für Fatima zu üben. Achmed ging von diesem Tag an nicht mehr zum Schulunterricht, der in Assinowskaja trotz des Krieges noch mehr oder weniger regelmäßig stattfand. Er und Aslan, der Drittälteste, zogen in die Berge und schlossen sich den Freischärlern an. Die Mutter konnte sie daran nicht hindern. Auch der Vater, den sie nach Hause bat, damit er die Söhne zurückholte, richtete nichts aus. Er war ihnen in die Berge hinterhergefahren, um sie zu überreden, sich herauszuhalten aus diesem Krieg. Raissa sah das Bild noch vor sich, wie der Vater heimkehrte und nur den Kopf schüttelte. »Sie sind jetzt erwachsen«, hatte er erklärt, »sie treffen ihre eigenen Entscheidungen.« Die Mutter hatte damit nicht nur Fatima, sondern zwei weitere Söhne so gut wie verloren.

Sie machte ihrem Mann keine Vorwürfe, wie auch. Einer tschetschenischen Frau steht das nicht zu. Aber sie litt. Wenn sie sich unbeobachtet fühlte, saß sie zusammengesunken wie eine alte Frau auf der Bank am Lehmofen, die Hände in die Schürze gelegt und weinte lautlos. Sie schaute hinaus in den Garten, und die Tränen rannen ihr über die Wangen. Raissa hatte nicht ein einziges Mal gewagt, sie in einem solchen Augenblick zu stören, sie zu trösten. Die Mutter hätte sich dann nicht einmal mehr diesen Moment gestattet.

Raissa stieg die Kellertreppe hinauf, machte im Küchenherd Feuer und füllte den angesetzten Brotteig in vier Formen. Während die Weißbrote im Ofen buken, wärmte sie ihren Rücken an dem Lehmherd. Die Mutter wirtschaftete im Hof herum, im Haus war es still.

Kurz nach acht brachte sie Dmitri das Abendessen. Frischgebackenes Brot und gesüßten Tee. Wieder war er angstvoll aufgesprungen und wartete neben der Liege stehend, wer den Raum betreten würde. Er schien erleichtert zu sein, als er sie sah. Sie reichte ihm das Tablett, er setzte es vorsichtig auf dem wackligen Tischchen ab und bedankte sich mit vor der Brust zusammengefalteten Händen und einer Verbeugung.

Er blieb neben dem Tisch stehen. »Was wird mit mir? Wie lange werde ich hier bleiben?«

»Ich weiß es nicht. Für wen arbeitest du?«

»›Moskowskije Nowosti‹, eine Wochenzeitung.«

»Kenne ich nicht.«

»Du bist auch zu jung für sie, es ist die Zeitung, die die Intelligenzija während der Perestroika regelrecht verschlungen hat.«

»Und heute, ist sie immer noch so beliebt?«

»Heute hat das Interesse stark nachgelassen, die Leute lesen kaum noch Zeitungen, sie sehen hauptsächlich fern.«

»Bei uns auch, aber es gibt ja nur die russischen Programme, und die bringen nichts als Lügen über Tschetschenien und den Krieg.«

»Wenn ihr die Journalisten kidnappt, braucht ihr euch nicht zu wundern, daß sich kaum jemand hierher traut. Mehr als vor den russischen Kontrollen fürchten wir uns doch vor euren Geiselnahmen. Die Soldaten kann man vielleicht noch bestechen, damit sie uns laufen lassen. Manchen kann man sogar etwas von Pressefreiheit erzählen und davon, wie wichtig es ist, daß wir die Wahrheit über das, was hier passiert, schreiben. Aber eure Kämpfer, die uns kidnappen? Vor ihnen gibt es keinen Schutz.«

Raissa gab keinen Kommentar dazu ab. »Wenn mein Bruder hier auftaucht, behalt deine Meinung lieber für dich.« Sie fragte, ob er noch etwas brauche.

»Was zu lesen.«

»Wie, zu lesen? Was meinst du?«

»Habt ihr eine Zeitung, Bücher?«

Zeitungen hatten sie nicht, und es wäre auch verboten gewesen, sie ihm zu bringen. Die Geiseln sollten in dem dunklen Keller ihr Zeitgefühl verlieren, hatte ihr Bruder ihr eingeschärft. Raissa hatte nie daran geglaubt, daß das gelingen konnte. Aber wie auch immer: Eine Zeitung kam nicht in Frage. Bücher? »Ich hab nur den Koran auf Arabisch, damit kannst du nichts anfangen. In unserem Haus gibt es keine Bücher.«

»Schau trotzdem mal nach, ja?«

Raissa ging. Seltsam war dieser Dmitri. Die Verbeugung, als er sich für das Abendessen bedankte. Die Gebetskette, das Lächeln. Irgendwie gar kein Russe, eher ein Chinese, freilich hatte sie noch nie zuvor einen kennengelernt. Sie kannte Chinesen nur aus dem Fernsehen.

Wo sollte Raissa nach Büchern schauen? Im Wohnzimmerschrank standen lediglich kitschig bunte Kristallgläser. Aber hatte sie ihr Literaturlehrbuch aus der Neunten nicht noch irgendwo? Sie fing an, im Mädchenzimmer zu suchen. Kaum etwas in dem Raum erinnerte daran, daß Medina nun verheiratet war. Das gemeinsame Zimmer sah aus wie immer. Dieselben Kissen auf Medinas Schlafsofa, die Plastikblumen, die sie mit Reißzwecken an die Tapete geheftet hatte, das Täschchen mit Schminkzeug und ihr Parfüm auf dem kleinen Regal. Alles, was sie mitgenommen hatte, war neu gekauft worden.

Raissa zog ihre Kiste mit den alten Schulbüchern hervor. Gut, daß sie sich nicht von ihnen getrennt hatte. Da war das Literaturbuch. Eine Lesestoff-Sammlung. Sie las das Inhaltsverzeichnis durch. Lew Tolstoi: »Hadschi Murat«. Eine gute Geschichte. Gefallen hatte ihr vor allem der Vergleich mit der Distel, die auszureißen enorme Anstrengungen kostete und die dann nutzlos schnell verwelkt, so daß niemand mehr an ihrer Blüte Freude haben konnte. Auch wenn Tolstoi ein Russe war, ein treffenderes Bild für ihr zähes, unbeugsames Volk, dem seine Freiheit über alles ging, hätte er nicht finden können.

Sie steckte sich das Buch in den Rockbund, doch sie hatte vor, die Übergabe noch ein wenig hinauszuzögern. Sollte Dmitri die Zeit noch ein wenig mit Hoffen und Wünschen und Vorfreude auf das Buch verbringen. Sie meinte das ehrlich, keineswegs gemein.

Draußen war es längst dunkel. Raissa schaute sich in dem Zimmer um, setzte sich auf Medinas Bett. Sie dachte an ihre große Schwester. Ob die heute ihre Hochzeitsnacht erleben würde?

Schatten über der Hochzeitsnacht

Medina war gespannt. Wann würden Malik und sie ihr eigenes Zimmer bekommen? Es war Brauch, daß die Schwiegermutter es heimlich einrichtete. Mit einem großen Teppich als Schmuckstück. Der hatte ein wahres Prachtexemplar zu sein, das eine ganze Wand über die gesamte Breite bedeckte. Diese Teppiche waren der Stolz jeder Hausfrau. Sie waren riesig, je größer, desto besser. Vier mal drei Meter mindestens. Besonders modern waren sie derzeit in dunkelgrün mit dunkelbraunen und beigefarbenen Blumen. In diesem Zimmer fanden sich dann auch die Hochzeitsgeschenke wieder, Läufer oder Geschirr und Gläser, Elektrogeräte – eben alles, was für einen gemeinsamen Anfang benötigt wurde. Die Schwiegermutter allein entschied, wann das Brautpaar in das eigene Zimmer durfte. Erwies sich die Schwiegertochter als gehorsam und fleißig, konnte das Paar schnell einziehen.

Die Stimmung in Belgatoi war den ganzen Tag über gedrückt. Niemand wagte laut zu sprechen oder gar zu lachen. Medina fühlte, wie schwer sich die Trauer über das ganze Haus gesenkt hatte. Ihr Schwiegervater telefonierte unablässig, verschwand mit dem Auto, kehrte zurück, beriet sich mit den anderen Männern. Dann erschien Samail Dschabrailow, der Clanchef.

Medina hatte viel über ihn gehört und war gespannt, wie er aussah. Enttäuschend! Alles andere als ein Hüne, und ohne Papacha wäre dieses dürre Männchen, das so angestrengt sein Kinn nach vorn reckte, noch ein ganzes Stück kleiner. Der Clanchef trug einen buschigen schneeweißen Backenbart, hatte wässrigtrübe blaue Augen. Er schlurfte über den Hof, streifte an der Haustür die hinten heruntergetretenen Schuhe ab und nahm im Wohnzimmer Platz. Medina mußte Fleisch, Brot und Tomaten, später Tee mit Gebäck servieren. Auf diese Weise erhielt sie mehrere Male Gelegenheit, sich diese allseits verehrte Person anzuschauen.

Zur Begrüßung hatte das Stammesoberhaupt sie einen Moment von Kopf bis Fuß betrachtet, schließlich war sie neu im Haus, und immerhin war es ihre Hochzeit gewesen, die durch die Todesnachricht so abrupt geendet hatte. »Du bist also Maliks Braut. Gut, gut.« Medina zuckte zusammen, als seine sonore Stimme ertönte, die unmöglich aus diesem schmalen Männchen gedrungen sein konnte. Sie nickte mit gesenktem Kopf, fühlte, wie ihr das Blut ins Gesicht schoß, und sagte kein Wort. Der Clanchef zog seine Taschenuhr hervor. Die Goldkette reichte von der Brusttasche seines fleckigen Hemdes, das lang über der hellgrauen Kniebundhose hing, bis zur Knopfleiste, an der sie festgezwickt war. Er fingerte an der Uhr, bis endlich der Deckel aufsprang, und warf einen Blick auf das Zifferblatt. Die Beratung in Maliks Elternhaus war nur eine von mehreren; er hatte jetzt viele Gespräche zu führen.

Als Medina den Tee auf den Tisch gestellt hatte, bedeutete ihr der Schwiegervater, den Raum nun nicht mehr zu betreten.

Die Frauen warteten schweigend in der Küche. Sie vermieden selbst die Begegnung ihrer Blicke. Sie wußten, daß dies die

Stunde der Entscheidung war. Der Clanchef würde einem der Männer aus Magomeds Umfeld die Aufgabe der Blutrache zuweisen. Die anderen würden Geld sammeln gehen und die russischen Soldaten ausfindig machen, die die Leiche zurückhielten. Magomeds Vater würde seinen Sohn beerdigen. Gut möglich, daß Maliks Vater ihm dabei zur Hand ging.

Die Wahrscheinlichkeit war groß, daß Malik die schwerste aller Aufgaben übernehmen mußte. Daß er frisch vermählt war, zählte nicht viel; bedeutend schwerer wog, daß er als Magomeds engster Freund galt und obendrein mit ihm entfernt verwandt war. Was der Schwiegermutter längst bewußt war, wagte Medina noch nicht zu Ende zu denken. Die junge Ehe war nicht mit Glück gesegnet, so viel stand bereits fest.

Die Tür öffnete sich. Die Männer begleiteten den Clanchef hinaus zum Hoftor. Als der Schwiegervater und Medinas Mann zurückkehrten, sprachen sie kein Wort. Der Schwiegervater nickte seiner Frau kurz zu. Die preßte sich ihr Taschentuch auf den Mund und lief schnell hinaus. Malik stand blaß mit zusammengepreßten Lippen im Flur und starrte auf seine Füße.

Medina kamen die Tränen, doch sie hielt sie mit aller Kraft zurück. Sie fühlte, daß sie kein Recht hatte, ihren Gefühlen freien Lauf zu lassen. Die Eltern würden möglicherweise ihren ältesten Sohn verlieren, was wogen da schon die Gefühle einer Ehefrau!

Wie gern hätte Medina ihren Mann in diesem Moment in den Arm genommen, er tat ihr leid. Aber würde er Trost und Mitgefühl ausgerechnet von ihr, seiner Ehefrau, brauchen? Nicht ein einziges Mal hatte er sie bislang berührt. Zärtlichkeiten vor anderen waren ohnehin ein Tabu.

Medina wollte zu ihrer Schwiegermutter gehen, doch ihr Schwiegervater stellte sich ihr in den Weg. »Laß nur, stör sie jetzt nicht.« Der alte Mann hatte leise, fast tonlos gesprochen, auch ihm fiel es schwer, Haltung zu bewahren. Während er sich schon von Medina abwandte, sagte noch zu ihr: »Geht einfach in euer Zimmer, sie ruft euch bald.«

Medina blieb einen Moment unschlüssig vor ihrem Mann stehen, doch der wandte sich um und ging hinaus. Medina fühlte sich verloren und allein in diesem Haus, in dem zur Trauer um den Familienfreund nun auch noch die Angst um Malik allen die Kehle zuschnürte.

Medina und Hejda waren froh, als die Schwiegermutter in ihr Zimmer kam und ihnen auftrug, das Abendessen für die Männer zu kochen. Die beiden Schwestern eilten in die Küche. Fast wortlos bereiteten sie Hühnersuppe mit Kartoffeln zu. Sie wagten nicht zu reden, und wenn sie miteinander sprachen, flüsterten sie nur.

Als sie den Tisch gedeckt hatten, rief Medina schüchtern die Männer zum Essen. Die Schwestern verließen das Speisezimmer und warteten im Flur, nahe der Tür, jederzeit bereit, weitere Wünsche zu erfüllen. Nach den Männern aßen die Frauen gemeinsam. Die Schwiegermutter rührte nichts an. »Alles wird gut, du wirst sehen«, begann sie ohne Überzeugung auf Medina einzureden. Ihre Worte, die die Schwiegertochter beruhigen sollten, lösten das Gegenteil aus. Medina machte sich mehr und mehr Sorgen. Die Schwestern warteten ungeduldig auf den Moment, daß man sie endlich wieder in ihr Zimmer schickte und sie unter sich waren.

»Muß er ihn rächen?« fragte Hejda.

»Ich glaube, ja. So hab' ich sie verstanden. Und auch ihn. Du hättest ihn sehen sollen! Ich glaube, er hat schreckliche Angst. Bestimmt hat er noch nie getötet.«

Hejda zögerte vor ihrer nächsten Frage, sie stellte sie trotzdem. »Was, wenn er dabei selbst stirbt? Was dann?«

»Hejda, dann bin ich Witwe. Dann hat es Allah so gewollt.«

»Hast du denn keine Angst?«

»Doch, große. Aber man darf es nicht zeigen, verstehst du. Wir sind keine Kinder mehr.«

Sie hörten ein leises Poltern. Ein Steinchen war an die Fensterscheibe geprallt. Und noch eins.

»Mach das Fenster auf, worauf wartest du denn noch!« trieb Hejda Medina an. Die band sich schnell ein Kopftuch um, legte sich einen Wollschal über die Schultern, um das Nachthemd, so gut es ging, zu verbergen, und öffnete das Fenster. Kalte Nachtluft drang in das Zimmer. Medina flüsterte etwas, was Hejda nicht verstand. Dann kicherte sie. Sie schlug das Fenster zu, strahlte.

»Ich soll kommen.« Medina eilte aufgeregt im Zimmer hin und her. »Was soll ich bloß anziehen? Ich hab nichts! Guck doch nicht so!«

Hejda mußte lachen. »Du rennst wie ein aufgescheuchtes Huhn durch die Gegend. Beeil dich lieber, sonst ist er weg. Nimm dein orangefarbenes Hauskleid, das hat er doch noch gar nicht gesehen. Nun mach schon!«

Medina kicherte, streifte sich schnell das Nachthemd über den Kopf, zog die Unterwäsche an und schlüpfte schließlich in ihr Kleid. Hejda half ihr beim Reißverschluß. Als Medina zu den Schuhen griff, die aufgereiht an der Türschwelle standen, hielt sie inne und schaute Hejda mit ihren großen Augen an. »Morgen früh werden es alle wissen. Die Schwiegermutter wird sich das Laken anschauen. Es ist mir jetzt schon peinlich.«

»Medina, was ist los? Das weißt du alles schon lange. Du bist nicht die erste Braut, die ihre Hochzeitsnacht erlebt. Denk nicht so viel nach, freu dich auf ihn! Er ist ein guter Mann. Jetzt geh endlich!«

Medina warf ihr einen letzten Blick zu, freudig und ängstlich zugleich. Dann huschte sie hinaus, und gleich darauf hörte Hejda sie vor der Tür leise glucksend lachen. Sie freute sich für Medina und konnte ihr Bangen so gut verstehen. Sie selbst war froh, daß es bei ihr noch nicht soweit war, daß sie Zeit hatte, sich auf das Leben als Ehefrau vorzubereiten. Aber sie würde, wenn die Eltern es verlangten und es streng der Reihe nach ging, die nächste sein.

Malik führte Medina in ein Zimmer des Hauses, das sie nicht kannte. Es lag auf der Rückseite. Kaum möbliert, aber in einem kleinen Ofen knisterte Feuer. Es war heiß in dem dunklen Raum, den nur das Hoflicht, das durch die dünnen Vorhänge fiel, erleuchtete. Malik schob sie hinein, trat von hinten an sie heran, umfaßte ihre Schultern und küßte sie seitlich auf den Hals. Er schob sie sanft vor sich her bis zum Bett, trat um sie herum und nahm ihr das Tuch ab. Dann suchte er den Reißverschluß und streifte ihr das Kleid über den Kopf. Stück für Stück zog er sie aus, küßte jedes freigelegte Fleckchen Haut. Seine Hände wanderten über ihre Schultern, den Rücken entlang, machten eine Wendung zum Bauch und fuhren hinauf zu ihren Brüsten. Er ließ sich Zeit, war behutsam und sprach kein Wort. Sie hörte, wie er Luft holte, und fühlte den Hauch seines Atems warm auf ihrer Haut. Das Herz schlug ihr bis zum Hals.

Sie fragte leise: »Und du, willst du dich nicht ausziehen?«

»Mach du.«

Sie zupfte ihm das Hemd aus der Hose, öffnete die Knöpfe. Als auch er nichts mehr anhatte, kuschelten sie sich zusammen unter die Decke, blieben vorsichtig umschlungen liegen, bis seine Finger erneut auf Entdeckungsreise gingen. Er schien zehn Hände zugleich zu haben, Medina spürte seine zärtlichen Berührungen überall, es war, als zeichneten sie eine Spur, als hinterließen sie kleine elektrische Felder.

Am Morgen kam Medina zurück. Vor ihr hatte die Schwiegermutter kurz in das Zimmer der Schwestern reingeschaut und Hejda nur geheimnisvoll angelächelt. Hejda forschte jetzt in Medinas Gesicht. Hatte die Nacht sie verändert? Konnte man sehen, daß sie jetzt eine Frau war? Ihre Wangen schimmerten rosig, ihre Augen leuchteten, sie wirkte ruhig und zugleich gesetzt. Hejda versuchte, ihren Blick einzufangen, doch Medina machte sich einen Spaß daraus, sie nicht anzusehen.

»Hej, erzähl schon!«

»Ich weiß nicht, was du meinst. Da gibt es nichts zu erzählen.«

»Sei nicht gemein, ich bin schließlich deine Schwester. Deine Lieb-lings-schweee-steeer! Nun sag schon, war's schlimm?«

»Normal.«

»Normal gut oder normal schlecht?«

»Normal eben.«

»Ich wußte gar nicht, daß man dadurch eine Ziege wird.« Das saß!

»Laß mich in Ruhe, du verstehst überhaupt nichts.«

»Määhää, määhää.« Hejda meckerte wie ein Zicklein. Sie ließ nicht locker. Sie legte sich links und rechts die Zeigefinger an den Kopf, als hätte sie jetzt Hörner, und hüpfte um Medina herum. »Määhää, määhää.« Dann umarmte sie ihre große Schwester von hinten und küßte sie auf das Haar.

Medina hielt ihre Hand fest. »Es war schön. Ich erzähl's dir später. Versprochen.« Sie wollte noch nicht darüber reden, denn sie befürchtete, daß dieses wundervolle Gefühl, einmal ausgesprochen, in kleine Stückchen zersplittern und zerbröseln würde. Zumindest für eine Weile wollte sie es ganz für sich allein haben und auskosten. Bis die Erinnerung ihr keine noch so kleine neue Einzelheit mehr ins Gedächtnis rief, ihr kein noch so schwaches Kribbeln in den Bauch zaubern konnte und sich alles zu wiederholen begann. Erst dann würde sie Hejda davon erzählen. Aber bis dahin war es noch sehr, sehr lang.

»Wie hat sie reagiert?« Gemeint war Medinas Schwiegermutter.

»Sie hat im Nu das Laken abgezogen und mitgenommen und dabei über die Teppiche geredet. Es hat in der Nacht geschneit, und wir sollen sie im frischen Schnee ausklopfen.«

»Na, besser, als wenn sie viel Gewese darum gemacht hätte. Wann dürft ihr in euer Zimmer ziehen?«

»Sie sagt, bald. Ich glaube, heute oder morgen schon.«

»Sie haben es jetzt aber eilig! Wahrscheinlich sollt ihr die wenige Zeit nutzen, die ihm bleibt, bis er los muß. Soll ich nach Hause fahren, oder willst du mich noch hier haben?«

»Wenn wir in das Zimmer ziehen, ist es besser, wenn du fährst.«

»Ich besuche dich dann, wann immer es geht. Sag mir, wann ich kommen soll, ja?« Hejda spürte, wie ihr das Herz schwer wurde. Was sie so lange nicht wahrhaben wollte, traf jetzt ein: die Trennung von ihrer Schwester. Medina war jetzt eine Ehefrau und hatte ihre eigene Familie. Ihre Kindheit und damit die Zeit, in der sie alles geteilt hatten, war unwiderruflich vorbei.

Die Schwiegermutter trat ins Zimmer. »Kommt, meine Täubchen. Jetzt machen wir Frühstück, und dann nehmen wir uns die Teppiche vor.«

Medina ging hinaus, Hejda folgte ihr, wurde aber von der Schwiegermutter festgehalten. Jetzt will sie mir sagen, daß ich nach Hause fahren soll, schoß es ihr durch den Kopf. Doch die Schwiegermutter flüsterte: «Ihr müßt heute nicht viel tun. Soll sie ihre Zeit mit Malik verbringen, viel bleibt ihr ja vielleicht nicht mehr, wer weiß. Wenn sie dich hier haben möchte, kannst du gern bleiben. Uns störst du nicht. Aber laß sie entscheiden, ja?«

Hejda war überrascht und zugleich sehr beruhigt. Medina würde es gut gehen in diesem Haus. Und sie selbst würde fahren. Sie hatte verstanden, was ihre jetzt verheiratete Schwester zuvor gemeint hatte. Heute nachmittag würde sie Malik bitten, sie das kurze Stück nach Assinowskaja mit dem Auto zurückzubringen.

Wie schon Raissa wurde auch Hejda von der Mutter auf der Treppe empfangen. Malik grüßte seine Schwiegermutter ehrerbietig, verabschiedete sich aber gleich wieder und fuhr zurück. Sie blickten ihm hinterher. Der weiße Wagen, zur Hochzeit noch gewienert und bunt geschmückt, war heute über und über mit Schlamm bespritzt.

Auf der Hinfahrt hatte es kaum Kontrollen gegeben. Sie hofften, daß er ebenso unbehelligt zu Hause in Belgatoi ankommen würde und sich dann um Medina kümmern konnte.

Die Mutter sah besorgt aus. »Wie geht es ihr?«

»Gut Mama, mach dir keine Sorgen. Sie mögen sie, sie hat es gut dort.«

»Sie tut mir so leid. Was wird nur werden? Was, wenn er dabei der nächste ist? Sie sind doch so jung!«

»Mama, hör auf, alles wird gut.«

»Wenn Allah es will.«

Die Mutter hielt Hejda in der Diele zurück. »Es ist wieder jemand bei uns.«

»Nicht schon wieder! Wie oft denn noch? Hört das denn nie auf!«

»Hejda, sei still und untersteh dich, dich zu beklagen. Außerdem wirst du sowieso nichts mit ihm zu tun haben. Es ist Raissas Aufgabe. Sie soll sich um ihn kümmern. Geh nicht runter, deine Brüder wollen nicht, daß er zu viele von uns sieht.«

Zehntausend Dollar für einen Leichnam

Als Malik nach Belgatoi zurückkehrte, fehlte der rote Lada auf dem Hof. Aber an den Schuhen auf der Treppe sah er, daß der Vater zu Hause war. Das Auto war also bereits verkauft. Durch die angelehnte Tür drang Stimmengewirr. Viele Männer waren zu Besuch gekommen, Verwandte, Freunde und Bekannte des Vaters. Sie berieten mit ihm im Wohnzimmer, wie sie die Suche nach Magomeds Leiche beginnen sollten. Sie mußten mit den Russen in Kontakt treten, und das ging nur über tschetschenische Polizisten, die mit russischen Milizionären gemeinsam an den Straßenkontrollen Dienst schoben. Es gab mehr und mehr solcher Polizisten. Unter den Tschetschenen galten sie als Verräter, die sich an die Russen verkauft hatten, aber manchmal waren sie äußerst nützlich, denn ihre Loyalität den neuen Arbeitgebern gegenüber hielt sich in Grenzen.

Malik nahm zwar an dem Gespräch teil, doch als die Aufträge vergeben wurden, ließ man ihn aus. Die Freunde beschlossen, daß zwei von ihnen zum Blockposten »Adler« an der inguschetischen Grenze fahren sollten. Dort hatten sie Bekannte, die ihnen vielleicht weiterhalfen.

Die Fahrt dauerte keine Stunde, sie wurden selten angehalten. Aber die Mühe war umsonst, beinahe jedenfalls. Die Polizisten an den Blockposten waren ausnahmslos Russen. An einem Blockposten in einer scharfen, langgezogenen Linkskurve unter hohen Birken, dienten Kalmücken. Die waren bekannt für ihre Freundlichkeit zu den tschetschenischen Zivilisten, vor allem aber dafür, daß sie niemals Geld nahmen. Außerdem gab es mit ihnen nie Scherereien. Doch andererseits wußten sie auch niemals Bescheid. Sie hielten sich demonstrativ aus den Querelen zwischen Russen und Tschetschenen heraus und hatten nur ein

Ziel: ihre Dienstzeit in Tschetschenien möglichst unversehrt hinter sich zu bringen.

Die Männer fuhren an den letzten Kontrollpunkt vor der inguschetischen Grenze. Der war ganz besonders aufwendig gesichert. Zwei Panzer bildeten die Eingangssperre, dann markierte ein Spalier von schwarzweiß gestreiften, hochkant gestellten Betonplatten den engen Weg zur ersten Ausweiskontrolle. Sie stoppten bei den vier Wachhabenden, alle ausgerüstet mit Helmen und kugelsicheren Westen, Handgranaten am Gürtel und Kalaschnikows über den Schultern. Einer von ihnen machte einen Schritt auf den Wagen zu, der Fahrer hatte die Scheibe schon heruntergekurbelt. Der Milizionär grüßte, ratterte seinen Namen und Dienstgrad herunter und verlangte die Ausweise. Er prüfte sie ausgiebig und verschwand mit ihnen.

In der Zwischenzeit hatte einer der Tschetschenen im Wagen auch das Fenster der Beifahrerseite heruntergelassen und fragte auf Tschetschenisch die drei anderen, wie lange ihr Dienst noch ginge. Einer antwortete, ein Tschetschene. Endlich! Glück gehabt! Die beiden fingen ein kurzes Gespräch in ihrer Muttersprache an.

»Hast du von Magomed gehört? Weißt du, wer seine Leiche haben könnte?«

Maliks Freund ging es direkt an, volles Risiko. Der Polizist schaute unsicher auf seine beiden russischen Kameraden, und bevor der vierte mit den Ausweisen zurückkam, sagte er schnell: »Komm morgen mittag wieder, dann hat Timur Dienst, der hat von der Sache gehört.« Zumindest ein Teilerfolg.

Nach dieser Antwort hätten Maliks Freunde direkt umdrehen und nach Belgatoi zurückfahren können, doch damit hätten sie sich mehr als verdächtig gemacht. Sie mußten die Grenze nach Inguschetien überqueren und über einen anderen Blockposten wieder nach Tschetschenien zurückkehren, was sie die halbe Nacht kostete.

Am nächsten Nachmittag hielt ein Wagen nach dem anderen vor Medinas neuem Zuhause, wieder versammelten sich die Männer. Sie warteten auf die Nachricht vom Grenzposten. Medina, die ihre zweite Nacht mit Malik verbracht hatte, mußte Tee und Gebäck servieren.

Am Morgen war sie mit der Schwiegermutter auf dem Markt im dagestanischen Chasawjurt einkaufen gewesen. Der lag direkt hinter der Grenze, war riesig und berühmt für sein reichhaltiges Sortiment. Viele Flüchtlingsfrauen arbeiteten an den Ständen als Verkäuferinnen. Ganz Tschetschenien versorgte sich in den Hallen und Büdchen mit allem, was zum Leben gebraucht wurde.

Der Markt erstreckte sich zu beiden Ufern eines ausgetrockneten Flußbettes. Die eine Seite, dort, wo es Fleisch und Gemüse gab, belieferten die Bauern. Dort begannen die Frauen ihren Rundgang. Zunächst überquerten sie den Viehmarkt, wo die Bäuerinnen neben großen Kartons voll mit flauschigen, piepsenden, ein oder zwei Tage alten Küken saßen. Sie boten Enten, Gänse und Hühner feil. Medina wies ihre Schwiegermutter auf einen Hahn hin, den jemand mit einer Schnur an ein Abflußrohr gebunden hatte. Ein armseliges Exemplar. Ab und an gab der Gockel ein paar krächzende Laute von sich, doch mit seinem gerupften Federschwanz paßte er besser in einen Suppentopf als auf einen Hühnerhof. Medina blieb für einen Augenblick vor einer Bäuerin stehen, die sich eines ihrer gelben Küken auf die Handfläche gesetzt hatte, um es interessierten Kunden zu präsentieren. Sie hätte das flauschige Knäuel am liebsten mitgenommen.

Der eigentliche Einkauf begann in der Gemüseabteilung. Sie schritten die Reihen der Bäuerinnen ab, die in Eimern unterschiedliche Kartoffelsorten feilboten. Sie begutachteten Kisten mit sauber gewaschenen Möhren, prüften mit einem Fingerdruck die blankpolierten Tomaten, die zu appetitlichen Pyramiden aufgetürmt worden waren. Dann nahmen sie die Kräutersträußchen, die auch jetzt auf dem Markt noch bewässert wurden, näher in Augenschein. Die beiden Frauen wurden von den geschäftstüchtigen Verkäuferinnen umworben und mit schmeichelnden Worten zum Kaufen ermuntert. Medina hatte schon fast vergessen, wie fröhlich es auf dem Markt zuging.

Sie betrat mit ihrer Schwiegermutter die Baracke, in der Fleisch angeboten wurde. Draußen neben der Tür hing ein abgeschlagener Kuhkopf, aus dessen Maul seitlich die Zunge herauslugte. Die ausgenommenen Rinder und Hammel wurden hier an Ort und Stelle zerlegt. Die Fleischerinnen warfen die Stücke, so wie sie sie abgetrennt hatten, auf die Theke. Niemand machte sich die Mühe, sie ordentlich zu stapeln oder gar auf Platten anzurichten. Medinas Schwiegermutter wog das Fleisch, das sie interessierte, in der bloßen Hand. Was ihr nicht gefiel, legte sie zurück auf den verschmutzten Tisch.

Dann trat sie zwischen die Verkaufstresen, um die Hammelhälften an der Wand besser begutachten zu können. Sie hingen lieblos aufgespießt an großen Haken. Die Schwiegermutter prüfte den Kurtjuk, das dicke weiße Fettpolster am Schwanzansatz. Der Kurtjuk wie auch die Augen galten als besondere Delikatesse, die an einer Tafel dem Ehrengast gereicht wurden. Medina war froh, daß sie keine Hammelhälfte kauften. Wie hätten sie sie nach Hause transportieren sollen?

Als sie weiter in die Richtung gingen, wo der »süße Markt« lag, ahnte Medina, daß der Einkauf bald zu Ende sein würde. Denn dort war auch der Busbahnhof. Noch einmal zog die Schwiegermutter von Büdchen zu Büdchen, probierte Pralinen, in bunte Papierchen eingewickelte Bonbons und unterschiedliche Sorten von Gebäck. Es roch nach Schokolade und Feuerholz. Einige Händlerinnen hatten ein paar Latten von ausgedienten Gemüsekisten angezündet und scharten sich um ihr kleines Lagerfeuer hinter ihren Ständen. Von den Markisen der Stände fielen die ersten Regentropfen auf die Kundinnen, doch Medinas Schwiegermutter ließ sich Zeit.

Medina mochte nichts Süßes essen. Sie schaute sich ein wenig um. Ihr Blick fiel auf zwei Katzen am Stand gegenüber. Sie saßen genau unter einer Wäscheleine voller aufgefädelter getrockneter Fische und blickten betont gelangweilt. Medina fragte sich amüsiert, wann sie wohl die Gelegenheit beim Schwanze packen würden.

In der Ferne sah sie die Dächer der Hallen, in denen Kleider und Tücher, Geschirr und Wäsche, Werkzeug und Elektroartikel verkauft wurden. In diesem Teil des Marktes mit seinem Billigangebot aus China, Aserbaidschan oder der Türkei sollen während des ersten Tschetschenienkrieges auch Waffen feilgeboten worden sein. Medina hatte das selbst nie gesehen und überlegte, ob Kalaschnikows und Granaten wohl noch immer so offen präsentiert wurden. Die Gerüchte hielten sich hartnäckig. Selbst die neuesten Nato-Modelle, hieß es, sollten hier erhältlich sein.

Medina und ihre Schwiegermutter schleppten ihren Großeinkauf zum Busbahnsteig. Sie hatten Unmengen eingekauft, etliche geschlachtete und schon gerupfte Hühner, Lammfleisch, einen Eimer Kartoffeln, eine Kiste Möhren und Gebäck für die Trauerfeier. Ohne den Marktjungen, der ihnen zum Schluß beim Tragen geholfen hatte, hätten sie die Menge niemals bewältigen können. Der Bus mit der Aufschrift »Grosny« rollte an den Bahnsteig heran. Er war in ebenso schlechtem Zustand wie all die anderen beinahe schrottreifen Fahrzeuge. Ein Wunder, daß sie überhaupt noch fuhren! Die Busse waren verbeult, hatten zersprungene Scheiben und einen orangefarbenen Anstrich, wobei man nicht wußte, wo die Farbe endete und der Rost begann.

Als Medina, zwischen all die Tüten und Taschen gequetscht, erschöpft Atem holte, übermannte sie Wehmut. Wie sehr hatte sie sich auf ihren ersten Marktgang nach der Hochzeit gefreut. Zusammen mit Hejda wollte sie die Teppichhändler besuchen, Wäsche auswählen, mit dem Hochzeitsgeld Stück für Stück ihres Hausrates zusammentragen. Sie hatten eine ansehnliche Summe geschenkt bekommen. Aber statt sich mit ihrer Schwester zu beraten und in aller Ruhe zu bummeln, hatte sie mit der Schwiegermutter diesen Großeinkauf erledigen müssen. Und das war erst der Anfang der Vorbereitungen. Für Magomeds Trauerfeier mußte gekocht und gebacken werden, denn es wurden zahlreiche Gäste erwartet, und anders als bei einer Hochzeit kündigte sich zum Totenschmaus niemand an, man kam einfach vorbei. Für die Frauen der Trauerfamilie bedeutete das, daß sie die nächsten Tage und Nächte in der Küche verbringen würden.

Maliks Mutter sah es als Selbstverständlichkeit an, ihrer Freundin zu helfen, und sie spannte Medina mit ein, ohne sie auch nur zu fragen. Die Schwiegermutter hatte die Organisation der Trauerfeiern übernommen und behielt jetzt den Überblick. Ihre Freundin hatte soeben den größten Verlust erlitten, der für eine tschetschenische Frau vorstellbar war: den Tod des ältesten Sohnes. Sie sollte sich in ihrem Schmerz nicht zusätzlich schinden müssen. Die viele Arbeit, die sie der Freundin abnahm, lenkte die Schwiegermutter zugleich von ihrer eigenen Ungewißheit ab. Würde ihr Sohn die ihm übertragene Aufgabe heil überstehen? Der Clanchef hatte ihn mit der Blutrache beauftragt, eine Entscheidung, die ihn ehrte, die für sie nicht unerwartet kam, aber zugleich all ihre Hoffnungen zerstörte. Als

Mutter wäre es ihr lieber gewesen, wenn ein anderer den Auftrag bekommen hätte.

Wieder einmal schmiedeten die Sorgen und Nöte die beiden befreundeten Frauen zusammen. Medina beeindruckte diese Solidarität. Ihre Mutter hatte keine so gute Freundin und hätte sie gewiß häufig gebraucht.

Im Hause überschlugen sich die Aufgaben für die junge Ehefrau. Medina war nur noch auf den Beinen. Sie hatte zu backen, zu kochen und zu brutzeln, zugleich die Männer zu bewirten, die das Haus nicht mehr zu verlassen schienen. Und dabei war sie doch ganz und gar erfüllt von ihren neuen nächtlichen Erfahrungen. Sie hätte ihren Mann so gern auch tagsüber nur für sich gehabt, aber inmitten der großen Männerrunde war an Zweisamkeit nicht zu denken. Wenn sie nicht allein waren – und das war meist der Fall –, gab er durch nichts zu erkennen, wie vertraut sie mittlerweile miteinander waren. Ihre Körper hatten einander erforscht und sich kennen- und lieben gelernt, jede Scheu und Befangenheit abgelegt. Über seinen Auftrag, seine Todesängste, seine Seelenqual sprach er mit ihr freilich nicht.

Noch während alle auf die Rückkehr der beiden Männer warteten, die zu den Blockposten gefahren waren, klingelte das Telefon. Medinas Schwiegervater wurde verlangt. Blaß, mühsam um Fassung ringend, kam er in das Wohnzimmer zurück und verkündete: »Sie haben Magomeds Leiche. Sie wollen zehntausend Dollar, nicht einen weniger. Sie schicken sie her.«

Am Abend war der Leichnam noch immer nicht eingetroffen. Zahlreiche Männer bevölkerten seit Stunden das Haus und den Hof, wo auch der Stammesälteste mit ihnen wartete.

Die Schwiegermutter rief Medina zu sich: »Komm, hilf mir, die Möbel beiseitezuräumen!«

Im Wohnzimmer wurde Platz geschaffen. Medina wunderte

sich, wofür, wagte aber nicht zu fragen. Den Tisch hatten die Frauen an die Wand geschoben, die Stühle auf den Flur gebracht, den Teppich eingerollt und in die Ecke gestellt. Die Männer zogen auf der Treppe zum Hauseingang Schuhe und Strümpfe aus, setzten ihre Tjubetjeikas auf. Manche Kappen waren aus weißem Garn gehäkelt, andere bestanden aus Filz oder waren aus seidig glänzenden bunten Stoffen genäht.

Die Männer gingen ins Wohnzimmer, knieten nieder und bildeten einen Kreis zum Gebet. Dicht nebeneinander, so daß sich ihre Schultern und Hüften berührten. Die Handflächen lagen zunächst auf ihren Oberschenkeln. Der *Sikr* begann. Der Stammesälteste sprach mit halblauter Stimme die Eingangsgebete. Murmelnd wiederholten die Männer die Worte. Sie hielten jetzt die Hände vor der Brust, die Handflächen nach oben gerichtet, als wollten sie etwas auffangen. Wieder und wieder strichen sie sich mit den Handflächen über Gesicht und Ohren, beugten sich nach vorn, bis sie mit der Stirn fast den Boden berührten.

Dann standen alle auf und liefen mit stampfenden Schritten im Kreis. Das Tempo des Gebetstanzes zog an, der Stammesälteste begann einen Sprechgesang. Immer schneller liefen die Männer, klatschten kräftig in die Hände und gaben rhythmisch einzelne Silben von sich. Sie fielen in den Gesang des Stammesältesten ein, tippelten mit eiligen kurzen Schritten im Kreis hintereinander her, immer schneller und schneller werdend. Die jüngeren Männer behielten die älteren fest im Blick, ob diese sich nicht überanstrengten. Maliks Vater rann der Schweiß in Strömen über den Körper, sein graues Hemd klebte am Rükken, er bekam kaum Luft. Malik trat einen kleinen Schritt aus dem Kreis und wartete, bis sich sein Vater ihm näherte. Mit einem schnellen Griff zog er ihn am Oberarm aus der Runde und schob ihn sanft, aber bestimmt zur Seite und drückte ihn nieder, daß er sich setzte. Er selbst sprang in den Kreis zurück, der sich jetzt in rasendem Tempo drehte, und stimmte in den monotonen Singsang wieder ein. Die Männer klatschten dazu und drehten sich in Windeseile immer weiter. Viele hielten die Augen geschlossen. Sie waren wie in Trance, weit weg. Eins mit Allah und sich.

Schließlich verlangsamte der Stammesälteste das Tempo, fiel vom Laufschritt in schnelles Gehen und hieß seine Glaubensbrüder endlich, sich wieder zu setzen. Sie nahmen Maliks Vater wieder in ihren Kreis auf, und er begann wie die übrigen schwer atmenden Männer, seinen Oberkörper hin- und herzuwiegen. Der Stammesälteste hatte eine blaue Perlenkette aus der Hosentasche gezogen und betete jetzt laut vor. Die Männer baten Gott um Kraft für die bevorstehenden schweren Prüfungen.

Vor dem Krieg hatten sie sich nur selten zum Sikr versammelt, jetzt tanzten sie mindestens einmal pro Woche, in Ausnahmesituationen noch öfter. Sich gemeinsam in Trance zu beten schmiedete ihre Gemeinschaft fest zusammen. Sie motivierten sich so für besondere Aufgaben, meist für Kampfeinsätze gegen die russischen Besatzer. Beim Sikr versicherten sie sich ihres gegenseitigen Beistandes.

Der Stammesälteste bewegte den Oberkörper hin und her. Er atmete immer noch schwer, hatte sich trotz seines Alters keine Auszeit gegönnt. Er hielt die Augen geschlossen und sang mit seiner vollen, tiefen Stimme vor, die anderen bewegten nur die Lippen. Der Kreis wogte wie ein Kornfeld, manche verdrehten wieder die Augen und schienen einmal mehr nicht von dieser Welt zu sein. Sie schwebten entrückt in anderen Sphären. Allmählich ebbte der Gesang ab, er ging über in Sprechgesang, und schließlich begann das gemeinsame Abschlußgebet. Die meisten hielten die Augen noch immer geschlossen, manche wiegten sich noch ein wenig hin und her, doch die Bewegungen wurden kleiner, langsamer, und zuletzt hielten die Männer ganz inne. Der Stammesälteste stand als erster auf und trat an den zusammengerollten Teppich in der Ecke. Die Männer, die inzwischen den Kreis aufgelöst hatten, knieten nun in mehreren Reihen nebeneinander, wie in der Moschee. Sie sprachen die Gebete zuerst auf ihren Fersen sitzend, dann halb aufgerichtet auf den Knien und zum Schluß stehend mit.

Der Sikr war zu Ende, die erschöpften Männer verließen das Wohnzimmer, in dem die schweißgetränkte Luft zum Schneiden stand. Sie liefen in ihren nassen und stechend riechenden Hemden an den im Flur wartenden Frauen vorbei. Als der letzte auf der Treppe des Hauses seine Strümpfe und Schuhe angezogen hatte, breitete Medinas Schwiegermutter den Teppich wieder aus und schob den Tisch an seinen Platz. Medina hatte noch nie einen Sikr so nah miterlebt, durch die Glastür mit der dünnen Gardine hatte sie jedes Wort verstanden und fast alles gesehen. Sie hatte von den Trancetänzen gehört, doch Frauen war es verboten, daran teilzunehmen. Allerdings konnten sie ihre eigenen Sikr-Tänze veranstalten. Doch weder ihre Mutter noch ihr Vater, der ohnehin fast nie zu Hause war, hatte dazu jemals eingeladen.

Medina war verunsichert und gleichzeitig beeindruckt, sie spürte die Energie, die dieser Trancetanz den Männern gab. Aber sie wurde das Gefühl nicht los, daß sich ihr Ehemann in dieser Stunde wieder ein großes Stück von ihr entfernt hatte. Er würdigte sie keines Blickes, blieb mit den Besuchern lange leise redend an der Treppe stehen. Ob er sich über seinen Auftrag mit ihnen beriet? Medina wußte es nicht und würde auch nicht fragen. Sie fühlte abermals Einsamkeit und Hilflosigkeit in sich aufsteigen. Sie wäre ihrem Mann gern viel näher gewesen, doch die Bräuche ließen es nicht zu. Vielleicht würde sie ihn mit der Zeit besser kennenlernen.

Spät in der Nacht fuhr ein Auto vor. Medina schrak zusammen beim Zuschlagen der Türen. Malik hatte sich nur kurz zu ihr gelegt. Eine eilige Begegnung. Wie immer, wenn sie allein waren, hatte er sich als überaus zärtlicher Liebhaber erwiesen, der ihr mit seiner Stärke ein wärmendes Gefühl der Geborgenheit gab. Wie gern ließ sie sich bei ihm fallen. Sollte er sie führen! Die Momente der Zweisamkeit waren rar, aber Medina war sich sicher, daß sie glücklich werden würde mit ihm. Wenn sie nur erst einmal ihr eigenes Haus, ihre eigene Familie hätten!

Sie spähte durch die zugezogenen Vorhänge auf den Hof und sah ihm sehnsüchtig nach. Sie beobachtete, wie er mit einer geschmeidigen Bewegung zu seinem Vater in den Wagen stieg.

Wenig später kam die Schwiegermutter zu ihr. »Die Männer sind losgefahren, um Magomeds Vater zu helfen. Mach dich fertig, die Trauerfeier beginnt.«

Den Leichnam von Kopf bis Fuß zu waschen und in die weißen Laken zu wickeln war ausschließlich Aufgabe der männlichen Verwandten. Frauen galten als zu schwach für den Anblick des Todes. Der Koran verbot Wehklagen im Beisein des Toten. Da Frauen soviel Beherrschung abgesprochen wurde, sperrte man sie von vornherein aus.

Die Schwiegermutter gab Medina schwarze Kleider, einen Rock und eine Bluse. Sie zog sich an, nahm ihr Wolltuch und trat auf den Hof. Bis zu Magomeds Elternhaus am Ende des Dorfes war es nicht weit. Die Frauen gingen zu Fuß. Sie sahen in der Dunkelheit Dorfbewohner, die in der gleichen Richtung wie sie unterwegs waren. Nur die Männer würden zur Beisetzung auf den Friedhof gehen, die Frauen blieben im Haus der trauernden Familie. Erst Tage nach der Bestattung, wenn der größte Schmerz vorüber war, durften sie das Grab besuchen.

Der Tod galt als fließender Übergang der einen Welt in die andere, die sogar erstrebenswerter war als das irdische Dasein. Rein theoretisch also kein Grund zum Jammern. Theoretisch.

Auf der Treppe zu Magomeds Elternhaus reihte sich Schuhpaar an Schuhpaar. Die Mutter wartete an der Haustür, das Taschentuch in die Faust gepreßt. »Wenn du wüßtest, was von ihm übrig ist! Diese Hunde! Diese Bestien! Sie haben ihn zerrissen! Diese ungläubigen Schweinehunde! Mein Sohn, mein armer Kleiner, mein geliebter Magomed! Was haben sie ihm angetan!« Sie konnte sich nicht beruhigen. Aus ihren Erzählungen konnten Medina und die Schwiegermutter noch kein Bild zusammenfügen. Die verzweifelte Mutter um klare Auskünfte zu bitten war genausowenig möglich. Sie würden es erfahren, nur später.

Medina und die Schwiegermutter führten die Freundin ins Haus. Die Frauen gingen in die Küche und machten sich dort zu schaffen. Medina setzte Teewasser auf, holte Tassen vom Küchenbord, stellte sie zusammen mit dem Zucker und Gebäck auf ein Tablett. Solange das Wasser auf dem Herd noch nicht kochte, bereitete sie das Kännchen für den Teesud vor. Das Konzentrat wurde erst am Tisch mit heißem Wasser verdünnt.

Medina wagte nicht, das Wohnzimmer, das voller trauernder Männer war, zu betreten. Sie warf der Schwiegermutter einen fragenden Blick zu, der sagen sollte: Was geschieht nun mit dem Tablett, willst du es nicht lieber hineinbringen? Die Schwiegermutter verstand und sagte: »Geh nur, sie sind viel zu beschäftigt, um mitzubekommen, daß sie dich noch gar nicht kennen.«

Medina trug das Tablett ins Wohnzimmer, wo die Männer leise miteinander sprachen. Ihre Gesichter waren ernst, die hängenden Schultern verrieten, daß auch auf ihnen die Trauer lastete. Immer wieder umarmten sie sich, klopften sich gegenseitig ermutigend auf den Rücken. Aus einer Ecke vernahm Medina ein energisches Tuscheln. Sie bemerkte böse flammende Blicke und ahnte, daß diese jungen Männer von Rache sprachen. Sie verteilte das Geschirr auf dem Tisch, versuchte, so leise wie möglich zu decken, und verschwand auf ihren Strümpfen aus dem Raum. Sie war erleichtert, als sie sah, daß der Korridor leer war. Sie lehnte sich an die Wand, schloß erschöpft die Augen und atmete tief ein.

Wie sah die Leiche aus? Das Gesetz der Rache verlangte, den Schuldigen auf die gleiche Weise zuzurichten. Medina grauste bei der Vorstellung, was ihr Mann würde tun müssen.

Sie ließ sich Zeit, in die Küche zurückzukehren. Sie wollte den beiden Freundinnen Gelegenheit geben, einen Moment unter sich zu sein, um schnell das Wichtigste zu bereden. Sie wünschte sich Hejda herbei. Sie wäre jetzt gern zu Hause gewesen, fern von all dem fremden Leid, das sich so brutal in ihr Leben gedrängt hatte.

In der Küche nahm sie die Schwiegermutter an der Hand, zog sie zum Tisch und sagte: »Setz dich, trinken wir erst einmal Tee.« Magomeds Mutter verließ den Raum. Die Schwiegermutter nutzte den Augenblick: »Sie haben ihm Kopf und Glieder abgeschlagen, ein Arm fehlt. Magomeds Vater ist zusammengebrochen. Gut, daß Malik und dein Schwiegervater hergekommen sind. Sie waschen gerade den Leichnam und wickeln ihn ein.«

Plötzlich füllte sich der Korridor mit Stimmen. Die Männer trugen den in ein weißes, langhaariges Schaffell gehüllten Toten hinaus. Im Hof hoben die Männer die Bahre hoch über ihre Köpfe, und die Prozession bewegte sich gemessenen Schrittes zum nahegelegenen Friedhof an der Dorfgrenze, auf dem viel zu viele frisch aufgeschüttete Hügel von den jüngsten Verlusten kündeten. Die Grube war bereits am Tage ausgehoben worden. Der Grabstein würde später gesetzt werden, wenn die Inschrift in die schmale Stele gemeißelt wäre. Im unteren Drittel Name und Vorname, Geburts- und Todestag. In der Mitte ein Spruch aus dem Koran in arabischer Schrift. Wenn der blau-weiße Stein gesetzt war, bekam er ein Blechdach und erhielt damit die Gestalt eines kleinen Häuschens. Jetzt betteten die Männer den Toten zu seiner letzten Ruhe. Eine wortlose Zeremonie, denn Reden am offenen Grab war untersagt. Der Stammesälteste hatte im Hof die Gebete gesprochen. Auch Worte von Rache und Vergeltung.

Medina und die beiden Mütter bereiteten in der Küche das Totenmahl vor. Auch Tee wurde frisch gekocht. Die Schwiegermutter buk in heißem Fett Teigtaschen aus, in die sie zuvor eine Kartoffelmasse oder Gehacktes gegeben hatte, zwischendurch verteilte sie Sandgebäck auf kleine Schüsseln.

Medina stand vor einer Plastikwanne und spülte Tassen. Ihre Gedanken gingen auf die Reise. Würde sie Malik jetzt zu Gesicht bekommen? Wie lange mußte sie in dem Trauerhaus helfen? Wann würde sie mit ihm reden können? Sie war fleißig, machte sich unermüdlich nützlich und wartete nicht auf Anweisungen der Frauen, sondern erkannte selbst, was zu tun war.

Als die ersten Männer zurückkehrten, ging sie mit dem schweren Tablett ins Wohnzimmer. Einer nach dem anderen nahm sich eine Portion herunter, und als das Tablett leer war, holte sie die nächsten Teller. Sie räumte das leere Geschirr ab, spülte, bediente.

Tagelang kamen Trauergäste ins Haus, aber Malik war wie vom Erdboden verschluckt. Unerwartet nahm die Schwiegermutter Medina beiseite und sagte ihr: »Er ist losgegangen. Es war Zeit.« Ihre Lippen zitterten, die Augen wurden feucht. Medina hatte sich weit weniger in der Gewalt, ihr liefen sofort die Tränen über das Gesicht. Jetzt hatte also begonnen, was nur schlimm enden konnte. Entweder würde Malik selbst sterben oder aber so unfaßbar gewaltsam werden müssen, daß sie sich fragte, wie er und sie beide gemeinsam danach noch weiterleben konnten. Wieviel Gutes hatte sie vor der Hochzeit über ihn gehört, Bekannte und Verwandte waren nicht müde geworden, seine Hilfsbereitschaft, Verläßlichkeit und Freundlichkeit zu loben. Nur ihr, seiner Frau, blieb es verwehrt, ihn kennenzulernen. Malik, ihren eigenen Mann.

Sie erkannte in diesem Augenblick, daß ihr Volk nicht nur unbeugsam kämpferisch, sondern auch unerträglich hart gegen sich selbst war.

Blutrache

Raissa hatte in der Nacht beschlossen, daß sie Dmitri am Morgen das Buch geben würde. Er hatte nicht mehr danach gefragt, war wie immer zurückhaltend, freundlich, höflich und bedankte sich für jedes Essen mit einer Verbeugung. Vor ihr zeigte er keine Angst mehr. Sie war die einzige, die zu ihm kam, die Brüder hatten sich nicht blicken lassen, worüber Raissa froh war.

Ganz vorsichtig, darauf bedacht, nicht neugierig zu scheinen und sie nicht zu verletzen, fragte Dmitri sie hin und wieder nach ihrer Meinung über diesen Krieg. »Warum nehmt ihr ausgerechnet Journalisten als Geiseln? Wenn wir nicht berichten, erfährt die Gesellschaft nur die Märchen vom Wiederaufbau und nichts davon, was hier wirklich geschieht. Wißt ihr denn nicht, wie sehr ihr damit eurer Sache schadet?«

Raissa wußte, daß er recht hatte. Trotzdem antwortete sie unwirsch: »Weil mit euch das meiste Geld zu verdienen ist.«

»Aber diese Horrorgeschichten von aufgespießten Köpfen und abgetrennten Gliedern bringen eurem Kampf doch keine Sympathien ein, im Gegenteil. Sie geben der russischen Seite recht, die genau so etwas über euch verbreitet. Ihr bestätigt damit nur ihre Darstellungsweise. Wer soll sich nach solchen Vorfällen noch solidarisch mit euch erklären?«

»Frag meinen Bruder, wenn du es wissen willst.« Insgeheim hoffte sie, daß er nie so unbedacht sein würde. Von ihren Befürchtungen ließ sie ihn nichts wissen, griff ihn statt dessen erneut an, denn sie fühlte sich hilflos: »Und wenn die Russen unsere Männer morgens abholen und sie nie wieder nach Hause zurückkehren? Wenn sie eine achtzehnjährige Tschetschenin vergewaltigen und erwürgen, weil sie angeblich eine Scharfschützin gewesen sein soll? Wenn sie dann von Soldaten verscharrt werden soll, so wie sie es mit Elsa Kungajewa vorhatten, dann ist das in Ordnung?«

Raissa wußte, wie ungerecht sie wurde, daß er das niemals gemeint hatte. Der kleine stoppelbärtige Burjate schaute sie müde tadelnd an. »Du bis zu klug für solche Fragen. Außerdem weißt du genau, daß es ein russischer General war, der den Panzeroberst angezeigt hat, daß sogar die Ehefrau vor Gericht von seinen Gewaltausbrüchen berichtet hat und daß sich seine Soldaten geweigert haben, die Leiche des Mädchens zu vergraben.«

Raissa tat der Streit leid. Sie zog das Schullehrbuch aus dem Rockbund und hielt es ihm hin: »Kennst du alles schon, warst bestimmt gut in der Schule.«

»Danke, daß du gesucht hast. Neunte Klasse – Russische Literatur? Mal sehen, wie es ist, es nach so langer Zeit wieder zu lesen. Ist das dein Buch?«

»Hm, da ist auch der Tolstoi drin, du weißt schon, ›Hadschi Murat‹.«

»Gefällt dir die Geschichte nicht?«

»Warum? Wie kommst du darauf?«

»Weil du es so böse gesagt hast.«

»Quatsch.«

»Also magst du die Geschichte nun?«

»Ja.«

»Obwohl sie ein Russe geschrieben hat?« Er wollte sie ein wenig provozieren.

»Ja trotzdem, stell dir vor.«

»Na, dann haben wir wenigstens etwas gemeinsam.«

»Das glaube ich nicht«, sagte Raissa und wandte sich zum Gehen. Das Gespräch dauerte schon viel zu lange.

»Wann kommt dein Bruder?«

»Du fragst zuviel.«

Raissa stellte das Geschirr in die Spüle und schlich sich am Wohnzimmer, in dem Hejda und die Mutter vor dem Fernseher saßen, vorbei nach oben. Gut, daß der Fernseher so laut gestellt war, denn die Treppe knarrte fürchterlich. Sie wollte niemandem begegnen. Sie legte sich auf ihr Bett, griff den Koran und blätterte darin. Sie las immer flüssiger. Das Lehrbuch mit dem arabischen Alphabet kannte sie auswendig. In die *Madrass* ging sie nicht mehr, sie hatte sämtliche Lehrgänge absolviert. Jetzt konnte sie in der Koranschule nur noch selbst Lehrerin werden und Mädchen in Arabisch unterrichten. Sie hatte sich aber noch nicht entschieden. Sprachen fielen ihr leicht. Wenn sie das Arabische jetzt anwenden könnte, mit jemandem reden oder gar in ein arabischsprachiges Land reisen ... Vor Saudi-Arabien allerdings hatte sie Angst. Frauen wurden dort noch viel weniger Rechte eingeräumt als in Tschetschenien. Hier wirkte immerhin noch die Sowjetzeit nach. Frauen studierten, arbeiteten. Aber dort?

Raissa träumte davon, irgendwann einmal als Englischlehrerin zu arbeiten. Sie mochte die Sprache, auch wenn sie nur wenige Worte kannte. Sie hatte Freude am Umgang mit Kindern. Diesen Wunsch behielt sie allerdings für sich. Wenn ihr Bruder Achmed das erfahren würde, bräche er nur in sein hämisches

Gelächter aus. Darauf konnte sie verzichten. Medina hätte es sowieso nicht verstanden. Sie war eine richtige Muster-Tschetschenin. Gehorsam bis zum Umfallen. Hejda genauso. Warum konnten sie so vorbehaltlos hinnehmen, daß Männer angeblich höher stehen als Frauen? Ja, sie wußte, daß der Koran es so lehrt, schließlich hatten sie es schon als kleine Mädchen von den älteren Frauen eingebleut bekommen. Doch in Raissa sträubte sich alles, solche Grundsätze widerspruchslos zu respektieren, vor allem, wenn sie an Achmed, ihren zweitältesten Bruder, dachte. Natürlich gab es auch Männer, die sie achtete, wenn sie aber ihr Gedächtnis durchforstete, fiel es ihr bei den meisten schwer, die vorgeschriebene Rangfolge ohne weiteres zu akzeptieren.

Je länger Raissa nachdachte, desto wütender wurde sie. Sie holte ihr Springseil hervor und machte zweihundert schnelle Sprünge ohne Zwischenhüpfer. Sie schnappte nach Luft, ihr Herz schlug bis zum Hals, sie bekam Kopfschmerzen, doch sie hörte nicht auf. Wenn sie sich verhedderte, ordnete sie ungeduldig die Enden und sprang weiter. Einhundertzweiundachtzig, einhundertdreiundachtzig, … achtundneunzig, neunundneunzig, zweihundert! Sie schmiß das Seil in die Ecke und ließ sich auf ihr Bett fallen. Sie atmete schwer. Allmählich spürte sie, wie sich ihr Puls etwas beruhigte.

Sie nahm die Gewichte. Uralte gußeiserne Hanteln. Die schwarze Farbe war fast vollständig abgeblättert. Sie hatte sie im Schuppen gefunden und heimlich mit nach oben genommen. Wenn die Schwestern nicht da waren, holte sie sie unter dem Bett hervor und trainierte. Beide Arme seitwärts ausstrecken und die Hanteln bis zur Waagerechten heben. Die fünf Kilo auf jeder Seite waren viel zu schwer für diese Übung. Raissa hatte Lust, sich zu quälen. Weiter! Sie legte eine Hantel ab, setzte das linke Knie zum Ausfallschritt nach vorn und stützte ihre linke

Hand auf den Oberschenkel. Mit dem rechten, nach rückwärts ausgestreckten Arm hob sie die Hantel in Richtung Schulter, Training für die hinteren Oberarmmuskeln. Erst rechts, dann links. Zum Schluß verordnete sie sich dreißig Bizepsübungen. Raissa spürte ihren Körper, ihre Kraft. Sie hätte sie so gern eingesetzt, etwas Sinnvolles getan, etwas, was sie forderte. Am liebsten wäre sie ein *Bojewik*, ein Kämpfer, geworden. Warum mußte sie ausgerechnet als Mädchen auf die Welt kommen?

Noch einmal griff sie zum Seil. Zweihundert Sprünge! Sie verhedderte sich jetzt öfter. Aber sie erließ sich nicht einen einzigen Hüpfer. Ihr Herz raste, sie fühlte sich ausgelaugt, zugleich endlich etwas ruhiger. Als sie wieder Luft bekam und nicht mehr keuchte, ging sie nach unten ins Wohnzimmer, wo die Mutter und Hejda vor dem Fernseher saßen.

Plötzlich hörten sie ein Auto vorfahren. Hejda eilte zur Haustür, wenig später kam sie wieder, mit ernstem Gesicht. »Sie haben Magomeds Leiche bekommen, er wurde bestattet, und Malik ist losgezogen.«

Die Mutter wußte, was diese Zusammenfassung für Medina bedeutete. Schon bald könnte ihre Tochter wieder zu Hause sein, dann allerdings als Witwe. Die Mutter griff ihr Tuch und ging mit schwer schlurfenden Schritten in die Küche. Sie begann, Geschirr zu spülen. Wenig später verstummte das Geklapper, im Haus herrschte Stille. Raissa ging leise zur Küche, um nachzusehen, was mit der Mutter war. Sie lugte durch die Glasscheibe im oberen Drittel der Tür und sah sie am Lehmofen gelehnt sitzen.

Raissa stahl sich davon, sie wußte, daß sie ihre Mutter nicht stören durfte, wollte sie nicht in deren blitzschnell aufgesetzte Maske von Tapferkeit und Beherrschung blicken.

Seit der Nachricht von Magomeds Tod hatte sich Malik nicht mehr rasiert. Männern unter vierzig war es eigentlich verboten, Bärte zu tragen. Der Bart gilt als Zeichen der Alterswürde. Wer einen Bart trägt, darf erst recht nicht lügen, nicht trinken, nicht rauchen. Wenn »Gott es einem gesagt hat«, ist es erlaubt, den Bart wieder abzunehmen. Nur wer im Dschihad, im Heiligen Krieg, ist, darf sich auch in jüngeren Jahren einen Bart stehen lassen. Malik befand sich im Krieg. Ihm war der Auftrag erteilt worden, Rache an den Mördern seines Freundes zu üben. Der Freund war zugleich der Sohn des besten Freundes seines Vaters. Eine Frage der Ehre für beide Familien.

Er hatte sich nicht verabschiedet. Auch das gehörte zum Ritual. Nichts und niemand sollte den Rächer schwankend machen, ihn gar zurückhalten. Deshalb gingen alle Malik beinahe demonstrativ aus dem Weg. In den Stunden vor seinem Aufbruch betete er zwar nicht häufiger als die fünf vorgeschriebenen Male, aber intensiver. Er tauchte ein in seine eigene Welt. Hoffte, betete, daß er für die Aufgabe genug Mut und Kraft fand. Das Danach verdrängte er komplett aus seinen Gedanken.

Er aß und trank nichts mehr, zog sich unter die pelzgefütterte Lederjacke seinen wärmsten Pullover an und schnürte die festen, halbhohen Stiefel mit den dicken Profilsohlen. Die Hosenbeine steckte er nach Kämpferart in die Stiefelschächte. Er setzte die schwarze Wollmütze auf, die sein Gesicht noch blasser, aber mit dem dichter werdenden Bart auch finsterer aussehen ließ.

Dreimal wechselte Malik Fahrzeug und Fahrer, dann ging er zu Fuß weiter. Er schlug sich zu dem Ort durch, an dem die Leiche über Tage zurückgehalten worden war. Er vermutete, daß die, die Magomed getötet hatten, auch dieselben waren, die die Feilscherei um das Lösegeld betrieben.

Noch herrschte Dunkelheit. Nur die Umrisse der kahlen Pappeln, deren schmale Silhouetten hoch in den Himmel ragten, waren zu erkennen. Die Allee wurde von einer Seitenstraße unterbrochen, die zu dem beleuchteten Feldlager der Russen führte. Das Quartier war, verglichen mit den riesigen Stützpunkten entlang der Trasse nach Grosny, bescheiden. Kein Hubschrauberlandplatz, aber eine Reihe Panzer, deren Kanonenrohre alle exakt in die gleiche Richtung zeigten. Der Eingang des Feldlagers ähnelte den Kontrollposten an der Straße. Berge von Sandsäcken, schwarzweiß gepinselte, senkrecht aufgerichtete Betonplatten, die nur schießschartengroße Schlitze freiließen. Dahinter ein Stacheldrahtzaun und braungefleckte Zelte.

Es war kurz nach fünf, bis zum Morgengrauen hatte er noch mehr als zwei Stunden. Malik pirschte sich dichter an die Seitengrenze des Lagers heran, die erstaunlicherweise nur durch den Stacheldrahtzaun gesichert war. Kein Wachposten weit und breit! Entweder hielten sie sich hinter den Schießscharten versteckt, oder sie schliefen ganz einfach. Typische russische Schlamperei.

Die Dunkelheit war seine Verbündete. Er blieb trotzdem vorsichtig, robbte sich bäuchlings an das Lager heran. Mit seinem *Kinschal*, einem gebogenen Dolch, zerschnitt er so viele der unteren Maschen, daß er hindurchrobben konnte. Auf der anderen Seite des Zaunes besann er sich, drehte um und schnitt das Loch größer, denn vielleicht, sogar sehr wahrscheinlich, hatte er auf seiner Flucht zurück viel weniger Zeit. Er schlich sich an das nächstgelegene Zelt und horchte. Männer schnarchten.

Plötzlich sah er eine Patrouille. Ein einzelner, in dicke Winteruniform gekleideter Soldat mit umgehängter Kalaschnikow inspizierte die Gänge. Malik pirschte sich um das nächste Zelt herum von hinten an ihn heran, würgte ihn mit dem linken Arm, setzte ihm mit der rechten Hand das Messer an die Kehle und bedeutete ihm mit einem kurzen »Pst!«, keinen Alarm zu schlagen. Der Soldat war blutjung. Von seinem kahlgeschorenen Schädel rutsche die Pelzmütze in den Matsch, die braunen Kinderaugen waren angsterfüllt. Er war wie erstarrt. »Wer von euch hat Magomed umgebracht?«

Die Antwort war ein unverständliches Gurgeln. Malik lockerte den Griff, bohrte dem Soldaten aber zugleich die Messerspitze in den Hals. Der bekam Angst, fast Panik. »Ich weiß nur, wer die Leiche hatte. Das waren die in Zelt drei. Keiner durfte dort rein. Wegen der Leiche. Das ging ein paar Tage, aber wo sie sie genau hatten, weiß ich nicht.«

»Wo ist Zelt drei?«

»Da vorn, erste Reihe.«

Malik zog ihm die Klinge über die Kehle, der Junge rutschte ihm durch den Arm und sackte auf den Boden. Er stieg über den Körper und schlich an Zelt drei heran. Aus seiner Hosentasche zog er eine Handgranate, entsicherte sie und warf sie durch das Stoffgitter, das ein Fenster darstellen sollte. Malik rannte los, stolperte über eine Zeltschnur, schaffte nicht rechtzeitig, sich aufzurappeln. Die Explosion zerriß den Morgen.

Sechs Menschen hatte die Granate zerfetzt. Die russischen Soldaten, die entsetzt ihre verstümmelten Kameraden in dem zerstörten Zelt betrachteten, fanden wenig entfernt auch Malik sowie den jungen leblosen Soldaten.

Malik war schwer verletzt, blutete am Kopf. Trotz der Wunden rissen sie ihn hoch und schleiften ihn durch das Lager. Sie warfen ihn in ein Erdloch, das mit einem ausrangierten Zaungitter abgedeckt wurde. Er fror entsetzlich. Seine Zähne schlugen aufeinander. Es herrschten Minusgrade, er drückte sich an das Erdreich, an dem dünne Wurzeln wie Spinnweben hingen.

Malik hatte die Augen geschlossen und sah sich neben dem großen, lachenden Magomed herrennen, der in halsbrecherischem Tempo auf einem alten Fahrrad die Dorfstraße hinunterjagte. Wenn er den Schlaglöchern auswich, riß er den Lenker so weit herum, daß er ein paarmal fast das Gleichgewicht verloren hätte. Dann lachte Magomed nur noch lauter, die Augen blitzten fröhlich, und er reckte das Kinn in die Höhe. Wie hatte Malik gerade diese überaus stolze Geste an dem Freund immer bewundert! Dann sah er sich selbst mit seiner Braut im weißen Hochzeitskleid tanzen. Er fragte sich, wie das möglich war. Er hatte nie mit Medina getanzt. An seiner Wange fühlte er ihr Haar, er küßte sie auf den Hals. Eine weiche Seligkeit durchströmte seinen Leib. Plötzlich flutete gleißendes Licht über seine Bilder. Malik verlor das Bewußtsein.

Als er später die Augen öffnete, sah er Medina, in ein dickes Wolltuch und ihre fellgefütterte Lederjacke gehüllt. Von weit oben, vom Rand der Grube, schaute sie herunter auf ihn. Sie lächelte nicht, sondern blickte zitternd und mit blauen Lippen auf ihn. Warum war sie so ernst? Warum freute sie sich nicht, ihn, ihren geliebten Mann, zu sehen? Gerade hatten sie doch noch getanzt ...? Malik verstand nichts mehr. Er war jetzt auch nicht imstande, nachzudenken. Er fror und wollte vor allem schlafen.

»Ist dieser Hurenbock dein Mann?« Ein russischer Offizier stieß sie grob am Arm, daß sie fast die Balance verloren hätte und in die Grube gestürzt wäre. Er riß sie an den Haaren zurück, bekam aber nur das Tuch zu fassen, das er wütend in das Loch schleuderte.

»Weißt du, was wir mit diesem Wahhabitenschwein jetzt machen? Sieh zu!« Er gab den beiden Soldaten neben sich einen Wink, und sie gossen Benzin aus Kanistern in die Grube.

»Neiiiin!« schrie Medina. »Das können Sie nicht machen, nein!«

»Halts Maul, Dreckshure! Dieser Hund hat sieben von unseren Männer umgebracht!«

Er streckte die Hand aus, und einer der Soldaten reichte ihm einen Lappen. Als der Vorgesetzte sein Feuerzeug daran hielt, stand das benzingetränkte Tuch sofort in Flammen, und er warf es im selben Augenblick in die Grube. Zu schnell für Medina, die sich an seinen Arm hängte, um ihn daran zu hindern. Er stieß sie ärgerlich von sich. Medina blieb am Boden liegen und schrie aus Leibeskräften in die Grube »Nein!« Längst schlugen die Flammen hoch und züngelten auch an ihr.

Medina versuchte sich über den Rand der Grube zu rollen. »Du Dreckshündin bleibst hier! Da könnte dir so passen, dich einfach davonzumachen!« Der Offizier packte sie mit beiden Händen an der Jacke und schleifte sie ein Stück weg. »Zurück!« Wütend trat er mit seinen Stiefeln in ihren Rücken, gegen die Schulter und wieder ins Kreuz. Medina spürte die Tritte nicht, sie starrte in die Flammen und rief immer wieder »Nein!« Sie robbte sich erneut an den Rand vor. »Es reicht, du Drecksstück! Bringt die Terroristenhure fort!«

In einem Militärjeep wurde sie bei den Schwiegereltern abgesetzt. Mit rußverschmiertem Gesicht, verschmutzten Kleidern, aufgelösten Haaren, ohne Tuch stieg sie aus dem Wagen. Mechanisch, wie eine Puppe ohne jedes Eigenleben.

Die Soldaten fuhren ohne irgendeine Erklärung davon. Sollte doch die Schwiegertochter erzählen, was ihr Dreckshund von Ehemann angerichtet hatte und wie er dafür bezahlen mußte!

Medina ließ sich ins Haus führen, von der Mutter waschen, die Kleider wechseln und artig wie ein kleines Mädchen zu Bett bringen. »Hast du ihn gesehen? Lebt er? Ist er tot? Haben sie ihn? Haben sie dich angefaßt?« Keine der Fragen, die ihr die Schwiegermutter stellte, drang zu Medina vor. Aus ihr war nichts herauszubekommen. Kein Nicken, kein Kopfschütteln.

Die Schwiegermutter wich ihr nicht von der Seite. Sie mußte wissen, was mit ihrem Sohn geschehen war!

»Medina, sprich!« Die lag mit offenen Augen auf dem Bett, starrte auf den immer gleichen Punkt an der Decke. Die Schwiegermutter griff sie mit beiden Händen am Oberarm und rüttelte sie. »Was ist mit ihm?«

Medina dreht sich zur Wand. »Verbrannt«, flüsterte sie.

»Wie verbrannt? Was ist verbrannt?« Die Schwiegermutter beugte sich über sie, ängstlich, das nächste Wort zu verpassen.

»In der Grube.« Medina rollte sich zusammen.

Der Vater kam ins Zimmer. »Hat sie was gesagt?«

»Ja, aber ich weiß nicht, was sie meint. Verbrannt – in der Grube, hat sie gesagt. Was hat das zu bedeuten?«

Der Vater trat an das Bett. »Was heißt das, verbrannt in der Grube? Wir haben ein Recht zu erfahren, was mit ihm passiert ist. Wir sind seine Eltern. Sieh mich an, ich rede mit dir!«

Mühsam richtete Medina sich auf. Sie drehte ihr Gesicht dem Schwiegervater zu.

»Sie haben Malik angezündet, in der Grube.«

Die Mutter begann am ganzen Körper zu zittern. Sie ließ sich auf den Stuhl neben Medinas Bett nieder. Ihre Finger nestelten an der Schürze, knüllten das Taschentuch, bis sie schließlich ihr Gesicht in beiden Händen vergrub. Ihr Mann tätschelte kurz ihren Kopf und verließ mit schweren Schritten den Raum.

Am nächsten Tag fuhr der Schwiegervater Medina nach Assinowskaja.

Medina war wie tot. Abgestorben. Leblos. Wie ihr Mann, den sie gerade zu lieben begonnen hatte.

Die Mutter und die Schwestern gaben mit keiner Regung ihre Gefühle preis, als Maliks Vater den Koffer und die Aussteuertruhe vor der Haustreppe abstellte. Sie baten ihn zum Tee herein, doch er lehnte ab. Zu viert schauten sie dem Wagen hinterher, wie er die Dorfstraße hinunterfuhr und auf die Trasse bog. Dann trugen sie die Sachen ins Haus. Als die Haustür zu war, nahm die Mutter ihre Tochter in den Arm. Hejda umfaßte ihre Lieblingsschwester und die Mutter zusammen. Nur Raissa stand abseits und wagte sich nicht an die drei heran.

Ihr Blick traf den Medinas. Raissa sagte: »Schön, daß du da bist.« Dann merkte sie, wie mißverständlich der Satz war. »Ich meine nicht schön, aber hier zu Hause ... Ach, du weißt schon.« Medina schien nichts wahrzunehmen. Ihre ohnehin weiße Haut wirkte gläsern, sie sah noch zerbrechlicher aus als sonst. Sie war bildschön, vielleicht sogar schöner denn je. Raissa fiel der russische Satz ein, den sie nie verstanden und deshalb immer als Gerede der duldsamen Russen abgetan hatte: Leiden macht schön. Jetzt sah sie es.

Die Frauen gingen in die Küche, Raissa setzte den schweren Wasserkessel auf den Herd und machte Feuer. Sie schnitt das warme Weißbrot, das sie, gerade als der Schwiegervater vorgefahren war, aus dem Backofen geholt hatte. Sie hielt Medina den knusprigen Kanten hin und dachte daran, wie sie sich früher immer darum gestritten hatten. *Garbuschka*, der Kanten, war der erstrebenswerteste Teil des Brotes. Aber nur, solange es noch warm und frisch war. Den alten, am anderen Ende, bekamen die Hühner.

Medina reagierte nicht, sie aß weder einen Bissen, noch trank sie etwas. Sie bewegte sich wie eine Schlafwandlerin.

»Hast du ihn noch einmal gesehen?« fragte die Mutter. Bis auf die Tatsache, daß Malik tot war, wußten sie nichts.

Medina nickte fast unmerklich. Als würde sie allmählich aus einem Traum erwachen, schaute sie die Mutter an. Noch immer hatte sie Mühe, ihren Blick auf deren Gesicht zu fixieren. Aber sie wollte etwas sagen.

»In der Grube. Er hat gebrannt.«

Die Frauen sahen sie fragend an. Keine sagte etwas, sie warteten, daß Medina weitersprach.

Der unsichtbare Schleier riß. »Vielleicht war er schon tot, vielleicht auch nur ohnmächtig. Sie haben ihn vor meinen Augen übergossen und angezündet. Er hat nicht geschrien.« Medina legte den Kopf auf den Tisch. Ihre Arme hingen wie leblos an ihr herab. Ihre Schultern begannen zu zucken, und endlich, endlich weinte sie.

Die Mutter holte ihr Taschentuch aus dem Ärmel ihrer Strickjacke hervor und wischte sich grob über die Augen. Raissa schluckte.

»Ist er schon beerdigt?« wollte die Mutter wissen.

Medina schüttelte den Kopf. »Sie haben die Leiche noch nicht.«

»Wirst du hinfahren?«

»Der Schwiegervater will das nicht, das sei nichts für eine werdende Mutter.«

Die Frauen schienen die Luft anzuhalten. »Bist du etwa ...?« Die Mutter wagte nicht weiterzusprechen. Medina sah ihr stumm in die Augen. Die Mutter faßte sich: »Du bist immer mein Kind, und dein Kind ist mir willkommen. Zusammen werden wir es schon groß kriegen.« Sie strich ihrer Tochter mit einer unbeholfenen Geste über die Wange.

Hejda drückte Medinas Hand und legte ihr den Kopf an die Schulter. Sie würde das Kleine lieben, als wäre es ihres, soviel stand fest.

Obwohl Medina wieder im Hause wohnte, kümmerte sich ausschließlich Raissa um die Geisel. Hin und wieder fragte Dmitri nach ihren Brüdern, wollte wissen, wovon seine Freilassung abhing, ob sich irgendetwas bewegte. Er sah immer abgespannter aus. Wochenlang ohne Tageslicht, nie an der frischen Luft –

kein Wunder. Raissa durfte ihn nicht ins Freie führen. Bei aller Sympathie, die sie merkwürdigerweise für ihn empfand, mochte sie nichts riskieren. Achmed würde es fertig bringen, sie zu töten, wenn ihr die Geisel entwischte.

Raissa redete mit niemandem mehr in ihrem Elternhaus. Die Mutter wollte sie mit ihren unfertigen Gedanken nicht beunruhigen. Medina saß meist schweigend in einem Sessel, Hejda immer an ihrer Seite. An die beiden kam sie nicht heran. Ihr blieb nur noch Dmitri. Ausgerechnet der Fremde! Manchmal bat er sie, ihm die Sitten und Bräuche der Tschetschenen zu erklären. Seine Fragen schienen unerschöpflich zu sein. Alles bewertete, hinterfragte er, und ständig wollte er wissen, was sie von den Ritualen, Regeln, Gesetzen hielt.

Auf seine unzähligen Fragen wußte sie häufig keine Antwort. Denn man hatte nicht zu fragen, wenn einen die Tanten und Cousinen unterrichteten, was sich für ein tschetschenisches Mädchen schickte. Nachfragen galt als aufmüpfig, dafür konnte man nicht nur getadelt, sondern auch geschlagen werden. Raissa hatte trotzdem immer versucht, Erklärungen zu finden. Längst nicht alle Vorschriften leuchteten ihr ein. Wenn sie sie jetzt vor Dmitri nicht verteidigen und ihren Sinn erläutern konnte, wurde sie zornig. Insgeheim gab sie ihm recht, wenn er darauf bestand, daß der ewige Kreislauf von Rache und Tod durchbrochen werden mußte, sollte es wirklich endlich Frieden geben. Doch das gegenüber ihm, einem Nichttschetschenen, zuzugeben, brachte sie nicht fertig. Ihr entglitt immer mehr der Boden unter den Füßen. Sie war hin- und hergerissen, wußte immer weniger, wo ihr Platz, was ihre Rolle war. Als Kämpfer in die Berge – ja, das wäre etwas für sie! Aber zu Hause sitzen und unschuldige Menschen gefangen halten?

Am Abend von Medinas Rückkehr hatte Dmitri sie gefragt,

was es mit dem Auto auf sich habe, das er gehört hatte. Raissa gab keine Antwort. Kommentarlos stellte sie ihm sein Essen hin und verließ den Keller. Am nächsten Tag tat er ihr leid. Was konnte er dafür? Er war nicht mal ein Russe. Sie brachte ihm Brot und gesüßten Tee, im Rockbund hatte sie auch ein Tütchen Kekse versteckt. Seine Augen leuchteten vor Dankbarkeit. »Ist etwas geschehen? Habt ihr Besuch bekommen? Sind deine Brüder da?« In seinen Augen flackerte Furcht.

»Nein, nein«, sagte sie schnell. Sie spürte, daß ihr seine Angst leid tat. »Medina ist zurückgekehrt.«

»Wer ist Medina?«

»Meine zweitälteste Schwester, sie war verheiratet.«

»Warum war? Hat ihr Mann sie verstoßen?«

»Wieso verstoßen? Wie kommst du darauf? Nein.« Raissa sah zur Seite, sie fühlte schon wieder einen Kloß im Hals. Dmitri schwieg. Als sie ihn wieder ansah, fragte er: »Und weshalb ist sie dann zurückgekommen. Ich denke, eine einmal verheiratete Tochter kehrt nie mehr ins Elternhaus zurück?«

»Im Krieg geht alles.«

»Ist er gefallen?«

»So kann man es auch nennen.«

»Und wie würde es richtig heißen? Oder willst du nicht darüber sprechen?«

Raissa hatte an diesem Abend statt des Kopftuches eine Baseballkappe auf, mit dem Schild nach hinten. Zum ersten Mal sah er, wie lang ihr schwarzes Haar war, das ihr glatt und voll auf die Schulter fiel. Die Kopfbedeckung und ihre fast schon betont männlichen Gesten standen in seltsamem Kontrast zu ihrem schönen Haar. Sie wirkte wie so häufig mürrisch. Schon wenn sie nur ernst und nicht einmal böse blickte, zog sie die Augenbrauen zusammen, was ihr Gesicht augenblicklich verfinsterte. Auch das weite schwarze T-Shirt und die khakifarbene Trainingshose, die sie noch vom Sport trug, schienen nur einen Zweck zu haben: Sie sollten alles Weibliche verhüllen.

Dmitri sah, daß sie etwas sehr beschäftigte. Sie kaute an den Nägeln und war in Gedanken versunken. Er wartete, sah sie hin und wieder an, ließ sein Gebetskettchen durch die Finger wandern. Sie schreckte hoch und ließ rasend schnell, als würde sie ihre Tatenlosigkeit von eben ausgleichen wollen, den Kellerschlüsselbund um den Zeigefinger kreisen, so daß Dmitri Angst hatte, daß er jeden Augenblick davonfliegen und krachend irgendwo niedersausen würde. Sie nahm die Baseballkappe ab, setzte sie mit dem Schild nach vorn wieder auf und ging in die Hocke. Den Rücken an die Tür gelehnt, begann sie schließlich zu sprechen. Sie teilte ihm in knappen Worten das Vorgefallene mit. Er hörte zu, fragte hin und wieder nach. Schließlich wußte er genug, um sich ein Bild zu machen. Er sparte sich jede Besserwisserei und Schulmeisterei über die Blutrache, denn er sah, wie sehr sie unter dem litt, was geschehen war. »Was wird nun aus Medina?«

»Ich weiß es nicht. Vierzig Tage darf sie trauern, dann hat sie sich bereitzuhalten für eine neue Ehe. Der Vater oder der älteste Bruder bestimmen, ob sie im Haus leben darf. Beide sind nicht da. Vielleicht trifft Achmed eine Entscheidung.«

»Ist Achmed der, der mich …?«

Sie nickte kurz.

»Wann kommt er?« Dmitri war klar, daß sie wußte, daß er nicht nur aus Interesse am Schicksal der Schwester fragte.

»Wer weiß. Sie schneien hier herein und sind genauso schnell wieder weg.« Und manchmal quälen sie kurz noch die Geisel, die hier gerade festgehalten wird, fügte sie für sich in Gedanken hinzu. »Hast du das Buch gelesen?«

»Ja, aber ich würde es gern noch behalten, darf ich?«

»Willst du es auswendig lernen?« Raissa lachte kurz auf. Das erste Mal an diesem Abend hellte sich ihr Gesicht auf. Dmitri dachte, daß sie vielleicht öfter lachen würde, wenn sie wüßte, wie gut ihr das stand, und wenn sie häufiger Grund dazu hätte. Es war, als knipste jemand ein Licht an und brächte ihre Augen zum Leuchten. Die vollen Wangen wirkten dann weniger grob, sondern kindlich rund. Aber vielleicht hätte sie auch genau so gar nicht aussehen wollen, so spröde wie sie sich gab.

Raissa wünschte ihm eine gute Nacht und ging die Treppe hinauf.

SCHWARZE WITWEN

Rebellenland

Die Trasse von und nach Grosny durchschneidet Tschetschenien in zwei Hälften. Nördlich davon ist das Land leicht hügelig, zuweilen sogar flach, im Süden dagegen bergig. An klaren Tagen kann man die schneebedeckten schroffen Gipfel schon von der Ebene aus sehen.

Die Berge und dichten Wälder sind Rebellenland. Bei Wind und Wetter leben dort Freischärler in ihren Feldlagern, bestens ausgerüstet mit den modernsten Waffen und neuester Technik. Hier empfangen sie über Mobiltelefone ihre Befehle von den Kommandeuren und Geldgebern, von denen einige im Ausland leben. Ganz nah, im georgischen Pankisi-Tal, oder weiter weg in Saudi-Arabien, in Katar oder in der Türkei. Auch ihre Chefideologen melden sich regelmäßig aus dem Asyl. Selimchan Jandarbijew, der zu Sowjetzeiten noch brav Tschetscheniens Autoren im sowjetischen Schriftstellerverband vertreten hatte, entwickelte gemeinsam mit Mowladi Udugow in Afghanistan die »Neue islamische Ordnung für die Republik Itschkeria«. Beide tschetschenischen Ideologen standen in enger Verbindung mit den afghanischen Taliban und strebten danach, Tschetschenien, wie die Taliban seinerzeit in Afghanistan, zu einem islamistischen Gottesstaat umzubauen. Zum Dank erklärte der Taliban-Führer Mullah Mohammed Omar der Welt, daß Afghanistan zur Republik Itschkeria diplomatische Beziehungen aufgenommen habe.

Achmed und Aslan, Raissas Brüder, bekamen regelmäßig die neuesten Schriften zu lesen, per E-mail auf ihren Laptop. Nicht nur körperlich und technisch, auch ideologisch sollten die bewaffneten Kämpfer jederzeit gerüstet sein. Beide Brüder taten sich schwer mit dem Studium, das war nicht ihre Sache. Doch sie erfüllten ihre Pflicht. Sie arbeiteten die Schriften durch, die die Askese der Wahhabiten predigten und die westliche Welt verdammten.

Seit Jahren lebten die Brüder mit ihrem Anführer Schamil Bassajew nun schon in den Wäldern und verübten Anschläge auf russische Militärkolonnen. Achmed, der »Kameramann«, filmte jeweils die Überfälle und hielt mit der Videokamera explodierende Panzer, Truppentransporte, Militärbusse oder Polizeistationen fest. Mit bösem Lachen schauten sie sich die Aufnahmen später im Wald noch einmal an, bevor sie sie den Kurieren übergaben. Erst wenn die Auftraggeber, meist ausländische Feldkommandeure, den Beweis mit eigenen Augen sahen, zahlten sie die vereinbarten Summen. Von dem Geld wurden neue Waffen, Technik, Mobiltelefone und Laptops gekauft.

»Scheiße«, schrie Achmed und warf wutschäumend das Walkie-Talkie durch den Zelteingang auf seinen Schlafsack. Er stapfte um das Zelt und zeterte. »Scheiße, Scheiße. Das gibt es doch nicht!« An seinem Hals zeichneten sich deutlich Muskeln und Adern ab. Er tobte, und Aslan verstand nicht, warum.

»Was ist los? Was ist passiert? Warum brüllst du wie ein Stier?«

»Weil er draufgegangen ist.«

»Wer ist draufgegangen, wobei draufgegangen?«

»Malik. Medinas Mann.«

»Und wo ist Medina jetzt?«

»Zu Hause. Scheiße.«

Achmed hatte sich noch immer nicht beruhigt. Er holte ein

Beil und fing an, auf einen großen gefällten Baumstamm einzuschlagen. Mit voller Wucht hieb er in die Rinde, Splitter stoben nach allen Seiten. Er hielt plötzlich inne, richtete sich auf und schaute Aslan an: »Wir holen sie hierher.«

»Wie hierher? Das ist ein Männerlager!«

»In den Wald, zu den anderen. Was soll sie denn jetzt noch tun? So nimmt sie sowieso keiner mehr, und ihre Trauer ist noch frisch. Genau das richtige für das Witwenkommando.«

»Du willst unsere eigene Schwester zu Bassajew schicken?«

»Sie könnte ihren Mann rächen, wütend genug dafür wird sie sein.«

Achmed holte das Walkie-Talkie aus dem Zelt und lief damit energisch gestikulierend durch den Wald. Als er zu Aslan zurückkam, zischte er ihn an: »Wir fahren! Ich sag nur noch Bakr Bescheid.«

Achmed stapfte zu den Zelten, wo sich Abu-Bakar Wisimbajew aufhielt, den seine Freunde kurz Bakr oder aber den »Einäugigen« nannten. Abu-Bakar hatte ein Auge nicht im Kampf verloren, wie viele dachten, sondern in seiner Kindheit. Er galt als rechte Hand von Schamil Bassajew. In Bassajews Auftrag rekrutierten Abu-Bakar und Achmed Nachwuchs für das Witwenkommando. Eine einträgliche Aufgabe, denn Bassajew zahlte für jede potentielle Selbstmordattentäterin, die sie für das Kommando gewinnen konnten, anderthalbtausend Dollar.

Achmed war seit langem mit Abu-Bakar befreundet. Bakr war ihm immer ein Stück voraus gewesen. Er durfte im Lager des »Schwarzen Arabers«, wie sie ihren jordanischen Anführer Chattab nannten, Arabisch lernen und ihm zwei Jahre in Serschen-Jurt dienen. Dann wurde er Leibwächter von Bassajew. Achmed bewunderte ihn. Wie er mit den Anwerberinnen umsprang, sie immer wieder anspornte, ihm neue Mädchen zu bringen! Wenn man es sich richtig überlegte, erledigten diese alten Schachteln die ganze Arbeit für Abu-Bakar. Sie waren Gold wert, denn sie wußten immer, in welchem Ort sich gerade eine Mutter, Schwester oder Ehefrau vor Gram verzehrte. Sie gaben sich als mildtätige Freundinnen aus, jederzeit bereit, Leid zu lindern und zu trösten. Und sachte, sachte überredeten sie dabei die Frauen zur Rache. Genau solche Enttäuschten, Zornigen brauchten sie! Und genau so eine war jetzt hoffentlich Medina.

Mit einer Handbewegung trieb Achmed seinen Bruder an. Die beiden zogen sich um, tauschten die grüngefleckten Tarnuniformen gegen schwarze Jeans und Lederjacken. Zu zweit hoben sie das Laubdach an, unter dem der »Niwa« versteckt war, und legten es ein paar Schritte weiter entfernt sorgfältig auf den Waldboden. Sie schwangen sich in den einfachen, aber verläßlichen Geländewagen russischer Produktion, Achmed drehte den Zündschlüssel herum und fuhr den Wagen ruppig rückwärts aus dem Versteck heraus.

»Wieviel Geld haben wir?« fragte der ältere Bruder.

»Genug für die Kontrollen, brauchen wir mehr?«

»Das reicht.«

Dämmerung hatte eingesetzt. Aslan spürte, daß sich Achmed noch nicht beruhigt hatte. Zudem paßte es ihm nicht, daß sie schon wieder nach Hause fuhren. Viel zu häufig in letzter Zeit und deshalb viel zu riskant.

Nach Mitternacht kamen sie in Assinowskaja an. Sie hatten nur Nebenstraßen benutzt und die Trasse sowenig wie möglich gequert, um nicht in unnötige Kontrollen zu geraten. Dennoch waren sie an einigen Straßen angehalten worden. Sie gaben reichlich, aber nicht zu große Summen Schmiergeld, um keinen Verdacht zu wecken.

Achmed hielt vor dem Metalltor des Hofes, das wie der Zaun und das Dach mit filigranen Aluminiumleisten verziert war, Halbmonde und Sterne auf scharfen Spitzen. Der Motor lief.

Aslan sprang aus dem Wagen, schob die Torflügel auseinander, Achmed fuhr in den Hof, und Aslan schloß, so schnell es ging, beide Türen. Sie hofften, daß niemand im Dorf ihre Ankunft bemerkt hatte. Eile war so oder so geboten.

Die Mutter hatte den Wagen gehört und öffnete die Haustür. Sie war noch nicht zu Bett gegangen. Raissa, Medina und Hejda kamen aus dem Wohnzimmer, wo der Fernseher lief.

Achmed drückte sie zur Begrüßung an seine Seite, Medina ein wenig länger als gewohnt, denn es war das erste Mal, daß er die Schwester sah, seitdem sie ihren Mann verloren hatte. Die kurze Zeit ihrer Ehe mit Malik hatte für ein Wiedersehen der Geschwister nicht ausgereicht.

Medina wirkte apathisch. Achmed zögerte einen Moment, unsicher, ob er sie überhaupt mit seinem Ansinnen erreichen würde. Er entschloß sich, es zumindest zu versuchen: »Ich muß mit dir reden, komm mit.« Sie gingen hinauf in das Mädchenzimmer. Das Bettzeug lag noch fest zusammengerollt auf den Liegen.

»Ich weiß, was du mit ansehen mußtest. Was die Russen mit deinem Mann angestellt haben. Daß sie auch seinen Freund Magomed auf dem Gewissen haben. Daß dein noch ungeborenes Kind ohne Vater aufwachsen wird, den die Russen ihm entrissen haben. Er, der die Aufgabe hatte, dich und dein Kind zu versorgen. Als nächstes werden sie dich töten, uns alle. Dieser Genozid wird immer weitergehen.«

Medina hatte den Bruder unverwandt angesehen, wie er sich immer mehr in Rage redete. Seine Stimme wurde lauter und lauter. Er schien nicht mehr nur zu ihr zu sprechen. Achmed klang, als würde er eine Rede vor seinen Anhängern halten. Sie war fasziniert von seiner Ausstrahlung, seinem flammenden Blick, sie entdeckte völlig neue Seiten an ihrem Bruder. So kannte sie ihn noch nicht. Sie hörte ihm zu und nickte mehrere

Male. So vieles, was er sagte, hatte sie auch schon gedacht. Plötzlich wandte sich Achmed direkt an sie.

»Du mußt uns helfen, diesen Genozid zu stoppen. Du mußt Malik rächen. Du mußt dieses Verbrechervolk deinen Schmerz spüren lassen. Sie reißen Tschetschenien das Herz aus dem Leibe, sie haben deinen Mann auf dem Gewissen, sie müssen bluten.

Medina erschrak: »Ich? Was kann ich, eine Frau, eine Witwe, denn tun?«

»Eine Menge. Du kannst einen großen Beitrag für die Sache unseres Volkes leisten. Du mußt uns helfen, diesen Krieg zu stoppen. Willst du?«

»Wenn du mir sagst, wie. Ich habe keine Ahnung, was jemand wie ich ausrichten kann.«

»Kennst du die Schwarzen Witwen?«

»Das Kommando, in das auch Larissa, Schura und noch einige andere Mädchen aus dem Dorf gegangen sein sollen?«

»Ob Schura und Larissa dabei sind, weiß ich nicht. Aber einige aus unserem Dorf sind dort. Jede hat so wie du ihren Mann, einen Bruder oder ihren Vater verloren.«

»Schura nicht, sie hat sich ihnen aus freien Stücken angeschlossen. Sie sagte, sie ginge jetzt Geld verdienen. Kann das sein?«

»Ja, es gibt auch solche, aber sie sind die Ausnahme. Was ist mit dir? Hilfst du uns?«

Medina sah ihn ernst an. »Wenn ihr mir sagt, wie.«

Die Tür ging auf. Hejda kam vorsichtig rein und schloß die Tür hinter sich, als sie sicher sein konnte, daß Achmed sie nicht gleich wieder hinauswerfen würde. Sie schmiegte sich wie ein Kätzchen an Medina. Wie klein sie noch war, wie arglos.

»Du mußt dich von deiner Schwester verabschieden. Sie kommt mit mir mit.« Hejdas Blick ging von Achmed zu Medina, und sie verstand, daß es stimmte, was der Bruder sagte.

»Ich geh mit!«

»Du weißt doch gar nicht, wohin!«

»Warum? Du hast überhaupt keinen Grund!« wehrten Medina und Achmed gleichzeitig ab. Hejda blieb stur. »Wenn Medina geht, gehe ich auch. Schura hatte auch keinen Grund und ist gegangen. Ich gehe mit!«

Hejda hatte also gelauscht! Achmed konnte es nur recht sein, er hatte diese Reaktion sogar fast vorausgesehen. Als wären sie Zwillinge, so hingen die beiden aneinander. Hejda ließ sich von Medina nicht trennen. Medinas Ehe hatte sie in die Schranken gewiesen, dagegen kam sie nicht an. Aber jetzt, da Medina wieder allein war, gab es für sie nicht den geringsten Anlaß, nicht dort zu sein, wo ihre Schwester war. Auch Medina erhob nur halbherzig Protest.

»Kommt ihr sofort mit, oder soll ich euch abholen lassen?« fragte Achmed.

»Was hältst du für das beste?«

»Ungefährlicher für alle wäre, wenn ihr gleich mitkämt.«

»Kommen wir wieder, oder werden wir...?« Hejda wagte nicht, den Satz zu beenden.

»Natürlich kommt ihr zurück. Ihr werdet mithelfen, den Krieg zu stoppen. Es wird eine riskante Aktion, eine sehr riskante sogar. Aber wir sorgen dafür, daß ihr heil zurückkehrt.«

»Was müssen wir mitnehmen?«

»Den Koran und warme Kleidung. Solange ihr packt, sehe ich nach Raissas Gast«, erklärte Achmed mit einem verächtlichen Grinsen und wandte sich um. Raissa lief ihm in die Arme. Ihre Schwestern standen vor dem geöffneten Schrank. »Was ist los? Packt ihr?« Weder Medina noch Hejda antworteten, beide sahen zu Achmed.

»Nimmst du sie mit?« fragte Raissa.

Achmed nickte.

»Wohin?«

Er antwortete nicht.

»Wohin?« fragte sie nun ihre Schwestern. »Ich weiß, warum ihr es mir nicht sagen wollt. Weil ihr euch den Schwarzen Witwen anschließt, so wie Larissa und Schura und die anderen. Ich komme mit!«

Sie machte einen Schritt auf den Schrank zu, doch Achmed versperrte ihr den Weg. »Du bleibst!«

»Wenn sie gehen können, kann ich auch!«

»Kannst du nicht!« herrschte er sie an. Doch dann besann er sich. Er durfte es sich mit Raissa nicht verderben. Er brauchte sie hier im Haus, aber er mußte sich auch auf ihre Loyalität verlassen können. Deshalb war es besser, sie nicht gegen sich aufbringen.

»Raissa, du mußt unseren Gast versorgen. Mutter kann das nicht allein, schon wegen der Treppen nicht. Du weißt, wie schlecht sie mit ihren kranken Knien Stufen steigen kann.«

»Aber ich kann hier nicht länger nur herumsitzen!«

»Du sitzt doch nicht rum«, schaltete sich Medina ein. »Du hast doch gehört, was dein Bruder gesagt hat, du hast eine wichtige Aufgabe zu erfüllen.«

Raissa war noch immer trotzig, wußte aber, daß es zwecklos war. Er würde sie nicht gehen lassen. »Dann läßt du mich später nachkommen, versprich es!«

»Ja, später. Was macht unser Gast? Benimmt er sich?«

»Ja. Laufen die Verhandlungen schon? Zahlen sie für ihn?«

Achmed brummte etwas völlig Unverständliches und ging. Raissa folgte ihm, denn sie hatte Angst, daß er ohne sie in den Keller gehen und sich an Dmitri vergreifen würde. Vor ihren Augen würde er es vielleicht nicht wagen. Obwohl... Die Vergangenheit hatte sie gelehrt, daß es im Zweifel keinen Unterschied machte.

Raissa sah erleichtert, daß er, statt zur Kellertreppe abzubiegen, in die Küche trat, wo die Mutter am Lehmofen lehnte und Aslan am Tisch beim Essen zusah.

»Wo hast du Medina und Hejda gelassen?« fragte die Mutter.

»Sie sind oben, sie packen.«

»Sie packen? Was heißt das?«. Die Mutter rang nach Luft. Ihre alten faltigen Wangen zitterten, sie rutschte an der Ofenwand entlang hinunter auf die Bank. »Du nimmst sie mit?«

»Nur zur Großmutter.«

»Zu welcher Großmutter? Als ob dich deine Großmutter kümmert. Erzähl mir doch keine Märchen!«

»Sie wollen es so.«

»Du meinst, du willst es so! Reicht es nicht, daß ihr beide schon dort seid? Daß Selimchan im Gefängnis sitzt. Und die Zwillinge weg sind und keiner weiß, ob sie überhaupt noch leben! Willst du mir jetzt auch noch meine Mädchen nehmen?«

»Die Russen haben dir schon ein Mädchen genommen, hast du das vergessen? Sie haben deinen Schwiegersohn bei lebendigem Leibe verbrannt. Vor den Augen deiner Tochter! Sie haben aus ihr eine Witwe gemacht. Dein Enkelkind wird ohne Vater aufwachsen. Wie lange sollen wir noch zugucken? Bis sie uns alle umgebracht haben?« Achmed wurde heftig. Die Mutter weinte. »Laß sie hier! Was soll dieses ewige Töten, einer muß doch mal aufhören damit.«

»Diese Bestien werden nicht eher Ruhe geben, als bis sie den letzten Tschetschenen auf der Welt umgebracht haben. Und das willst du zulassen? Du darfst jetzt nicht nur an dich selbst denken, denk an unser Volk.«

»Werden sie wiederkommen?«

»Sicher, mach dir keine Sorgen.«

Die Mutter und Raissa begleiteten die vier Geschwister auf den Hof zum Auto. Die Frauen umarmten einander. Achmed drängte zu Eile. Die Schwestern stiegen hinten ein, die Brüder vorn. Aslan fuhr. Raissa öffnete das Tor, ließ den Wagen hinaus und schloß es zügig. Als sie das Auto nicht mehr hörten, faßte sie die Mutter um die Schulter und ging mit ihr hinein. Sie legten sich schlafen. Raissa lag lange wach. Ob sie dieses Zimmer nun für immer allein bewohnen würde? Was sie sich als kleines Mädchen in den lebhaftesten Farben ausgemalt hatte, konnte sie nun nicht freuen.

Sie dachte an die Worte von Schura, dem Nachbarmädchen. Fast geprahlt hatte sie, daß sie jetzt zu den Schwarzen Witwen gehen würde. Ordentlich Geld wollte sie dort verdienen. Raissa hatte immer bezweifelt, daß sie so eine wie Schura aufnehmen würden. Schura, die immer schneller sprach, als sie dachte. Aber wenn Achmed Hejda mitnahm, dann könnte das mit Schura stimmen. Dann waren offenbar nicht ausschließlich Witwen dort. Ob es Medina darauf anlegte, Malik zu folgen? Raissa wußte nicht mehr, wie ihre Schwester dachte, ihr Draht zu ihr war immer nur lose geknüpft gewesen, nun war er anscheinend abgerissen.

Das Lager im Wald

Der Wald war eine finstere Masse, bleigrau hingen tiefe Wolken über ihm. Die Sonne stieg als blasse Scheibe am Himmel empor, ohne jede Aussicht, sich heute durchsetzen zu können.

Die Geschwister hatten auf der Fahrt wenig gesprochen. Hejda stellte ab und an ein paar Fragen, bekam aber bestenfalls einsilbige Antworten. Entweder wußte Achmed nichts über die Zustände in dem Witwenkommando, oder aber er hielt sich absichtlich zurück. Hatte er Angst, daß sie es sich doch noch anders überlegten? Würde er jetzt innerhalb der Kämpferhierarchie aufsteigen, weil es ihm gelungen war, zwei seiner Schwestern zu rekrutieren?

Medinas Gedanken wanderten zu Malik, sie sah seine grünen Augen mit den dichten langen Mädchenwimpern, als stünde er direkt vor ihr. Wie hatte sie seinen weichen, schüchternen Blick geliebt, mit dem er sie immer nur für einen kurzen Moment anzuschauen wagte. Sie glaubte seine Hände zu spüren. Es durchströmte sie noch einmal heiß. Sie rief sich die Einzelheiten ihrer wenigen gemeinsamen Nächte in Erinnerung. Die Namen, die er ihrem ungeboren Kind gegeben hatte, von dem er noch gar nicht sicher wissen konnte, daß es tatsächlich schon in ihr heranwuchs.

Seinen Sohn – er ging fest davon aus, daß sie einen Sohn bekommen würden – wollte er Magomed nennen. Voller Überzeugung hatte er ihr erklärt, warum es nur ein Junge werden konnte: weil die tschetschenischen Frauen in Kriegszeiten immer mehr Söhne als Töchter zur Welt brächten. Warum dies so war, konnte er ihr nicht sagen. Ob es für diese Behauptung einen Beweis gab, irgendeine Erklärung, fragte er gar nicht erst. Es war eine tief verwurzelte Überzeugung.

Medina wußte es nicht besser, also hatte sie geschwiegen. Nun überlegte sie, ob sie seinen Wunsch respektieren und ihrem Sohn, der bislang unsichtbar war, sich nur durch ein Ziehen im Bauch und in der Spannung ihrer Brüste ankündigte, tatsächlich Magomeds Namen geben sollte. Eigentlich wollte sie ihn viel lieber Malik nennen. Ob er das verstehen würde? Gut, daß sie diese Entscheidung noch nicht treffen mußte, noch hatte sie Zeit. Aber wenn sie an sich hinunterschaute, dann nannte sie ihn schon zärtlich »Malik, mein Kleiner«, wenn sie mit ihm sprach. Wenigstens er war ihr von ihrem Mann geblieben.

Das Lager war von weitem nicht auszumachen, auch nicht aus der Luft; die dichtstehenden Bäume boten ein ideales Dach. Es war ein lebensnotwendiger Schutz, denn immer wieder wurden die Wälder des Hochgebirges von russischen Hubschraubern überflogen und beschossen. Hin und wieder gelang es ihnen, mit Granaten, Raketen oder sogar Maschinengewehren einzelne Kämpfer zu treffen. Doch häufig genug waren die russischen Hubschrauber selbst Angriffsziele, die die Tschetschenen mit Stinger-Raketen von Waldlichtungen aus abschossen. Bodeneinsätze kamen so gut wie nie vor, denn die geländeunerfahrenen Russen hatten im Gebirge keine Chance. Wagten sie ab und an doch solche Einsätze, endeten diese für sie im Fiasko.

Drei schwerbewaffnete, bärtige Männer kamen ihnen entgegen. Sie begrüßten die Brüder mit Handschlag. »Du bist Achmed? Kommt mit!« Von den Frauen nahmen die drei keinerlei Notiz, als hätte das ganze Unternehmen nicht das geringste mit ihnen zu tun. Achmed machte Medina durch eine knappe Kopfbewegung deutlich, daß sie sich ihnen anschließen sollten. Sie gingen über den laubbedeckten Waldboden, die Blätter waren glitschig. Die Männer führten sie durch eine Senke in dichtes Unterholz, das bis an einen steil aufragenden Berg heranreichte. Vor ihnen öffnete sich eine bestens getarnte Tür. Sie traten in eine Höhle, in der ein Lagerfeuer brannte. Auf einem Teppich saß ein bärtiger Mann ohne Kopfbedeckung.

»Mowsar. Ich bin Mowsar«, sagte er und streckte den Brüdern die Hand entgegen. Hejda warf Medina einen blitzschnellen Blick zu. Ihre Gedanken rasten. Mowsar Barajew? Der Neffe von Arbi Barajew, von dem man sagte, daß er so sagenhaft gut ausgesehen haben soll, daß sich jede Frau, die ihm begegnete, augenblicklich in ihn verliebte? Hejda hatte Arbi Barajew nie gesehen, und was ihr sonst noch über ihn zu Ohren gekommen war, fand sie alles andere als beruhigend. Zum Beispiel, daß er drei Briten und einen Neuseeländer enthauptet hatte. Daß er hatte filmen lassen, wie ihre abgetrennten Köpfe auf Pflöcke aufgespießt wurden. Arbi war inzwischen tot, und kaum ein Tschetschene hatte diesem Schlächter eine Träne nachgeweint. Arbi sollte sogar seine Cousine erschossen haben, als man ihn mit ihrer auf Video festgehaltenen Vergewaltigung erpressen wollte. Trat Mowsar in die Fußstapfen seines Onkels? Es hieß, er sei sein Vorbild gewesen.

Hejda war nicht mehr sicher, ob ihre Entscheidung richtig war. Doch Medina schien ganz ruhig zu sein. Dabei wußte sie das alles doch auch!

Anders als die Wachen nahm Barajew Medina und Hejda sehr genau in Augenschein. »Wer von euch ist Medina?« Medina trat einen Schritt vor. »Setz dich, Medina. Und du Hejda, du auch. Kommt her.« Sie nahmen auf der einen Seite des Feuers Platz, die Brüder auf der anderen. Mowsar hatte noch immer den Eingang im Blick. Sein Gesicht war lang und schmal. Er hatte kleine Augen, wirkte jungenhaft. Besonders dann, wenn er die Lippen leicht geöffnet hielt. Neben ihm lagen verschiedene Waffen. Eine Pistole, Handgranaten, eine Kalaschnikow.

Mowsar wandte sich erneut an Medina: »Wäre er damit einverstanden gewesen, daß du jetzt hier bist?« Medina antwortete mit selbstsicherer Stimme: »Ich stand an der Grube und mußte mit ansehen, wie sie ihn verbrannten. Er hat gegen die Russen gekämpft. Er hat seinen besten Freund durch sie verloren. Sie haben mir den Vater meines Sohnes entrissen. Er hätte keine Einwände.«

»Ihr wißt, daß ihr hier seid, um den Krieg zu stoppen? Den Genozid an unserem Volk? Daß ihr helfen sollt, den Feind zu schlagen, der unser Volk ausrotten will? Und ihr wißt auch, daß es keine Umkehr gibt? Daß, wer sich uns einmal angeschlossen hat, nicht mehr ins zivile Leben zurückkehren kann, zumindest so lange nicht, wie unser Kampf andauert? Seid ihr dazu wirklich bereit?«

»Wir wären nicht hier, wenn es nicht so wäre«, antwortete Medina, noch ehe Hejda überhaupt nur den Mund öffnen konnte.

»Zunächst gewöhnt ihr euch ein, lernt, im Wald zu leben. Ihr seid also bereit? Noch einmal werde ich nicht fragen.«

Beide nickten. Sie erhoben sich, denn sie verstanden, daß sie nun gehen sollten. Mowsar warf Achmed einen schnellen Blick zu. Die Brüder traten kurz an ihre Schwestern heran, verabschiedeten sich mit einer flüchtigen Umarmung und gingen aus der Höhle. Herein kam eine Frau in schwarzen Kleidern. Ihr Rock reichte bis auf den Boden, darüber trug sie eine lange schwarze Kittelbluse, das Kopftuch ging über in eine Art Umhang und fiel bis weit über die Schultern. Das Tuch hatte sie in der Art der alten Frauen gebunden. Gerade über die Stirn, an den Seiten gefaltet. Keine Ponyfranse, keine Strähne, nicht einmal die Augenbrauen schauten hervor. Es war so fest geknotet, daß es die vollen Wangen unvorteilhaft nach vorn schob. Sie begrüßte sie freundlich. »Ich bin Sinaida, ich gebe euch eure Kleider und die Bücher. Wenn ihr umgezogen seid, ist es Zeit zu beten.« Medina und Hejda schauten fragend zu Mowsar. »Folgt ihr, wir sehen uns später.«

Die Tage der jungen Frauen waren mit Gebeten und dem Studium religiöser Schriften ausgefüllt. So oft sie konnte, schaltete Sinaida den Kassettenrecorder an. Sie war erstaunt, daß die Schwestern die Chawa-Hymne nicht kannten, und erzählte ihnen von der siebzehnjährigen Heldin, die als erste Schachidka, als erste Selbstmordattentäterin, in die Geschichte Tschetscheniens eingegangen war. Chawa hatte mit ihrem Lkw einen russischen Blockposten in die Luft gesprengt.

Sinaida schwärmte für Timur Muzarajew. Immer wieder hörten sie zu dritt seine Lieder, die vom Paradies erzählten, vom Weg zu dem Ort, an dem die Zukunft begann. Sinaida war überzeugt davon, daß sie im Leben nichts als Tod und Verderben zu erwarten hatten. Immer wieder sprach sie mit Medina über Maliks Tod, die Flammen in der Grube, als wollte sie um jeden Preis verhindern, daß die Erinnerungen mit der Zeit verblaßten.

Außer Sinaida und den Wachen bekamen Medina und Hejda in den ersten Wochen niemanden zu Gesicht. Später führte Sinaida sie durch den Wald. Es war ein langer Marsch, der bis zum Abend dauerte. Sinaida bewegte sich wendig durch das Dickicht. Sie ließ sie steile Pfade erklimmen, durch Wasser waten und gönnte ihnen so gut wie keine Pause. Sie erklärte nichts. Sagte nicht, worin der Zweck des Marsches bestand. Die Schwestern wagten nicht zu fragen. Sie folgten der Führerin, die einer inneren Stimme zu gehorchen schien und sanft lächelte. Die Kälte, das unwegsame Gelände, der flotte Marsch strengten sie in keiner Weise an. Als sie, schon in der Dunkelheit, zurückkehrten und später beim Essen zusammensaßen, klärte Sinaida sie auf. »Das war ein Konditionstest. Ihr müßt mehr tun. Ihr habt zuwenig Kraft, seid zu langsam. Fangt morgen mit dem Training an.«

Von nun an wechselten sich Religionsstunden und Training ab. Die Frauen wurden schon am Morgen zu Waldläufen abkommandiert, auf denen sie von jeweils zwei Wachleuten begleitet wurden. An Eisenstangen, die sie im Lager erst entdeckten, als Sinaida ihnen vormachte, wie die Klimmzüge auszusehen hatten, trainierten sie, ihren Körper aus eigener Kraft hochzuziehen. Anfangs waren sie verzweifelt, denn es schien ihnen, als ob sie niemals auch nur einen einzigen Zug zustande bringen würden. Sie wünschten sich, mehr mit Raissa trainiert zu haben. Die hätte hier ganz gewiß nicht diese Probleme. Doch irgendwann schafften sowohl Medina als auch Hejda ihre ersten zwei Klimmzüge.

Die nächste Etappe begann. Wieder führte sie Sinaida auf einem mehrstündigen Marsch durch den Wald. Dieses Mal mit Gepäck. Immer dichter wurde das Gehölz, immer höher das Gebirge. Wie stets gab es keinerlei Erklärungen, Fragen verboten sich von selbst.

An diesem Tag sollten sie das Kommando treffen. Im eigentlichen Lager der »Schwarzen Witwen«. Kleine Tarnzelte waren im Kreis um ein offenes brennendes Lagerfeuer herum aufgebaut. Um das Feuer herum stand etwa ein Dutzend Frauen in schwarzen Kleidern. Aus der Gruppe löste sich eine ältere heraus. »Willkommen! Gut daß ihr hier seid, wir haben schon gewartet, wir wollen einen Sikr veranstalten.« Hejda sah Medina vorsichtig fragend an. Sie antwortete flüsternd: »Einen Gebetstanz.«

Sämtliche Frauen setzten sich auf ihre Fersen. Die »Turk«, wie die Vorbeterin genannt wurde, hatte einen mit grünen und weißen Bändern umwickelten Stab in der Hand. Sie klopfte damit auf den Boden, als gäbe sie ein Kommando, und hob zum Gebet an. Dann sprang sie behende auf und ging, mit aller Kraft auf den Waldboden aufstampfend, im Kreis. Mit dem Turkstab, den sie wie einen Wanderstab hielt, klopfte sie den Rhythmus. Alle bewegten sich schneller und schneller, so wie das Kommando es verlangte, und klatschten mit weitausholenden Bewegungen kräftig in die Hände. In dem Klatschen lag eine Kraft, die an der Verteidigungsfähigkeit der Frauen keinen Zweifel ließ. Hejda dachte, daß es eine Ohrfeige von jeder von ihnen wahrscheinlich in sich hätte.

Plötzlich hob ein monotoner, abgehackter Gesang an, der keine Worte, sondern nur Laute zu formen schien. »Ah-juu aah, ah-juu-aah.« Hejda erinnerten diese Töne an den Tanz eines afrikanischen Eingeborenenstammes, sie waren befremdlich und schienen weder zu den Frauen noch in diesen kaukasischen Wald zu gehören. Doch eins mit diesem Kreis zu sein, sich als ein Teil davon zu fühlen und sich darin zu bewegen, hatte eine unerhört verbindende Kraft. Die Schwestern fühlten sich aufgesogen von dieser Gemeinschaft, wie es Gespräche und Erklärungen nie und erst recht nicht so rasch vermocht hätten. Die Lichtzungen des Feuers fingen Ausschnitte der erhitzten Gesichter ein und ließen sie in den Flammen noch röter erscheinen. Obwohl Medina und Hejda etwas Arabisch konnten, wenngleich weit weniger als Raissa, verstanden sie dennoch nichts. Weder den Gesang noch die Befehle der Turk. Erst das Abschlußgebet war ihnen wieder vertraut.

Die Frauen verschwanden in den Zelten und kehrten mit schwarzen Wolltüchern zurück. Nun knieten sie in losen Grüppchen ums Feuer. Medinas und Hejdas Blicke wanderten von einem Gesicht zum anderen. Fast zeitgleich stießen sie sich gegenseitig mit den Ellenbogen in die Seiten. Das war doch Schura! Die breite Gestalt mit den ausladenden Hüften hatten sie bislang immer nur von hinten gesehen und eine um vieles ältere Frau in ihr vermutet. Nun erkannten sie sie im selben Moment. Hejda preßte sich schnell die Hand auf den Mund; fast hätte sie sie laut gerufen. Schura war also wirklich hier. Vielleicht würde es ihnen gelingen, allein mit ihr zu sprechen. Aber wo waren Larissa und die anderen aus ihrem Dorf? Fast alle Mädchen hatten davon geredet, daß sie sich den »Schwarzen Witwen« anschließen würden. Sie hatten das Dorf lange vor ihnen verlassen. Wo also steckten sie? Oder gab es eine zweite Kommandoeinheit? Sie hatten nichts davon gehört.

Mit einem Mal geriet Bewegung in die Menge. Jemand trat ans Feuer. Es war Mowsar Barajew, den Medina und Hejda seit ihrer Ankunft nicht mehr zu Gesicht bekommen hatten. Er schien sie nicht wiederzuerkennen; möglich aber auch, daß er ihnen keine Extrabehandlung durch eine gesonderte Begrüßung zukommen lassen wollte. Mit einer Handbewegung bat er um Ruhe, alle verstummten augenblicklich und wandten sich ihm zu.

Erst jetzt, da er vor ihnen stand, sahen Medina und Hejda, wie hochgewachsen er war. Er sah jung aus, schmal, sein Bart war dicht und um einiges länger, als sie ihn in Erinnerung hatten. Er trug eine schwarze Wollmütze und einen Tarnanzug, grobe Stiefel, in die die Hosenbeine gesteckt waren. Seine kurze Ansprache war eine Art Rechenschaftsbericht. Er erwähnte zwei, drei erfolgreiche Anschläge auf russische Truppentransporte, durch die der Feind schwer getroffen und die Vernichtung Tschetscheniens aufgehalten worden sei. Wer wolle, könne sich die Videos anschauen. »Ihr wißt ja, daß wir dokumentieren, wie die Mörder vernichtet werden.«

Daß sie dies vor allem taten, um die vereinbarten Summen für die Anschläge einzustreichen, sagte Mowsar nicht. Das brauchten die Frauen nicht zu erfahren, das hatte sie nicht zu interessieren. Je weniger sie wußten, desto besser. Wenn das Fernsehen berichtete, gab es aufgeräumte Unfallstellen zu sehen, mit ein paar Wrackteilen und Bombentrichtern, die die Explosionen in den Boden gerissen hatten. Oft waren schon Holzkreuze errichtet. Wer sich hinter den Tätern verbarg, wer die Opfer waren und welches Ausmaß die Anschläge tatsächlich erreichten, erfuhren meist nur Augenzeugen und erste Helfer oder Ermittler. Medina überlegte gar nicht erst, ob sie das Angebot nutzen sollten. Sie fürchtete sich vor der Gewalt, die das Video zeigen würde.

Mowsar sprach von einem Vorhaben in wenigen Tagen. Von einem religiösen Volksfest, an dem der von Moskau installierte Präsident Achmed Kadyrow teilnehmen würde. »Wer möchte diesen Verräter des tschetschenischen Volkes ausschalten?« Mehrere Arme gingen nach oben. Medina und Hejda sahen ängstlich in die Runde. Nicht alle, aber mehr als genug waren bereit. Er wählte zwei aus – Schura war nicht dabei – und sagte zu den anderen: »Habt Geduld, jede von euch wird gebraucht. Dringend. Es dauert nicht mehr lange.«

In der Nacht schneite es noch einmal, obwohl sich der Frühling mit den länger werdenden Tagen unübersehbar ankündigte. Wenn die Tage klar waren, durfte kein Feuer entfacht werden, denn dann war die Rauchfahne weithin zu sehen, und sie konnten zur Zielscheibe für russische Luftangriffe werden. Da es in den Bergen noch bitterkalt war und meterhoher Schnee noch immer die Pässe bedeckte, froren Medina und Hejda mitunter tagelang. Sie hofften auf bedeckten Himmel, der es erlaubte, das Brennholz anzuzünden.

Nur wenn sie ihre Kraft- und Ausdauerübungen machten, wurde den beiden Schwestern warm. Ansonsten lasen sie hauptsächlich die arabischen Schriften, beteten fünf Mal am Tag mit den anderen Frauen, lernten Stadtpläne zu lesen, sich im Gelände zu bewegen. Über all den Instruktionen lag stiller, energischer Ernst. Fragen waren tabu. Man aß, um bei Kräften zu bleiben, man schlief, um dem Geist Ruhepausen zu gönnen, damit er sich vorbereiten konnte auf die wichtigste und auf jeden Fall risikoreiche Aufgabe. Selbst Hejda hatte aufgehört, Medina zu fragen. Die wurde immer stiller, zugleich lag auf ihren Zügen eine unerschütterliche Entschlossenheit.

In Abständen trafen sich die Frauen am Feuer zum Sikr oder um ihre Geschichten, ihre Motive zu besprechen. Jedes Mal stand eine einzige Frau im Mittelpunkt. Sie allein gab Auskunft über ihr Schicksal. Die Erlebnisse jeder einzelnen waren erschütternd und letztlich doch ähnlich. Daß sie sie einander erzählten, erzählen sollten, hatte den Zweck, daß sich die Frauen in ihrem Entschluß, für das zugefügte Leid, die Schmach, die Verluste Rache zu üben, gegenseitig bestärkten.

Eines Abends war Schura an der Reihe. Medina und Hejda hatten dafür gesorgt, daß sie auf jeden Fall an dem Gesprächskreis teilnehmen konnten. Bislang waren sie Schura noch nie lange genug allein begegnet, um eine wirkliche Unterhaltung mit ihr zu führen.

Schura hatte sich ihr Tuch fest und tief in die Stirn gebunden. Ihr rundes Gesicht war breitflächig, die hohen Wangenknochen modellierten es vorteilhaft und gaben ihm ein edles Profil. Alles an Schura war üppig. Die Schultern, Bauch und Beine, vor allem aber ihre Brüste, an denen sie wie an einer Last trug. Sie strahlte eine Sinnlichkeit aus, die vor allem von ihren vollen Lippen und ihren großen Augen ausging. Braun, wie schwerer Samt, blickten sie stets melancholisch. Kaum zu glauben, was für ein loses Mundwerk sie haben konnte.

Schura, so erfuhren Medina, Hejda und die anderen Frauen, war gar keine Tschetschenin. Sie kam ursprünglich aus der Ukraine. Ihren Vater und die Geschwister verlor sie als junges Mädchen während eines Bombenangriffs im ersten Krieg. Als der zweite Krieg begann und wieder russische Bombardements einsetzten, brachte die Mutter sie aus Grosny heraus. Mit einer Freundin und deren gleichaltriger Tochter flohen die Frauen in einen Vorort. Tagsüber ließen sie die Teenager allein, abends kamen die Mütter, bepackt mit Lebensmitteln, in das Versteck zurück. So versorgten sie mehr schlecht als recht ihre Mädchen und hofften, auf diese Weise die Angriffe zu überstehen. Bis eines Tages eine Horde russischer Soldaten die Töchter in dem Keller fand. Frühmorgens, kurz nachdem die Mütter fortgegangen waren. Völlig betrunken fielen sie zu sechst über Schura und ihre Freundin her. Sie vergewaltigten sie reihum, acht Stunden lang, immer wieder, flößten den Mädchen scharfen Selbstgebrannten ein.

Schura rannen die Tränen über die Wangen, große Tropfen

fielen in ihren Rockschoß, doch sie erzählte weiter. Ihre Freundin war an den Folgen der Mißhandlungen gestorben, Schuras Mutter, die ihre Tochter in einer Blutlache liegend gefunden hatte, pflegte sie gesund. Schura erzählte leise, mit Pausen, aber genau. Sie ließ nichts aus. Jeden dieser Soldaten würde sie sofort wiedererkennen, kein Gesicht habe sie vergessen. Lange habe sie sich versteckt gehalten. War immer wieder kurz davor gewesen, sich das Leben zu nehmen. Wußte, daß sie nie würde heiraten können, denn nach diesem Vorfall würde sie niemals mehr einen Mann ertragen. Und überhaupt: Wer würde sie so geschändet nehmen? Auch ihre Mutter machte sich darüber keinerlei Illusionen, hatte aber einen anderen Plan. Hartnäckig arbeitete sie darauf hin, Schura zu verheiraten, auch auf die Gefahr hin, daß der Ehemann herausbekäme, daß sie keine Jungfrau mehr sei, und sich scheiden ließ.

Und genauso war es gekommen. Ein zwanzig Jahre älterer Witwer hatte bei ihrer Mutter um Schuras Hand angehalten. Für Schura, so erzählte sie, war diese Ehe ein einziger Horror. Genau zwei Wochen hatte es gedauert, bis der getäuschte Ehemann den Schwindel erkannte und er und seine alten Eltern sie mit Schimpf und Schande davonjagten. Schura stieß verbittert hervor: »Für sie war ich plötzlich nur noch ein Haufen Dreck. Diese Russen haben einen Haufen Scheiße aus mir gemacht. Sie haben es fertiggebracht, daß man sich jetzt vor mir ekelt. Ich verabscheue mich ja selbst. Ich kann sogar verstehen, daß mich niemand will. Was soll es also noch?«

Sie erzählte, daß sie sich anfangs verkrochen hatte. Aus Angst, je wieder einem Mann, einem russischen Soldaten zu begegnen. Doch das war nicht durchzuhalten. Sie mußte den Keller verlassen. Die Mutter zog mit ihr zu Verwandten nach Assinowskaja. Dort sagten sie niemandem, was wirklich geschehen war. Nur, daß sie ausgebombt waren, es ihre Wohnung in Grosny nicht mehr gab. Eine glaubhafte Geschichte, niemand der Dorfbewohner fragte nach. Sie wurden in dem kleinen Ort aufgenommen.

Nach der kurzen Ehe, die für sie mit einer weiteren Demütigung geendet hatte, erklärte Schura ihrer Mutter, daß sie nie wieder heiraten würde. Es gab einen fürchterlichen Streit, denn nun beschimpfte auch die Mutter sie. Sie sei eine dumme Gans. Jetzt, wo sie einmal offiziell verheiratet gewesen sei, läge es für den nächsten Mann auf der Hand, daß sie keine Jungfrau mehr sein konnte. Warum sie sich ausgerechnet jetzt so anstellen würde, wo doch der schwerste Teil schon geschafft war.

Medina und Hejda hielten sich an den Händen. Während der gesamten Erzählung ließen sie einander nicht los. Nichts hatten sie über Schura gewußt! Wie stark war sie, daß sie überhaupt mit den Mädchen im Dorf noch scherzen und lachen konnte, sich nichts anmerken ließ!

Schura schilderte ihre Angst vor Straßenkontrollen, den Blockposten mit den russischen Soldaten. Jede Fahrt mit einem Bus oder Auto bereitete ihr Höllenqualen, denn immer lief sie Gefahr, auf einen ihrer Peiniger zu treffen. Sie fürchtete sich, einem von ihnen zu begegnen, erkannt und erneut verhöhnt zu werden. Sie vermied die Fahrten, wann immer sie konnte, verhielt sich bei den Kontrollen so unauffällig wie möglich, machte sich unsichtbar. Nach dem mißglückten Eheversuch, vor allem aber nach dem Zerwürfnis mit ihrer Mutter, beschloß Schura, nicht länger die Opferrolle zu spielen.

»Diese Schweine haben mein Leben versaut! Ich schwöre euch: Bevor ich sterbe, krepieren die!« Die Frauen am Feuer nickten. Mowsar sprang auf und sagte, bevor er sich zum Gehen wandte: »Wer unsere Frauen so behandelt, muß büßen. Diese Schweinehunde werden bezahlen.«

Die Frauen erhoben sich. Ihre Beine schmerzten vom langen

Kauern, sie massierten ihre verkrampften Waden. Schura ging auf Medina und Hejda zu: »So, nun wißt ihr alles. Und jetzt könnt ihr euch auch vorstellen, daß es mir nicht um das Geld ging, das ich hier verdienen wollte. Das war eine Ausrede, um meine Mutter zu schützen, denn noch kennt man im Dorf die Wahrheit nicht.« Schuras weißes teigiges Gesicht schien durch die Tränen seine Form verloren zu haben, rote Flecken hatten sich auf ihrer pickeligen Stirn, dem Kinn und den Wangen ausgebreitet. Die jungen Frauen umarmten einander. Die Schwestern sagten nichts, sie hielten Schura nur fest, als wollten sie ihr Halt geben.

Busfahrten nach Grosny

Im Sommer kam der Vater ganz aus Kasachstan zurück. Er hatte längst das Rentenalter erreicht, nun verlängerten sie seinen Vertrag nicht mehr, er war arbeitslos und lebte zum ersten Mal überhaupt mit seiner Frau zusammen. Sie waren ein altes, stilles Paar, das im eigenen Haus nichts mehr zu sagen hatte, denn längst gab Achmed, ihr zweitältester Sohn, den Ton an.

Nach mehreren Wochen besuchten Medina und Hejda die Eltern für einige Tage. Über der Freude, die Töchter wohlauf zu sehen, lag der Schatten der Ungewißheit. Sie würden schon bald wieder verschwinden, so viel war sicher. Raissa versuchte, von den beiden etwas über das Witwenkommando zu erfahren. Doch sie schwiegen, zogen sich zurück, lasen, beteten, hörten die Märtyrerlieder, von denen Raissa angst und bange wurde. Daß eine grundlegende Wandlung in ihnen vorgegangen war, erkannte sie allerspätestens in dem Moment, als sie die beiden in aller Frühe zu einem Lauf davonziehen sah. Ausgerechnet die beiden, die sich über sie und ihren sportlichen Ehrgeiz nur lustig gemacht hatten. Doch selbst der Sport brachte die Schwestern einander nicht näher. Medina und Hejda ließen sich zwar von Raissa foppen, doch sie gaben keinerlei Erklärungen ab. Sie lebten in einer eigenen Welt, in der ihre Familie keinen Platz mehr hatte.

Als sie sich verabschiedeten, erklärten sie, daß sie nach Osmanjurt fahren würden, um die Großmutter zu pflegen. Der Vater freute sich. Er hatte sich schon lange um seine Mutter gesorgt. Zwar kümmerten sich seine Geschwister dort um sie, doch bei der alten Frau ging es auf das Ende zu. Wenn sich nun auch seine Familie in die Pflege einschalten würde, stünde er innerhalb seiner Sippe selbst besser da. Die Mutter und Raissa belächelten ihn mitleidig, wunderten sich über seine Gutgläubigkeit. Die Mutter hütete sich, ihrem Mann die Illusion zu nehmen. Überhaupt wurde im Hause wenig gesprochen.

Die einzige Person, mit der Raissa noch reden konnte, war Dmitri. Aber auch er wurde immer stiller, je länger er in dem Keller saß. Raissa hatte ihm sogar ab und an Tageszeitungen zugesteckt. Die hatte sie mitgebracht, wenn sie in Grosny Behördengänge wegen ihres Passes und der Rente für die Eltern zu erledigen hatte. Gründe, in die ausgebombte Hauptstadt zu fahren, fand sie immer. Mit eigenen Augen sah sie, wie schwierig das Überleben in den Ruinen für die Einwohner war. Manchmal berichtete sie Dmitri von diesen Fahrten. Er kannte Grosny gut, fragte nach Plätzen und Namen. Sie schilderte ihm, wie es jetzt dort aussah.

Für sie selbst bot der Minutka-Platz ein wenig außerhalb vom Zentrum den traurigsten Anblick. Sie kannte den Kreisverkehr mit den Häusern rundherum von früher gut. In der Mitte gab es auf beiden Ebenen Cafés. Eins unten, wo sich die Fußgängerunterführungen getroffen hatten, und eins oben an der Straße, von wo aus man wie von einer Galerie hinunter schauen konnte. Wie oft lag hier der appetitliche Duft von *Schaschliki*, auf Holzkohle gegrillt, in der Luft!

Heute glich das Rondell einer Kraterlandschaft. Ihre Sitznachbarin im Bus hatte ihr erzählt, daß man in dem Kellergeschoß, wo früher das untere Café lag, während der Kämpfe Berge von Leichen gestapelt hatte. Beide Seiten, Russen und Tschetschenen, hatten sich bereits im ersten Krieg um jedes Haus, um jeden Eingang wochenlang erbitterte Gefechte geliefert. Zu Beginn des zweiten Krieges war das Rondell, obwohl doch nur noch eine Ruine, noch einmal schwer umkämpft gewesen.

Die Zivilisten waren längst geflohen, der früher so lebhafte Platz war bis auf die Fundamente zusammengeschossen worden. Die Plattenbauten waren eingefallen wie Kartenhäuser, die großen Betonelemente bildeten eigentümlich flache Trümmerberge, aus denen hier und da verrostete Metallstützen emporragten. Kräne von einer Baustelle dahinter reckten sich in seltsamen Verrenkungen in den Himmel, als hätten sie mitten in der Drehbewegung innehalten müssen. Die Ladearme hingen schlaff herunter, wie wenn ihnen urplötzlich die Spannkraft abhanden gekommen war. Oder sie waren abgeknickt wie Streichhölzer und mittlerweile rostigbraun.

Wenn der Bus durch die Stadt fuhr, hin zum Zentralen Markt, kamen sie an zehngeschossigen Wohnhäusern vorbei. Aus ihnen schienen Riesenpranken Ecken abgebrochen zu haben. Doch inmitten der löchrigen Fassaden fand sich plötzlich ein mit blütenreinen Gardinen geschmücktes Fenster. Ein zartweißer hingehauchter Versuch, Häuslichkeit ins Sterben ringsherum zu bringen. Mitten auf den Giebelflächen klafften Löcher, so als hätten die Häuserwände als Zielscheiben für ungeübte Kanonenschützen gedient. Wo jetzt leere Fensterhöhlen wie Augen eines Totenschädels in die Landschaft starrten, waren in

Friedenszeiten Küchen gewesen, in denen köstliche, durchsichtig dünne *Blini* gebacken wurden. Schlafzimmer, in denen Kinder gezeugt, Neugeborene versorgt, Kranke gepflegt wurden, wo Müde sich ausruhten, Unruhige in Alpträumen kämpften. Bäder, in denen Kinderzahnbürsten trocken blieben, weil niemand nachschaute, ob sich die Kleinen auch wirklich die Zähne putzten. Hier hing Wäsche und standen Eimer mit Wischlappen.

In den jetzt ausgebombten Etagen hatten früher Mütter, Väter, Kinder gewohnt. Niemand wußte, ob jemand von ihnen zu den Terroristen gehört hatte oder zu den Separatisten. Noch weniger konnte jemand mit Bestimmtheit sagen, in welcher Wohnung sie genau gelebt hatten, falls sie überhaupt je hier wohnten. Die weidwunde Stadt war der Beweis dafür, daß die russische »Antiterror-Operation« nichts als ein Krieg gegen die Zivilbevölkerung war, die abgestraft wurde, weil sich aus ihrer Mitte Separatisten und Terroristen rekrutierten.

Auf diesen Busfahrten nach Grosny hörte Raissa von Kindern, die beim Spielen auf einer zerstörten Etage in die Tiefe des leeren Treppenhauses gestürzt waren. Sie kehrte ein ums andere Mal verbittert zurück, wohl wissend, wie sehr sie und mit ihr die Zeitung erwartet wurde. Wenn Dmitri sie nach diesen Fahrten ausfragen konnte, lebte er auf. In diesen Momenten war er wieder neugierig, aufgeweckt. Er hörte aufmerksam zu, ließ sich nicht die geringste Kleinigkeit entgehen, war betroffen von dem Ausmaß der Zerstörung, die offenbar noch weiter vorangeschritten war, als er sie von seinen letzten Reportagereisen schon kannte.

Endlich gab Achmed Raissa den Befehl, die Geisel in den nächsten Tagen besser zu verpflegen. Wieder setzte der Bruder keinen Fuß auf die Kellertreppe. Er war in größter Eile, wirkte gehetzt, Dmitris Glück. Der Journalist durfte sich nun endlich waschen und sollte sich wieder an das Tageslicht gewöhnen. Angeblich nahte der Freikauf.

Eines Nachts fuhr Achmed mit Fremden vor. Der Bruder befahl Raissa, Dmitri aus dem Keller zu holen. Er hieß ihn, in den Wagen der Fremden einzusteigen, und beide Autos fuhren davon. Raissa machte sich die größten Sorgen. War dies nun wirklich die Freilassung, oder sollte er nur weiterverschachert werden? Mit eingezogenem Kopf, als würde er jeden Augenblick einen Schlag ins Genick erwarten, war er die wenigen Schritte über den Hof gelaufen und hatte ängstlich auf sie zurückgeschaut.

Wie freute sich Raissa, als sie wenige Tage später im Fernsehen die Worte seiner Mutter hörte! Sie war Ärztin auf Sachalin und hatte von ihren Patienten erfahren, daß ihr Sohn nach so vielen Monaten Geiselhaft am Leben und gesund war. »Mein kleines stoppelbärtiges häßliches Söhnchen«, sprach sie, ihn umarmend, in die Kamera. Sie tätschelte ihm die Wange, versicherte ihm, ihn jetzt erst einmal aufzupäppeln. Und drohte sofort, keinen Widerspruch zu dulden, schließlich sei sie gerade zehn Stunden von Sachalin nach Moskau geflogen. Der sanfte Sohn wurde von seiner energischen Mutter regelrecht überrollt.

Der gewichtigen Person sah man ihre burjatische Herkunft noch viel deutlicher an als Dmitri, dessen Augen hinter der Brille ohnehin nicht recht auszumachen waren. Die Augen der Mutter waren schmal und schwarz, eingebettet in das weiche Fleisch der Wangen. Dmitri saß neben ihr, lächelte verloren und zupfte ununterbrochen an seinem Gebetskettchen, so wie er das schon in ihrem Hause getan hatte. Jetzt kam es Raissa wie ein Tick vor. Auch sein grundloses Zwinkern hatte deutlich zugenommen. Aus Nervosität, Erschöpfung oder wegen der Anspannung der vergangenen Monate?

Sie hatten sich nur knapp verabschiedet, aber sie wußten, wie sehr sie sich in den vergangenen Monaten gebraucht, wie sehr sie sich gegenseitig geholfen hatten. Jeder auf seine Weise, ohne den anderen bekehren zu wollen. Sie waren beide sicher, daß die Wahrheit über diesen Krieg in der Mitte lag, daß es nicht nur marodierende, brandschatzende, mordende Russen gab, sondern ebenso unsäglich brutale Tschetschenen, denen keine Gewalt zu roh, kein Leben wertvoll genug erschien, um es zu verschonen.

Im Herzen des Feindes

Mowsar telefonierte viel in diesen Tagen. Nach dem kurzen Frühling hatten die Bäume schnell dichtes Laub bekommen, jetzt war es warm, dank der hohen Berge aber nur selten wirklich heiß. Mowsar saß zumeist an seinem Laptop, oder er sprach in sein Handy. Zum Telefonieren mußte er die Höhle verlassen, weil das Mobiltelefon in den Felsen keinen Empfang bekam.

Die Drähte nach Katar liefen heiß. Zu Mowladi Udugow, einem ihrer wichtigsten Strategen, hatte er in der Vergangenheit immer regelmäßigen Kontakt gehalten; vor allem, wenn es um Kommentare zu jüngsten Anschlägen ging, telefonierten sie. Häufig fand er später seine eigenen Worte auf ihrer Internetseite wieder, konnte dort Sätze lesen, die er zuvor im Telefongespräch gesagt hatte.

Doch jetzt rief ihn nicht nur Udugow, sondern auch Jandarbijew mehrfach an. Selimchan Jandarbijew hatte einen Plan. Den freilich unterbreitete er nur bruchstückhaft, er stellte zunächst Teilaufgaben. Mowsar sollte ein Frauenbataillon ausbilden. Rund zwanzig Schwarze Witwen wurden gebraucht. Damit mußte er alle, die sich derzeit im Lager aufhielten, heranziehen. Und sie brauchten noch einige mehr. Die jungen Frauen sollten an einem Coup teilnehmen, von dem die ganze Welt sprechen würde.

Das war etwas für Mowsar! Selbst ein stolzer Mann, wollte er endlich beweisen, daß auch er Kämpfer motivieren konnte. Bislang war er nur der Neffe seines Onkels Arbi. Nun sah er seine Chance. Daß das mit einem Frauenbataillon geschehen sollte, war etwas wirklich Neues, Aufsehenerregendes. Er nahm sich vor, den Frauen das Gefühl zu vermitteln, daß es für sie eine außerordentliche Ehre darstellte, ausgerechnet mit ihm ins Gefecht zu ziehen. Mit den Witwen, die fast alle in seinem Alter waren, dürfte das ein leichtes werden. Er sah gut aus, war hochgewachsen. Sein Haar begann sich auf der Stirn zu lichten, doch noch wirkte es voll. Mit seinen fünfundzwanzig Jahren hatte er die Leichtigkeit der Jugend noch nicht verloren, doch die vielen Jahre an der Seite seines Onkels hatten ihn bereits zu einer Berühmtheit gemacht. Die Witwen achteten ihn, das spürte er. Manche himmelten ihn sogar an, nun mußte er sie dazu bringen, ihn zu vergöttern, damit sie bereit waren, an seiner Seite zu sterben. Das durfte er ihnen freilich nicht verraten, es würde sie nur unnötig verunsichern. Wenn er ihnen klarmachte, daß sie eine ehrenvolle, aber riskante Aufgabe erwartete, sagte er nichts Verkehrtes.

Ließ Mowsar sich nun von Zeit zu Zeit beim Ausbildungstraining blicken, gab er jeder Frau das Gefühl, daß er sich speziell für sie interessierte, ihre Qualitäten ganz besonders zu schätzen wußte. Er lobte, wie exakt Medina die Sprengstoffpakete wikkeln konnte. Wenn sie das Pulver in das Sackleinen füllte und alles verschnürte, entstand ein so gleichmäßig geformtes Päckchen wie aus einer Industrieproduktion. Als er auf Hejdas Hände schaute, bemerkte er ihre Narben. »Waren sie das?« fragte er nur knapp. Hejda schaute ihn kurz von der Seite an, denn es gehörte sich nicht, Männern unverhohlen ins Gesicht zu blicken. Sie nickte und registrierte, wie er die Lippen zusammenpreßte. Aus dieser knappen Geste schloß sie, daß er, wenn er dazu Gelegenheit bekäme, auch dafür Vergeltung üben würde.

Die Frauen lernten, die Pakete mit Alufolie zu umwickeln und sie zu verdrahten. Sie erfuhren, wie mit Hilfe der Metallklemmen der Zündkontakt hergestellt wurde. Sie befestigten die Pakete an breiten Gürteln, in die eine doppelte Lochreihe gestanzt war. Da die Pakete groß wie Kastenbrote und nur wenig flacher waren, mußten sie besonders sorgfältig festgebunden werden. Allein der Sprengstoff wog rund ein Kilogramm, die Nägel, Schrauben und Metallsplitter zusammen waren noch einmal genauso schwer. Sie lernten, sich den Platz auf dem Gürtel richtig einzuteilen. Die Gürtel sollten unter der Kleidung getragen und möglichst unsichtbar werden. Kein Problem bei den weiten Gewändern.

Noch wußte keine, worauf genau sie sich vorbereiteten. Doch da alle gleichermaßen beschäftigt waren, hatten sie das Gefühl, an einer großen Aufgabe beteiligt zu sein, bei der jede ihr Bestes geben mußte.

Sie begannen, Plakate zu malen. Suren aus dem Koran. Mit weißer Schrift auf schwarzem Grund. Sie schnitten die Stoffe zu, suchten ebene Flächen auf dem Waldboden, und Schura übertrug die arabischen Schriftzeichen mit weißer Lackfarbe auf das Tuch. Sie, die gar kein Arabisch konnte, hatte die Suren immer wieder abgemalt. Ihr gelangen die Zeichen am gleichmäßigsten, somit wurde ihr die ehrenvolle Aufgabe zuteil. Sie wußte zwar nicht genau, mit welchem Zeichen sie was gerade schrieb, aber am Ende war auf dem schwarzen Tuch zu lesen: *»Es gibt keinen Gott außer Allah, und Mohammed ist sein Prophet: Gott ist groß!«* Die Frauen fertigten vier dieser Banner an. Dann hatte eine die Idee, daß sie sich ähnlich wie die japanischen Kamikazeflieger oder die palästinensischen Selbstmordattentäterinnen auch ein Markenzeichen geben könnten. Sie baten Mowsar um Erlaubnis, er unterstützte ihr Vorhaben, lobte sie dafür. Japaner trugen rotweiße Bänder, die Palästinenser grünweiße. Sie entschieden sich für schwarze oder dunkelblaue Bänder mit weißer Schrift, damit sie ihren Plakaten ähnlich waren.

Eines Morgens tauchte Mowsar zu einer Stunde im Frauenlager auf, die ungewöhnlich war. Er sah verändert aus. Sein Bart fehlte, das Haar war kurzgeschnitten. Er rief Medina und Hejda zu sich. »Es geht los! Räumt eure Sachen zusammen. Zieht euch möglichst bunt an. Nehmt aber auch die schwarzen Kleider, die ihr jetzt anhabt, mit. Und natürlich die Gürtel. Aber ohne Pakete. Alles Weitere findet ihr in Moskau vor, für alles ist gesorgt.« Die Frauen schauten einander überrascht an. Nach Moskau? Mowsar entgingen ihre fragenden Blicke nicht, doch von selbst gab er keine Erklärung. Schließlich wagte sich Hejda vor: »Was werden wir dort tun?«

»Wir dringen tief in das Herz des Feindes vor, und ihr werdet in die Geschichte eingehen!«

Um 16.22 Uhr rollte ihr Zug aus dem Bahnhof von Nasran. Mit einem Auto waren sie nach Inguschetien gefahren. Gäbe es nicht die vielen Blockposten auf den Straßen – kein Inguschee, kein Tschetschene hätte mit Bestimmtheit sagen können, wo Tschetschenien endete und wo Inguschetien begann. Verwandtschaftliche Beziehungen übersprangen die Grenzen. Die Sprachunterschiede waren bestenfalls die zwischen Dialekten. Bis vor wenigen Jahren hatten Inguschetien und Tschetschenien zu einer Republik gehört, anfangs innerhalb der Sowjetunion, dann in Rußland. Auch wenn es Stalin gewesen war, der die Inguschen 1934 zwang, gemeinsam mit den Tschetschenen in einer Republik zu leben, betrachteten sich beide Nationen doch als Brüdervölker, die einander halfen. Sie waren Wainachen, genaugenommen sogar nur ein Volk! Die Inguschen boten den Tschetschenen Zuflucht, als zum zweitenmal innerhalb weniger Jahre in deren Heimat Krieg ausbrach.

Medina und Hejda machten es sich, so gut es ging, im Zug bequem. In den Abteilen stand die schwüle Luft, denn nirgendwo ließ sich ein Fenster öffnen. Die Fahrt dauerte über sechzehn Stunden. Die Frauen lagen auf ihrer Doppelstockliege und ruhten sich einfach nur aus. Das fließende Wasser in der Zugtoilette erschien ihnen nach den Wochen im Waldlager als ein unerhörter Luxus. Medina und Hejda redeten kaum, sondern dösten vor sich hin. Beide waren noch nie in Moskau gewesen, hatten keinerlei Vorstellungen von der Stadt. Natürlich kannten sie die Bilder vom Fernsehen, den Roten Platz, den Kreml, das eine oder andere neue Gebäude, das mit viel Tamtam eingeweiht worden war, auch das Luschniki-Stadion. Doch wie sie sich die Menschen, die Straßen vorstellen sollten, davon hatten sie keine Ahnung.

Der Zug rollte pünktlich um 8.45 Uhr am nächsten Morgen am Pawelezker Bahnhof von Moskau ein. Er lag mitten im Zentrum der Hauptstadt, unweit der herrisch aufragenden Stalinbauten, der Büropaläste aus Glas, des Gartenrings, auf dem sich beinahe zu jeder Tageszeit eine zehnspurige Autolawine staute. Im Schein riesiger, schrill beleuchteter Reklametafeln hasteten die Passanten vorüber. Verschmutzte und betrunkene Obdachlose schlurften durch die Fußgängerunterführungen. Händler schleppten sich mit großen karierten Taschen ab. Die Schwestern stolperten fast über die armseligen Gestalten ehemaliger Afghanistankämpfer, die ihre beinlosen, verstümmelten Körper auf ausrangierten Wägelchen vorwärts schoben. Mit den bloßen Händen faßten die Männer wieder und wieder auf das verdreckte Trottoir, um sich so vorwärtszustoßen.

Medina und Hejda fühlten den rasenden Puls des hauptstädtischen Lebens, die Atem- und Rastlosigkeit. Die Überlegenheit der Gewinner. Die Mutlosigkeit der Verlierer.

Schon auf dem Bahnsteig hatte dichtes Menschengewühl geherrscht. Unzählige Polizisten in dunkelblauen Uniformen kontrollierten sämtliche Männer, sobald sie auch nur einen Fuß aus dem Waggon gesetzt hatten. Der Zug kam aus dem Süden, und Kaukasier galten als verdächtig. Die Frauen konnten unbehelligt auf ihr nächstes Ziel zusteuern: die Metro. Sie verließen den Bahnhof und folgten einfach den Menschenmassen. Mowsar hatte ihnen eingeschärft, so wenig wie möglich Passanten anzusprechen. »Folgt der Menge, sie wollen sowieso alle immer nur zur Metro.«

Außer den wenigen Metern von den Plattformen zum Metroeingang hatten sie noch nichts von Moskau gesehen. Der Trubel war unerträglich. Zudem hatten sich dort, wo es am engsten wurde, nämlich vor dem Eingang zur Metro, alte Mütterchen zu einer regelrechten Frontreihe formiert. Sie verkauften selbstgebrannten Wodka, zollfreie Zigaretten, manchmal bot eins dieser alten Weiblein auch nur drei Zitronen feil. Doch jeder mußte sich an ihnen vorbeiquetschen, wurde von ihnen angesprochen.

Auffällig viele Bettler tummelten sich rund um den Bahnhof. Ihre Augen suchten pausenlos den Boden nach leeren Flaschen ab, für die sie beim Altwarenhändler ein paar Kopeken bekommen konnten. Hatte einer eine Bier- oder Wodkaflasche unter einem geparkten Auto, neben einem Mülleimer oder im Rinnstein erspäht, bückte er sich flugs und stopfte sie in die großen Plastiktüten, die er wie einen Schatz an die Brust gedrückt vor sich hertrug.

Medina und Hejda waren erstaunt über die vielen Landsleute in der Hauptstadt. Für nicht weniger als einhunderttausend

Tschetschenen war Moskau zur Diaspora geworden. Die Tschetschenen bildeten hier eine mächtige Gruppe, von denen einige gerissene Geschäftsleute unerhört reich geworden waren. In zum Teil blutigen Verteilungskämpfen hatten sie im Handel mit Öl und anderen Rohstoffen oder auch im Lotteriegeschäft sowie auf dem Werbemarkt gigantische Vermögen angehäuft.

Zu ihnen gehörten die vielen kleinen Gemüsehändler, die ihre Ware zumeist bei Wind und Wetter auf der Straße anboten, freilich nicht. Zwar kauften die Moskauer bei ihnen, doch immer wurden sie von den Kunden von oben herab behandelt. Ob aus Tschetschenien, Georgien, Aserbaidschan, Tadschikistan oder Usbekistan, für die Hauptstädter waren alle Zugereisten aus dem Süden Kaukasier, Schwarze. Schwarzärsche, wenn man sie beleidigen wollte. Man konnte sie auch jederzeit zusammenschlagen, ohne sich dafür verantworten zu müssen.

Medina und Hejda fielen die vielen Milizionäre auf. Es hieß, daß es vor allem in der Metro vor ihnen kein Entrinnen gab. Jetzt verstanden sie, wie ernst man diese Warnung nehmen mußte. Die Polizisten schienen es ausnahmslos auf die armen wehrlosen Gestalten abgesehen zu haben und natürlich auf die »Personen kaukasischer Nationalität«. An den Eingängen der U-Bahn-Stationen, am Fuße der langen Rolltreppen, auf den Bahnsteigen – überall fischten sie sie heraus. Und sie beschränkten ihre Kontrollen durchaus nicht nur auf das Prüfen von Ausweisen.

Moskaus Milizionäre waren berüchtigt für ihre Bestechlichkeit, aber auch für ihre Brutalität. Wer keine *Propiska* vorweisen konnte, eine Art Anmeldeschein und Aufenthaltsgenehmigung für die Hauptstadt, wurde auf die Wache mitgenommen. Viele Milizionäre betrachteten diese Verhafteten als Freiwild, mit dem sie anstellen konnten, was sie wollten. Sie versuchten, ihnen alle möglichen Verbrechen in die Schuhe zu schieben. Denn hatten Milizionäre in einem Monat viele Diebe, Vergewaltiger, Schläger oder gar Mörder dingfest gemacht, war die Aufklärungsrate der Verbrechen also hoch, bekamen sie zu ihrem Gehalt noch Prämien. Blieben zu viele Fälle ungelöst, war die Summe am Monatsende entsprechend karg.

Weigerte sich jemand, die gefälschten Aussagen zu unterschreiben, wurde mit Folter nachgeholfen. Als gängige Methoden galten neben Schlägen, Beschimpfungen und Anspucken Elektroschocks, tagelanges Anketten an Heizkörpern, wobei sich die Beamten dann über ihre Opfer lustig machten, die sich nach qualvollem stundenlangem Zurückhalten mit ihrer eigenen Notdurft beschmutzten. Auch »Elefantenrüssel« spielten sie mit ihren Opfern nur allzu gern, sie mußten allerdings aufpassen, daß sie die Gasmaske, die sie ihnen aufsetzten, nicht zu lange verstopften. Kurze Ohnmachten waren in Ordnung, aber wenn die Verhafteten erstickten, drohten ärgerliche Nachfragen, die sie natürlich nicht gebrauchen konnten.

Wollten kaukasische Männer all dem entgehen, gab es nur zwei Möglichkeiten: die Polizisten zu schmieren oder aber die nötigen Papiere zusammenzutragen. Letzteres war fast nicht zu schaffen.

Während diese Schikanen für Männer unausweichlich zu sein schienen, ließ man Frauen erstaunlicherweise fast immer in Ruhe. Sie waren weitgehend unverdächtig, konnten ihrer Wege gehen. Genau das wollte sich Mowsar zunutze machen.

Die Schwestern nahmen die Ringlinie, fuhren zwei Stationen bis zur »Oktjabrskaja« und stiegen dann um in Richtung Süden. Über eine Stunde saßen sie schon in der U-Bahn. Die Abteile wurden nach jedem Halt leerer, längst fuhr die Bahn nicht mehr unter der Erde. An die Stelle prächtiger Stationen mit ihren Kronleuchtern, marmorgeschmückten Wänden und unvermeidlicher Sowjetsymbolik traten, je weiter sie sich vom Stadtzentrum entfernten, triste Plattformen.

In Jasenowo stiegen sie aus. Endstation. Jasenowo war eines der vielen Schlafviertel, die sich um Moskau wie ein Gürtel gelegt hatten. In diesen Bezirken wohnten Millionen von Menschen auf engstem Raum in hohen, schnell und schlampig zusammengesetzten Plattenbauten. Sie alle fuhren morgens zur Arbeit ins Stadtzentrum. Eine oder gar anderthalb Stunden. Abends kamen sie erschöpft zurück, erledigten auf dem Weg die nötigsten Einkäufe und verschwanden bis zum nächsten Tag in den Hochhäusern. Im Sommer flohen alle freitags auf ihre Datschen. Lange, stockend vorwärtsrollende Autokolonnen schoben sich dann stadtauswärts. Die Dörfer ringsherum erwartete die Invasion der Moskauer. Kein Wunder, daß sich die Menschen in den Wohnblöcken untereinander kaum kannten, Hausbewohner von Fremden nicht zu unterscheiden wußten.

Medina und Hejda gingen von der Metro in Richtung Bushaltestelle, blieben dort jedoch noch nicht, um auf den Bus zu warten, sondern steuerten auf einen Supermarkt zu. Sie sollten nicht vor fünf Uhr in der Wohnung erscheinen, die Mowsar ihnen genannt hatte. So konnten sie sich in Ruhe umschauen. Die Sonne schien, es war warm, aber noch nicht zu heiß. Kinder spielten auf der Straße, alte Leute saßen auf Bänken vor den Eingängen der hohen Wohnblöcke im Schatten der wenigen Bäume. Ein paar junge Mütter mit kleinen Kindern kamen ihnen mit Bündeln von Einkaufstüten entgegen.

Medina und Hejda trugen wadenlange bunte Sommerröcke, Baumwoll-T-Shirts und Pantoletten. Verglichen mit den attraktiven jungen Moskauerinnen kamen sie sich ärmlich und plump vor. Frauen ihres Alters zeigten hier Figur. Und die meisten konnten es sich leisten. Kurze Röcke oder hautenge Hosen, knappe Oberteile, sorgfältig geschminkt, moderne Frisuren in interessanten Haartönungen – die Frauen nahmen sich augenscheinlich Zeit für ihre Toilette, bevor sie das Haus verließen. Moskauerinnen waren berühmt für ihre Schönheit, jetzt sahen Medina und Hejda, warum. Sie begannen zu ahnen, daß man hier unter Chic etwas anderes verstand als bei ihnen zu Hause, wo immer noch pinkfarbene Perlmuttlippenstifte regierten.

Machten sich Tschetscheninnen zurecht, durfte es von allem etwas mehr sein, mehr Farbe, mehr Glitter auf der Kleidung, buntere Stoffe, schwerere Parfüme. Wenn sich Tschetscheninnen die Haare färbten, scheuten viele Frauen auch vor Blond nicht zurück. Die Härte des Kontrastes zu den dunklen Brauen ließ sie dann oft um viele Jahre älter und mitunter sogar ungepflegt aussehen. Medina wie Hejda hatten am liebsten mit Henna herumexperimentiert, doch das war lange her, gehörte zu einem anderen Leben.

Selbst hier in dem Schlafviertel am Rande der Hauptstadt stand ein ganzer Wald von Reklametafeln. Dicht an dicht warben sie für Mobiltelefone, Whisky, Küchenmöbel oder Zigaretten. Medina und Hejda irritierte, wie viele Frauen auf offener Straße rauchten und sogar Bier tranken. Als wäre es Mineralwasser. Daß russische Männer trinken, wußten die Schwestern natürlich, daß das aber auch Frauen so ungeniert taten, entsetzte sie.

Ein Pärchen steuerte Hand in Hand auf eine der Bänke im Schatten zu. Der junge Mann nahm seine Freundin auf den Schoß, und beide küßten und streichelten einander derart innig, daß sich die Schwestern peinlich berührt abwandten. So sehr sich Medina während ihrer kurzen Ehe gewünscht hatte, daß die Regeln zu Hause nicht ganz so streng gewesen wären, daß sie nicht immer erst allein sein mußten, ehe ihr Ehemann sie in den Arm nehmen durfte, so wenig hieß sie dieses Verhalten hier gut.

Mit geballter Wucht kehrten die Erinnerungen an Malik zurück. Wie sie ihn vermißte! Wie gern würde sie ihm ihren heranwachsenden Sohn zeigen. Ihr Bauch ließ sich zwar noch ganz gut unter weiten Blusen verstecken, aber er wuchs unaufhaltsam. Nie würde der Kleine seinen Vater auch nur kennenlernen. Medina fühlte die alte ohnmächtige Wut aufsteigen, sie ballte die Fäuste und biß sich auf die Unterlippe. Hejda verstand. »Malik?« Medina nickte schwach, und schon rollten die Tränen. Sie setzen sich auf eine Bank am Kinderspielplatz, sie hatten Zeit.

Obwohl Hejda neugierig ihre neue Umgebung betrachtete und sich soviel wie möglich davon einprägen wollte, hatte sie die Buslinie nicht aus den Augen gelassen. Sie beobachtete, wohin der Bus fuhr. Zwei Linien waren möglich, die 781 und die 759. Um halb fünf stiegen die Schwestern ein und fuhren sechs Stationen weit, wie Mowsar es ihnen gesagt hatte. Sie fanden die Straße und auch die Hausnummer auf Anhieb.

Als sie die Eingangstür öffneten, waren sie auf eine *Deschurnaja* gefaßt, doch die Wärterin hatte ihr Wachhäuschen neben der Treppe anscheinend gerade verlassen, die Tür stand offen, der winzige Raum war leer. Sie fanden den Lift und fuhren in die achte Etage. In dem dunklen, mit braunen Resopalplatten verkleideten Fahrstuhl stank es nach Urin. Eine kleine Lampe über der Tür verbreitete ein schummriges Licht, hell genug, um die über und über mit Obszönitäten vollgeschmierten Wände studieren zu können. Unzählige Kaugummis klebten in den Ritzen der Lüftungsschächte. Sie waren froh, als sich die Türen wieder öffneten. Doch in dem betonierten Treppenhaus mit seinen Blechtüren, die zu den einzelnen Stockwerken führten, sah es nicht besser aus.

Die zwei Schwestern suchten die Wohnungstür. Sie fanden sich vor einer Zwischentür wieder, mit der sie nicht gerechnet hatten. Was nun? Sollten sie an die Glasscheibe klopfen? Warten, bis jemand herauskäme? Da entdeckte Hejda vier Klingelknöpfe. Weder Namen noch Wohnungsnummern wiesen darauf hin, wer sich hinter welcher Klingel verbarg. Am Türrahmen allerdings standen die Wohnungsnummern: achtundvierzig bis einundfünfzig. Ihre Wohnung war die einundfünfzig, also die letzte. Sie mußten sich entscheiden.

Hejda drückte auf die unterste Klingel. Sie sahen hinter dem Milchglas jemanden über den Flur huschen. Schura! Waren also auch andere aus dem Kommando hier? Sie legte kurz den Zeigefinger auf die Lippen und gab ihnen zu verstehen, ihr flugs in die Wohnung zu folgen. Dort waren noch mehrere Frauen aus dem Lager, aber auch welche, die sie nicht kannten. Die Wohnung bestand aus vier Zimmern, sparsam möbliert. Eine unbekannte Frau brachte Tee und belegte Brote. Allen war die Erschöpfung von der Reise anzusehen. Den meisten ging es wie Medina und Hejda: Sie sahen Moskau zum ersten Mal in ihrem Leben. Einige hatten hierherfliegen dürfen, mehrere, die sich noch bis vor wenigen Minuten nicht kannten, waren mit ein und demselben Bus aus Machatschkala nach Moskau gekommen.

An diesem ersten Tag geschah nicht mehr viel. Die Frauen verteilten sich auf die Zimmer und richteten ihre Schlafplätze ein. Die meisten mußten mit dem blanken Boden vorlieb nehmen, denn es gab nur zwei Sofas.

Am nächsten Tag erschien Mowsar und händigte jeder Frau ihren Paß und die *Propiska* aus. Nun hatten sie gültige Papiere und brauchten unerwartete Milizkontrollen nicht mehr zu fürchten. Die Adressen in den Aufenthaltsgenehmigungen stimmten freilich nicht mit der dieser Wohnung in Jasenowo überein, doch das würden die Polizisten ohnehin nicht herausfinden. Eine fragte Mowsar voller Bewunderung, wie er diesen

Coup bewerkstelligt hatte. Er lachte nur, was ihn um Jahre jünger machte.

»Schließlich lebt der eine oder andere unserer Landsleute hier! Auch wenn sie das satte Leben in Moskau dem Kampf in der Heimat vorziehen, wissen sie doch, wohin sie gehören. Und wenn nicht, werden sie daran erinnert.« Nicht nur hier, dachte Hejda, der Gerüchte über Mowsar, den Schutzgeldeintreiber, einfielen, der angeblich im protzigen Jeep durch Tschetschenien fuhr. Üble Nachrede oder wahr? Welche Chance hatte sie schon, die Wahrheit herauszufinden! Und wollte sie es überhaupt?

Nicht nur die tschetschenische Gemeinde in Moskau erwies sich als Helfer, auch so mancher korrupte Beamte in der Anmeldebehörde. Gegen einen hübschen Nebenverdienst hatten die wenigsten etwas einzuwenden.

»Heute nachmittag fahren wir nach Selenogradskij, das liegt keine 30 Kilometer von der Stadtgrenze entfernt. Ruht euch solange aus. Ihr habt viel geschafft, ihr seid hier, keine ist angehalten worden. Verlaßt die Wohnung nicht und verhaltet euch ruhig. Wenn alles so gut weiterläuft, wie es jetzt begonnen hat, wird es eine ganz große Sache.«

»Was für eine? Warum sind wir hier?«

»Ihr werdet es erfahren, später.« Mowsar verschwand. In seinen schwarzen Jeans, dem blauen T-Shirt und Turnschuhen hätte in ihm niemand den Kämpfer aus den Bergen vermutet, zumal sein Haar nicht schwarz, sondern mittelbraun war, mit einem leicht rötlichen Schimmer. Seine Haut war blasser als die seiner Landsleuten, ein schlanker, sportlicher Mann, eine ansehnliche Erscheinung.

Die Sonne brannte heiß, ideales Datschawetter. Halb Moskau schien hinaus ins Grüne zu fahren. Bis zum Autobahnring kamen sie verhältnismäßig zügig voran, aber dort, wo die Chaussee die Stadtgrenze schnitt, staute sich der Verkehr. Wie zu Sowjetzeiten winkten die Polizisten an diesen Kontrollpunkten willkürlich Autos aus der Schlange, verlangten die Papiere und warfen nicht selten einen Blick in den Kofferraum. Sie suchten nach Sprengstoff. Seitdem zwei Moskauer Wohnblocks explodiert waren, galten vor allem Minibusse, Transporter und Lkw als verdächtig und wurden an diesen Straßensperren durchsucht. Aus diesem Grund hatte Mowsar für die Frauen ausschließlich Pkw samt Fahrer aufgetrieben. Und deshalb waren sie ausgerechnet an einem Freitag losgefahren. Inmitten der Datschniki fielen sie weniger auf. Wie die anderen Frauen hatten Medina und Hejda das Haus ohne Kopftuch verlassen. Die Tücher hätten unnötig viel Aufsehen erregt, zumal wenn die Autos im Stau feststeckten und die Insassen Zeit hatten, einander näher zu betrachten.

Die Schlange kam nur mühsam voran. Medina flüsterte Hejda zu: »Sie sollten lieber ihre FSB-Leute kontrollieren. Die wissen besser, wer was wo versteckt. Wer statt Zucker Hexogen transportiert.« Zwar war nicht bewiesen, daß tatsächlich Geheimdienstmitarbeiter und nicht tschetschenische Terroristen die Wohnhäuser im Sommer 1999 in die Luft gejagt hatten, aber die Tschetschenen waren fest davon überzeugt, daß die Anschläge nur inszeniert worden waren, um einen neuen Feldzug gegen sie zu beginnen. Auch viele Russen schenkten diesem Gerücht Glauben, wußten sie doch, wie wenig ein Menschenleben in Rußland wert war.

Was bedeuteten schon über dreihundert Tote, wenn Generäle das Geld, das für Waffenkäufe vorgesehen war, in den eigenen Taschen verschwinden lassen konnten. Und was die Offiziere vormachten, bekamen die Soldaten schon lange fertig! Wenn sie Geld für Wodka oder Drogen brauchten, verhökerten sie Kalaschnikows, Granaten, Panzer und was immer das Herz begehrte, kurzerhand an Tschetschenen. Wer schaffte es schon nachzuzählen, wie viele Waffen im Kampf verloren gingen? Und wie wunderbar verdienten erst die Beamten in den Administrationen an den Wiederaufbaugeldern! Wer konnte schon nachprüfen, wie weit ein Schulneubau gediegen war, wenn er sofort wieder von Bomben in Schutt gelegt wurde? Auch Inhaber der wenigen handverlesenen Baufirmen, die nach bester Beziehungspflege in den Genuß dieser Aufträge kamen, rieben sich die Hände. Und wenn die Geldtransporte mit den Renten und Gehältern ausgeraubt wurden? Schließlich wurde gekämpft! Da sind Überfälle an der Tagesordnung. Zumindest sind sie eine schlüssige Erklärung, wenn man die Sümmchen selbst abgreifen wollte. Ja, der Krieg war ein hübsches Geschäft!

Selenogradskij zehrt vom Ruhm der Vergangenheit. Zu Sowjetzeiten war die Siedlung inmitten der Birken- und Nadelwälder ein beliebter Kurort vor den Toren der Hauptstadt gewesen. Heute schien das Leben an ihm vorüberzuziehen. In einem ehemaligen, inzwischen völlig verwohnten Kurhotel hausten seit vielen Jahren irakische Flüchtlinge, denen das Geld und die Verbindungen fehlten, um endlich nach Hause zurückzukehren. Sie waren Gestrandete, vergessen von ihren Landsleuten wie von den russischen Behörden. Diese Flüchtlinge, inzwischen waren auch Afghanen hinzugekommen, verschafften dem Witwenkommando die ideale Deckung.

Außerhalb der Siedlung lag ein Betriebserholungsheim, ebenfalls heruntergekommen. Hier feierten hin und wieder große Gesellschaften Hochzeiten oder andere Feste. Die meiste Zeit stand es leer. Offiziell gehörte es einem georgischen Geschäftsmann, der als Strohmann diente. Tatsächlich befand sich die Anlage im Besitz eines schwerreichen tschetschenischen

Unternehmers. Er gewährte hier ab und an verletzten Kämpfern Unterschlupf und sorgte dafür, daß sie gesundgepflegt wurden.

Das Areal umgab ein mehr als zwei Meter hoher dichter Bretterzaun, der jeden Einblick in das Grundstück verwehrte. Diese Zäune waren in den Datschasiedlungen rund um Moskau eher die Regel denn die Ausnahme. Der alte Baumbestand und die über das Gelände verstreuten zweistöckigen Ferienhäuschen, deren Dächer über den Zaun lugten, vermittelten Passanten den Eindruck, daß hier ein besonders idyllisches Fleckchen Erde vor ihnen lag. Künstlerverbände, Sportvereine und Firmen besaßen derartige Anwesen. Da sie für Außenstehende geschlossen waren, kümmerte sich niemand um sie.

Die Frauen teilten sich zu viert ein Haus, darin bezog jede ein eigenes Zimmer. Erschöpft und fast glücklich ließ sich Medina auf das schmale Bett fallen und schloß die Augen. Einfach liegenbleiben und nicht mehr aufstehen!

Sie ließ den Blick durch den Raum wandern, über die mit dunklem Holz getäfelten Wände, den Schreibtisch, die beiden Sessel und den Couchtisch dazwischen. Sie wunderte sich, daß es so dunkel in dem Zimmer war. Nichts von dem heißen, sonnigen Tag war hier drinnen zu spüren. Sonnenstrahlen, die noch durch die dichten Baumwipfeldrangen, wurden spätestens von den schweren grünen Gardinen gestoppt. Im Vorraum gab ein großer Kühlschrank rasselnde Töne von sich. Medina ging ins Bad. Es war mit quietschgelben Kacheln gefliest, von denen inzwischen viele Risse und Sprünge aufwiesen. Aber was machte das schon! Ein eigenes Zimmer mit Bad – unvorstellbar!

Der Blick auf ihr kleines Gepäck im Flur holte sie in die Gegenwart zurück. In der Reisetasche lagen nicht nur ihr bodenlanges schwarzes Kleid, die pludrigen Baumwollhosen, die man darunterzog, der schwarze Schleier, der bis weit über die Schultern reichte, sondern auch der Gürtel. Sie würden neue Pakete basteln, sie mit Sackleinen und Alufolie umwickeln, die Zündschnüre verankern und an den Gürteln befestigen.

Medina konnte sich keine Situation vorstellen, in der sie bereitwillig diese miteinander verdrahteten Pakete gezündet hätte. Ob das tatsächlich von ihnen erwartet wurde? Bislang hatte es immer geheißen, daß ihnen eine gefährliche, äußerst risikoreiche, aber keineswegs tödliche Mission bevorstünde. Wozu dann also die Sprengstoffgürtel?

In diesem Augenblick, da es herrlich nach frischen Kiefernnadeln und Waldluft duftete, da der Tag so sonnig und warm war, sie in einem eigenen Zimmer endlich für sich sein konnte, liebte sie das Leben. Warum hätte sie sterben sollen? Warum ihrem Sohn die Zukunft vorenthalten?

Hejda stürmte ins Zimmer und riß Medina aus ihren Gedanken. Die kleine Schwester war aufgedreht, lief zum Fenster, beugte sich hinaus. »Wie wunderbar. Wie schön muß es sein, hier Urlaub zu machen.« Medina schwieg, warf ihr nur einen leicht vorwurfsvollen Blick zu. »Ich weiß, daß wir nicht dafür hierhergekommen sind. Aber vorstellen wird man sich es doch wohl noch dürfen!« maulte Hejda. Medina verstand die Schwester nur zu gut.

Auf den Vierertischen im Speisesaal lagen Landkarten, Stadtpläne und das Schema der Moskauer Metro aus. Das Witwenkommando hatte sich stark vergrößert; nicht nur Frauen aus dem Lager, auch andere, Medina und Hejda unbekannte, zum Teil sehr viel ältere Frauen als sie waren hinzugekommen. Die Frauen musterten einander. Als Mowsar den Saal betrat, standen alle auf, wie es ihnen von Kindesbeinen an anerzogen worden war: Wenn ein Mann den Raum betritt, erheben sich die Frauen, selbst eine gebrechliche Alte tut dies, wenn ein noch so kleiner Junge erscheint. Sie waren wieder unter sich, es galten die tschetschenischen Regeln.

»Ihr werdet lernen, euch in der Stadt sicher zu bewegen, nicht aufzufallen und Aufträge zu erfüllen«, kündigte Mowsar an. Er trug den Tarnanzug wie im Lager, Stiefel und eine Pistole im Gürtel. Die Frauen hatten ihre schwarzen Kleider und Schleier angelegt. Mit erwartungsvollen Blicken folgten sie seinen Ausführungen, in der Hoffnung, endlich etwas über den Zweck des Unternehmens zu erfahren. Fehlanzeige.

An ihrem neuen Wohnort kehrten die Frauen zu ihrem Lagerrhythmus zurück: die fünf täglichen Gebete, Lauf- und Krafttraining, Gesprächskreise. Koch- und Reinigungsdienste wurden eingeteilt, Kassettenrecorder aufgestellt, um die Märtyrerlieder abzuspielen, wieder und wieder.

O Allah, mach, daß wir die Wahrheit verstehen,
mach, daß Dich alle schon bald anflehen
Satan hat die Welt verdunkelt
Einzig der Dschihad kann sie wieder erhellen
Doch vor uns liegen Stunden schweren Kampfes
Vor uns stehen die Heere des Feindes
O Allah, mach, daß wir standhalten.

Hejda fragte sich jedes Mal, was ihnen Muzarajews eindringliche Verse sagen sollten. Von welchem Kampf war hier die Rede? Sollten etwa sie, die Frauen, in den Dschihad, den Heiligen Krieg, ziehen? Noch weniger verstand sie, wenn er von der Freude, ein *Schachid* zu sein, sang. Welche Freude war mit einem Kamikazetod verbunden? Wer von ihnen wollte, bitte schön, eine Selbstmordattentäterin werden? Sie – eine *Schachidka*? Niemals!

Wie schon in den Bergen durfte niemand das Lager verlassen, ebensowenig telefonieren oder Briefe schreiben. Medina und Hejda hatte nur selten Gelegenheit, ungestört miteinander zu reden. Ständig war jemand in ihrer Nähe.

Einige Tage später rief Barajew Medina und Hejda zu sich. Er hatte sich im Büro des Ferienheimes einquartiert. Eine Frau aus dem Kommando wurde abgestellt, um ausschließlich ihn zu bedienen. Die Schwestern klopften zaghaft an die Tür, ein Wachmann öffnete und ließ sie wortlos eintreten. Die Frau, die gerade Tee und Gebäck serviert hatte, verschwand blitzschnell und beinahe lautlos. Es war Sinaida, die sie als erste der Schwarzen Witwen im Lager kennengelernt hatten. Wie Medina und Hejda trug auch Sinaida Schwarz.

Mowsar winkte die Schwestern zu sich heran. Im rechten Winkel zu seinem Schreibtisch stand ein Versammlungstisch mit sechs Stühlen, die übliche Anordnung der sowjetischen Chefzimmer. Er wies auf den Tee, lud sie ein, sich selbst zu bedienen. »Setzt euch! Ich habe eine Aufgabe für euch. Ihr werdet arbeiten.«

Die beiden schauten ihn verdutzt an.

»In einem Theatercafé. Ihr werdet an die Gäste in den Pausen Getränke verkaufen.«

»Was für ein Theater, was für ein Café? Warum können wir nicht hierbleiben? Bei den anderen. Zusammen mit ihnen einen Auftrag erfüllen?« fragte Hejda.

Mowsars Augen blitzten, er ärgerte sich über diese Fragen. Er beherrschte sich, sie nicht anzufahren. »Ihr versteht noch nicht. Dies ist der Beginn der großen Aufgabe. Und ihr begreift nicht, welche Ehre es für euch ist, als erste daran mitzuwirken. Wollt ihr unserem Volk dienen? Wollt ihr den Krieg stoppen? Oder habt ihr es euch inzwischen anders überlegt?«

»Nein, nein«, versicherte Medina eilig.

»Wir dachten nur …«

»… daß ich euch fortschicke? Aber nein. Also hört zu, was ihr zu tun habt …«

Am nächsten Vormittag stiegen beide Schwestern an der Station Selenogradskaja in die Elektritschka, den Vorortzug, der die Pendler nach Moskau brachte. In den offenen Abteilen befanden sich zu dieser ruhigen Stunde nur wenige Fahrgäste, zumeist Trinker. In schmutziger Kleidung, mit verfilzten Haaren und ungewaschenen Gesichtern hielten sie sich an ihren Wodkaflaschen fest. Über den Boden des Waggons rollten die verbogenen Flaschendeckel, die sich, einmal aufgebrochen, nicht wieder verwenden ließen. Die Schwestern ekelte dieser Anblick, und sie waren sehr erleichtert, als sie am Kiewer Bahnhof endlich aussteigen konnten.

Hier herrschte dichtes Gedränge. Wie am Pawelezker Bahnhof schleppten auch hier Händler schwer an den großen karierten Taschen. Sie strömten in Richtung Dorogomilowo-Markt, der ganz in der Nähe des Bahnhofs lag. Gepäckträger schoben breit ausladende Karren, auf denen sich mannshohe Ballen stapelten. Wer nicht von selbst zur Seite sprang, drohte überrollt zu werden.

Reisende, die nach Brjansk, in die Ukraine, auf die Krim, nach Weißrußland oder Bulgarien unterwegs waren, ruhten sich unter freiem Himmel auf ihren Taschen aus und hatten alle Zeit der Welt. Ihre Züge gingen erst am Abend, so sparten sie eine Übernachtung in der Hauptstadt. Wer ohne Ticket war, wurde nicht in den Wartesaal gelassen. Bei dem strahlenden Sonnenschein lockte es ohnehin niemanden dorthin. Der schnelle Strom der hastenden Passanten wurde ab und an von einem sich dahinschleppenden Obdachlosen gebremst. Sobald sich diese armen Gestalten setzten, scheuchte sie das Bahnhofspersonal hoch.

Medina und Hejda erinnerte das Gewusel am Kiewer Bahnhof an ihre Ankunft vor wenigen Wochen. Wieder mußten sie den Eingang zur Metro finden und dafür einfach nur den Menschenmassen folgen. Ein lauer Wind wehte von der Moskwa herüber. Sie hatten Zeit und gestatteten sich einen kurzen Abstecher zum Fluß. Neugierig näherten sie sich der Menschentraube, die sich an einem Steg versammelt hatte. Von dort starteten Dutzende Ausflugsschiffe, die mit den Touristen an Bord den Fluß hinunterschipperten. Ein Aushang, illustriert mit Fotos, beschrieb die Strecke: vorbei an den Sperlingsbergen mit der Sprungschanze auf der rechten Seite, dem großen, halbüberdachten Oval des Luschniki-Stadions gegenüber, dem Gorki-Park mit seiner antiquierten Achterbahn und dem klapprigen Riesenrad, der protzigen Erlöserkathedrale, der backsteinroten Fassade der Pralinenfabrik »Roter Oktober« und schließlich dem rotummauerten Kreml. Türme, Sowjetsterne, Goldkuppeln. Medina und Hejda studierten die Route genau, doch keine gestand der anderen, wie gern sie eine solche Fahrt unternommen hätte. Moskau von seiner Schokoladenseite, zumal bei diesem herrlichen Sommerwetter. Sie wandten sich ab.

Am Metroeingang kauften sie zwei Monatskarten und gingen damit an den Lichtschranken vorbei durch den Extraeingang für alle Fahrgäste mit Sonderausweisen. Die Kontrolleurin warf einen flüchtigen Blick auf ihre Tickets, und schon brachte sie die Rolltreppe hinunter in die Tiefe. Die Menschen, die ihnen von unten nach oben entgegenfuhren, schienen alle schief zu stehen. Hejda fand den Anblick so lustig, daß sie Medina anstupste und kicherte: »Gleich kugeln sie alle rückwärts runter!«

Von der »Taganskaja« mußten sie nur noch eine Haltestelle bis zur »Proletarskaja« fahren. Die Station lag an der Dubrowsker Straße. Sie suchten das Theater in der Melnikowstraße, und kurz darauf hatten sie es auch schon entdeckt. Eine große Leinwand verkündete, was derzeit gespielt wurde: »Nordost – Klassisches Musical«. Blaue Lettern auf einem strahlenden Sommerhimmel, an dem Möwen segelten. Hejda und Medina sagte der Titel nichts. Die Leinwand mit den weißen Wolken ließ nur noch den Blick auf den Eingang frei und verdeckte den Rest des abweisenden Betonklotzes.

Medina und Hejda kam das Betriebskulturhaus bekannt vor; fast alle Kulturhäuser aus der Sowjetzeit sahen so aus. Zwischen Kaliningrad und Wladiwostok tanzten Kinderballette, sangen Frauenchöre in solchen häßlichen Klötzen. Medina und Hejda überquerten die freie Fläche, die mit Platten gepflastert war. Auf dem angrenzenden Parkplatz waren nur wenige Autos abgestellt, die Eingangstür stand offen. Durch die Glasfront des Erdgeschosses drang jede Menge Licht in das Foyer. Die langen Garderobenständer waren offensichtlich neu, nichts zu sehen vom üblichen Mief der dunkel getäfelten Hakenreihen.

Kein Mensch kam ihnen entgegen, aber die Geräusche aus dem ersten Stock sagten ihnen, daß schon Betrieb herrschte. Sie stiegen die breite Treppe hinauf und sahen ein offenes Büro. Weiter hinten auf dem Gang waren eine Reinigungsfrau und ein Hausmeister so sehr ins Gespräch vertieft, daß sie kaum einen Blick an die beiden Frauen verschwendeten.

Hejda klopfte an die offene Tür. Eine junge Frau zog sich gerade vor ihrem Tischspiegel die Lippen nach. Sie sah kurz auf. Ohne jede Verlegenheit oder Eile vollendete sie ihr Werk und wandte sich ihnen schließlich mit fragend nach oben gezogenen Augenbrauen zu. Mowsar hatte ihnen gesagt, wie die Verwaltungschefin hieß: Nina Alexandrowna Ladogina. Hejda sprach sie mit der höflichsten aller Möglichkeiten an.

»Nina Alexandrowna, wir haben gehört, daß Sie für das Theatercafe Personal suchen, und wollten fragen, ob das immer noch der Fall ist.«

»Wer sind Sie denn? Von wem haben Sie das gehört?«

Medina nannte, wie es ihnen aufgetragen worden war, den Namen von Aslan Sawgajew, einem einflußreichen, schwerreichen tschetschenischen Geschäftsmann der Moskauer Diaspora. Das Gesicht der Verwaltungschefin hellte sich auf. »Aslan schickt euch? Ja, dann kommt doch mal mit.« Sie erhob sich, strich den Rock ihres grauen Kostüms glatt und ging mit flotten Schritten voraus. Wie sie ein solches Tempo mit derart hohen Pfennigabsätzen vorlegen konnte, war Medina und Hejda schleierhaft. Sie eilten ihr nach. Beide trugen schwarze moderne Hosen und bunte kurzärmelige Blusen. Wie junge Frauen im Sommer eben. Nina Alexandrowna dreht sich in ihrem schnellen Schritt zu ihnen um und fragte: »Und woher seid ihr?«

»Aus Selenogradskij«, antwortete Hejda. Sie wollte hinzufügen, daß sie dort schon seit dem ersten Tschetschenienkrieg lebten, aber der Verwaltungschefin genügte diese Auskunft. Sie liefen an den Saaleingängen vorbei auf die andere Seite des Gebäudes. In einer Ecke war eine Bar aufgebaut, dahinter klirrte es, zu sehen war aber niemand.

»Lena, bist du hier?« rief Nina Alexandrowna.

Mit zwei Martiniflaschen in den Händen erhob sich eine zierliche Blondine aus der Hocke. Sie war gerade dabei, einen Karton auszupacken. »Lena, du brauchst doch Mädchen, die abends mit verkaufen, hier sind ...« Sie wandte sich an Medina und Hejda: »Wie heißt ihr eigentlich?«

»Medina.«

»Hejda.«

»Überleg es dir und sag mir, ob dein Personalproblem damit gelöst ist.«

Nina Alexandrowna verabschiedete sich mit einem fröhlichen »paka« – »Tschüss« – von der stark geschminkten Barfrau und den beiden Schwestern und stöckelte zurück in ihr Büro.

Lena wandte sich ihnen zu: »Euch schickt der Himmel! Könntet ihr heute Abend schon einspringen?«

»Sicher! Alle beide?«

»Ja, zwei meiner Mädchen sind ausgefallen. Wißt ihr, ihr helft mir hier beim Auspacken, und ich zeige und erkläre euch dabei, was ihr zu tun habt. Einverstanden? Was für ein Glück, daß ihr so früh dran seid. Bis heute abend seid ihr fit!«

Sie verbrachten den Nachmittag und frühen Abend mit dem Schleppen von Saftkartons, stellten Wasserflaschen und Coladosen in den Kühlschrank mit den großen Glastüren. Leere Kognak- und Whiskyflaschen wurden gegen volle ausgetauscht. Dabei erfuhren sie, daß die Leute, die in das Musical kamen, keine großen Trinker harter Sachen waren. »Das ist den meisten zu teuer, und es paßt für sie anscheinend nicht zu einem Theaterbesuch.«

Als jede Bar ausreichend mit Getränken bestückt war, beorderte Lena sie in die Küche. Dort war bereits eine ältere Russin dabei, Weißbrot aufzuschneiden. Sie bestrichen die Scheiben mit Butter und löffelten kleine Häufchen Kaviar darauf oder belegten sie mit Lachs-, Käse- und Salamischeiben. Die Russin war eine freundliche einfache Frau, sie freute sich, daß die beiden so flink in der Küche halfen.

Um halb sieben belebte sich das Theater sichtlich. Die Verkäuferinnen an den Souvenirständen schlossen die Glasvitrinen auf.

»Ich würde gern wissen, was sie verkaufen«, sagte Medina.

»Geh! Ich halte solange die Stellung.«

Medina wagte einen kurzen Ausflug durchs obere Foyer. Keine der Verkäuferinnen nahm von ihr Notiz. In Ruhe konnte sie sich die auf alt gemachten Sowjetplakate ansehen, Marke: »Ne boltai!« Darauf war eine Arbeiterin im Kopftuch zu sehen, die den Finger zu einem »Pst!« an die Lippen legt. Schwatz nicht, hüte deine Zunge, verrate nichts dem Feind! Ein berühmtes Plakat aus der Stalinzeit, in der jeder Ausländer als potentieller Spion galt. Heute hatte dieses Plakat seinen Schrecken verloren, man machte sich über die Sowjetpropaganda nur noch lustig.

Ein wenig verklärten diese auf historisch getrimmten Plakate aber auch die keineswegs gute alte Zeit.

An den Souvenirständen wurden außerdem Feldflaschen aus Blech verkauft, wie sie die Sowjetarmee benutzt hatte. Olivgrün gestrichen, mit einem baumwollenen Säckchen überzogen und mit einem Schraubverschluß versehen, den ein Kettchen hielt. Fehlte nur noch der Sowjetstern! In Medina erwachten sofort schreckliche Erinnerungen an die russischen Soldaten, die ihren Mann auf dem Gewissen hatten. Sie entfernte sich so schnell sie konnte von diesen Ständen und ging zu Hejda zurück.

Die Garderobenfrauen nahmen ihre Positionen ein, die ersten Besucher betraten das Theater. Lena hatte ihnen erzählt, daß die Vorstellungen seit Monaten jeden Abend fast ausverkauft waren. Wer das Musical besucht hatte, empfahl es weiter, denn nie zuvor hatte es angeblich etwas Vergleichbares gegeben. Rußland und Musical – für Hejda waren das zwei Dinge, die nicht zusammenpaßten. Amerika und Musical – das ja, das hatte sie im Fernsehen gesehen. Aber sie ließ sich gern eines besseren belehren.

Sie schnappte sich ein Programmheft, das irgend jemand verloren hatte, und las: »Nordost« war die Geschichte zweier Piloten, in der es um die Liebe zu den Frauen und dem Vaterland, also der Sowjetunion, ging. Die Erzählung »Zwei Kapitäne« von Wenjamin Kaverin, stand in dem Heftchen, hatte als Vorlage gedient. Was sollte das werden? Fingen sie an, die Sowjetarmee und die Stalinzeit zu verherrlichen?

Alle Zuschauer mußten einen Metalldetektor passieren, die Handtaschen der Frauen und Aktenkoffer der Männer wurden zusätzlich inspiziert. Doch wie stets herrschte bald Chaos. Hejda beobachtete, wie etliche Theaterbesucher unkontrolliert an der lästigen Schleuse vorbeischlüpften. Als der Gong das dritte Mal ertönte, begaben sich die Zuschauer in den Saal. Obwohl es schon kurz nach 19 Uhr war, herrschte im Foyer und auf den Fluren immer noch großes Gedränge. Viele hasteten gerade erst ins Gebäude und wollten nun so schnell wie möglich ihre Plätze erreichen. Der Beginn der Vorstellung verspätete sich fast immer und damit auch die Pause.

Lena hatte sie schon vorgewarnt. Für die Moskauer war die Anfangszeit von 19 Uhr wegen der Staus auf den Straßen kaum zu schaffen. Zu Sowjetzeiten, als das Tempo sehr viel gemächlicher war, nur wenige Autos fuhren und man sich auf einen Theaterbesuch tagelang generalstabsmäßig vorbereiten konnte, stellte diese frühe Anfangszeit kein Problem dar. Aber wer heute nicht zu spät kommen wollte, mußte sich fast einen halben Tag frei nehmen.

Hejda und Medina sahen, wie sich endlich die Saaltüren schlossen. Musik ertönte. Die Schwestern machten es sich auf einem Heizkörper im Flur bequem und hörten dem Orchester zu. Sie blieben in Reichweite ihres Tresens, den Lena ihnen zugeteilt hatte. Heute, an ihrem ersten Tag im Theater, hatten sie noch nicht zu fragen gewagt, ob sie das Musical auch einmal anschauen durften. Lena hatte ihnen aber angedeutet, daß sie in den nächsten Tagen bestimmt in den Saal gelassen würden.

Eine Souvenirverkäuferin kam an die Bar. Hejda fragte nach ihren Wünschen. »Kaffee, einen doppelten amerikanischen.« Das hieß einen doppelten Espresso. Hejda startete die Kaffeemaschine.

»Bist du neu hier?«

»Wir sind neu hier. Das ist meine Schwester.«

»Wie heißt ihr?«

»Ich bin Hejda, und das dort drüben ist Medina. Und wer bist du?«

»Irina. Wo kommt ihr her?«

»Aus Selenogradskij. Und du?«

»Jasenowo.«

»Jasenowo? Da hast du es ja auch weit bis hierher.« Hejda war froh, daß sie diesen Stadtteil kannte, so konnte sie den Anschein erwecken, daß sie schon eine Weile in Moskau lebten.

»Ja, aber was willst du machen, es ist eben Moskau. Da haben es alle weit. Aus Selenogradskij seid ihr? Seid ihr Tschetschenienflüchtlinge?«

»Ja, im ersten Krieg sind wir weggegangen.«

»Na, dann kennt ihr ja Moskau inzwischen. Wißt ihr, daß sie umbauen wollen?«

»Was umbauen?«

»Na, hier die Cafés. Die sollen erweitert werden, mehr Sitzplätze, größere Tresen, damit es in den Pausen schneller geht und mehr verkauft werden kann. Aber keine Angst, sie wollen das bei laufendem Betrieb erledigen.«

Der Andrang in der Pause war kaum zu bewältigen. Lange Schlangen bildeten sich vor den Tresen. Waren die Leute an der Reihe, konnten sie sich nicht entscheiden. Viele fingen offenbar erst in diesem Augenblick an zu überlegen, was sie wollten. So ging alles noch viel langsamer als nötig. Butterbrote und Schokolade, auch Törtchen und dazu Kognak oder halbtrockener Schampanskoje waren die Renner. Die Leute gönnten sich etwas, erwiesen sich als Naschkatzen, die aus dem Theaterbesuch ein kleines Fest machten.

Manchmal ging es mit dem Wechselgeld nicht schnell genug, mitunter dauerte es zu lange, eine neue Sektflasche zu öffnen. Insgesamt jedoch meisterten Medina und Hejda ihre Aufgabe. Sie waren ein gutes Team. Hejda, die kontaktfreudigere, fragte nach den Wünschen, gab sie an Medina weiter, packte selbst mit an und rechnete blitzschnell die Summen aus. Ein Naturtalent!

Medina war froh, daß sie mit Hejda hier arbeitete. Ohne sie wäre der Start nicht so reibungslos verlaufen.

Als auch der letzte Zuschauer wieder im Saal verschwunden war, machte Hejda die Abrechnung, Medina räumte auf. Sie brachten die Tabletts zurück in die Küche, wo sie auf die Mädchen von den anderen Ständen trafen. Sie begrüßten sie kurz. Man fragte, wer welche Metro, welchen Bus nehmen mußte. Hejda und Medina wurden abgeholt. Sie hatten am Nachmittag im Lager angerufen, um Bescheid zu geben, daß sie bis zum Abend bleiben mußten. Ein silberfarbener Lada, neueres Modell, würde auf sie warten. Sie erfuhren die Nummer des Kennzeichens, den Namen des Fahrers kannten sie nicht.

Obwohl der Parkplatz voller Autos war, fanden sie den Wagen sofort. Ihr Chauffeur stellte sich als ein Mann vom Lagerwachdienst heraus. Es ging auf elf zu. Die beiden Frauen waren erschöpft. Dennoch sprachen sie auf dem Rücksitz leise über ihre Erlebnisse.

»Sie gehen ins Theater, essen Lachsbrote und trinken Sekt. Und bei uns leben die Menschen in Ruinen oder Flüchtlingslagern!« empörte sich Hejda. Medina gab ihr recht: »Das ist für sie einfach ganz weit weg. Ob die überhaupt wissen, wo Tschetschenien liegt?«

Das Auto fuhr über den inzwischen freien Gartenring durch die stille Stadt, die von unzähligen Reklametafeln erleuchtet war. So leer und bunt von den Lichtern wirkte Moskau in der Dunkelheit viel freundlicher als am Tage. Der Fahrer lenkte den Wagen über die Dorogomilowskaja auf den breiten Kutusowskij-Prospekt, auf dessen zehn Spuren normalerweise dichter Verkehr herrschte, die jetzt aber kaum befahren waren. Sie fuhren vorbei an den Stalinwohnblocks, dem Triumphbogen. Am Park des Sieges sprudelte in langen Fontänenreihen rotes Wasser in den Abendhimmel. Ein plumper Versuch, das Blutvergießen auf den Schlachtfeldern des Zweiten Weltkrieges nachzuempfinden.

Sie fuhren noch ein Stück auf dem Autobahnring. Dann wurde die Straße enger und trug sie hinein in die tiefe schwarze Nacht. Gegen halb eins stoppte der Lada vor der Lagereinfahrt. Der Fahrer weckte die beiden mit leiser Stimme. »Wir sind da.«

Als sich die Tore von innen schlossen, stiegen sie aus und wurden auch schon von Mowsar in Empfang genommen. »Glückwunsch, das habt ihr gut gemacht. Erzählt, was ihr beobachtet habt!«

»Sie werden umbauen. Aber die Cafés arbeiten weiter. Sie werden Handwerker benötigen«, berichteten die Schwestern.

»Sehr gut, ausgezeichnet!« meinte Barajew.

»Ruht euch jetzt aus, meine Schwestern, morgen müßt ihr frisch sein. Gute Nacht.«

Gerechte Strafe

Umar griff vorsichtig in den Kofferraum des weinroten Lada. Er hob den Sack hoch und trug ihn in die Wache. Sein Kollege, mit dem er Nachtschicht schob, schlief. Umar hatte den Wagen von Achmed und Aslan übernommen und führte nun aus, was sie ihm aufgetragen hatten.

Nicht, daß für ihn die gute Belohnung ausschlaggebend gewesen wäre. Das Vorhaben entsprach seinem tiefsten Wunsch. Schon lange ging ihm der gemeinsame Dienst mit den Russen gegen den Strich. Was hatten Russen auf einer tschetschenischen Polizeiwache zu suchen? Er – ein tschetschenischer Polizist – wurde gezwungen, mit Russen für Moskau zu arbeiten. So weit würde es noch kommen!

Die Polizeiwache des Wohnbezirkes Staropromyslowskij war

von fünfstöckigen Blocks umringt. Das Stadtviertel war bei den Bombenangriffen auf Grosny weitgehend verschont geblieben. Doch der Blick aus dem Fenster hinunter auf das flache Polizeigebäude erinnerte die Menschen ständig daran, wie weit der Frieden entfernt war. Die Wache, auf der früher kleine Diebe und Schläger festgehalten wurden, war zu einer Festung ausgebaut worden. Schwere Betonplatten engten die Zufahrt ein, im Windfang stapelten sich Sandsäcke, vor die Fassade war eine zusätzliche Ziegelsteinwand gemauert worden. Von den Fenstern blieben nur noch Schlitze wie Schießscharten übrig. Obwohl kaum Platz dafür war, hatte man auch noch einen Zaun aus Betonplatten zwischen die Wache und die Wohnblocks gequetscht.

Wie viele Russen hatte Umar schon erlebt! Sie wurden monatsweise abgestellt aus ihren Heimatorten und konnten mit einer Dienstreise ins Krisengebiet mehr als nur ihr Gehalt aufbessern. Wer das Risiko auf sich nahm, im Konfliktgebiet Dienst zu tun, machte hinterher schneller Karriere. Diesmal waren Männer aus Rostow am Don da, aus dem Süden also. Eigentlich ganz nette Burschen, gar nicht mal so verkehrt – aber eben Russen. Die Tschetschenen trauten ihnen nicht, umgekehrt die Russen den Tschetschenen erst recht nicht. Schließlich waren sie hierher entsandt worden, um »die Ordnung wiederherzustellen«. Weil es so viele »dienstreisende« russische Milizionäre gab, war es für Umar immer schwieriger geworden, seine Bekannten auf der Wache unterzubringen. Arbeitsplätze waren in Tschetschenien rar, und ausgerechnet Russen besetzten die begehrten Stellen.

Umar schwitzte. Drei große Säcke hatte er schon in den Aufenthaltsraum geschleppt. Nur noch einen mußte er in dem Bettkasten des ausziehbaren Sofas verstauen. Damit war der Kasten voll. Er schätzte, daß jetzt achtzig Kilo hier lagerten. Nun nur noch die Drähte. Er verband alle miteinander, klemmte sie an den Zündmechanismus und stellte das Handy auf die Weckfunktion. Sicherheitshalber verglich er die Uhrzeit auf seinem zweiten Handy. Dann aktivierte er statt der Klingelfunktion den Vibrationsmechanismus und legte es in den Bettkasten. Zum Schluß zog er die Liegefläche der Couch hinunter. Noch ein paar Zeitungen auf dem Sofa verstreut. Fertig.

Umar verließ den Pausenraum und schaute nach seinem russischen Kollegen. Der hatte es sich in einer Zelle bequem gemacht, drüben, in dem abgelegenen Trakt. Dort hielten sie derzeit keine Häftlinge gefangen. Noch drei Stunden bis zum Schichtwechsel. Für den Tagesdienst waren die meisten der rund zwanzig Kollegen eingeteilt. Er allerdings hätte dann seine Nachtschicht hinter sich und würde nach Hause fahren. Er ging auf den Parkplatz zu seinem Wagen. Dort rief er Achmed an und sagte lediglich »6.18 Uhr«. Der vereinbarte Code, der signalisierte, daß alles wie geplant lief.

Aus dem Handschuhfach holte er die Videokamera heraus, prüfte die Funktionen und legte sie zurück. Er brach auf zu einem Rundgang durch die Wache. Gut, daß sie derzeit nur zwei Gefangene hatten. Saboteure, die die Strommasten im Industriegebiet sprengen wollten. Auch sie hatten damit Geld verdienen wollen. Selbst Umar konnte nicht mehr sagen, wo genau die Fronten verliefen, wer für oder gegen wen in wessen Auftrag tätig wurde.

Der Morgen graute, Umar trat vor die Tür. Im Wohngebiet hörte er jemanden die Straße fegen. Das konnte nur die kleine Alte sein. Umar sah sie. Auch heute war sie gekleidet wie eine Landstreicherin. Immer schlurfte sie in billigen, ausgetretenen Basketballschuhen, die an den Frauenbeinen voller Krampfadern grotesk aussahen, über den Hof. Ihr Rock und die Kittelschürze darüber endeten in zipfeligen Säumen. Die Straßenkehrerin trug sommers wie winters einen Anorak, der speckig glänzte, so als würde er wie ein Magnet all den Schmutz an sich ziehen, den sie jeden Morgen fein säuberlich zusammenfegte. Mit ihrem spitzen Hut sah sie aus wie ein kleiner schmuddeliger Clown. Wenn sie ihre Arbeit getan hatte, blitzte der Hof zumindest für ein paar Stunden. Ohne sie wäre er längst vollkommen verwahrlost.

Umar schaute ihr eine Weile zu und ging dann in den Aufenthaltsraum. Er kochte Kaffee. Gegen Viertel vor sechs weckte er seinen Kollegen, sah aber zu, daß der sich nicht in den Aufenthaltsraum verirrte. Er brachte die dampfenden Tassen nach vorn in die Anmeldung, wo sie den Tagesdienst und damit ihre Ablösung erwarteten. Der Kollege schlürfte genußvoll den Kaffee und freute sich auf den Feierabend. Schon bald hörten sie das erste Auto eines Tagschichtkollegen. Nach und nach trudelten sie alle ein, es war kurz nach sechs. Der Aufenthaltsraum füllte sich, denn dort stand der Kaffee. Ein Ritual. Die Vorgesetzten waren ebenfalls bereits da. Das Aroma des frisch gebrühten Kaffees mischte sich mit dem Duft von Seife und Rasierwasser. Umar verabschiedete sich, sein russischer Kollege aus der Nacht schwatzte noch mit seinem Bekannten aus Rostow.

Umar startete sein Auto, lenkte es hinunter vom Polizeiparkplatz auf die Straße, die am Wohngebiet vorbeiführte. Er hielt an einer Stelle, von der aus er die Wache frontal im Überblick hatte, holte die Kamera heraus, hielt sie aber noch auf dem Schoß.

6.16 Uhr. Umar nahm den Plastikdeckel vom Objektiv, schaltete die Kamera ein, breitete seine Jacke über sie, so daß nur die kleine Linse herausschaute. Er drückte auf Aufnahme.

6.17 Uhr, las er unten im Kameradisplay. Er umklammerte die Kamera, stellte den Ellenbogen fest auf das Armaturenbrett und versuchte, so wenig wie möglich zu wackeln. Er schaute jetzt nur noch durch den Sucher.

6.18 Uhr. Umar verfolgte, wie die Polizeiwache mit einem lauten Knall in die Luft flog. Links neben dem Windfang riß es das Gebäude auseinander, als sei es geplatzt. Platten, Fensterrahmen, menschliche Körper flogen durch die Luft, eine zweite Explosion folgte, dann eine dritte und gleich darauf die vierte. Die linke Hälfte des Gebäudes war in Trümmer zerfallen, in deren Zentrum ein Krater klaffte. Autos, die zu nahe an der Mauer geparkt standen, hatten die Detonationen fortgeschleudert.

Die Straßenfegerin hatte die Druckwelle lang hingestreckt. Sie rührte sich nicht. Ihr großer Karton, in dem sie das Laub und den Abfall sammelte, war zerfetzt. Umar schaltete die Kamera aus, wickelte sie in seine Jacke und fuhr davon. Auftrag erfüllt.

Als Raissa am Morgen von dem Anschlag im Radio hörte, hatte sie keine Vorstellung, welche Polizeistation es getroffen hatte. Es wurde nur allgemein von Grosny gesprochen. Daß unter den Opfern wieder Tschetschenen und unschuldige Zivilisten waren, verbitterte sie. Warum ziehen sie immer häufiger die eigenen Leute mit hinein? Sie erzählte der Mutter von dem Attentat, behielt ihre Gedanken aber für sich. Doch auch die Mutter meinte sofort: »Warum lassen sie immer öfter Tschetschenen mit sterben?«

Raissa beschloß, in den Dorfladen zu gehen. Sie wollte mehr über den Anschlag erfahren. In dem kleinen Geschäft war er sicher Gesprächsthema Nummer eins. Vor dem Eingang standen die Frauen in Grüppchen und redeten lautstark durcheinander. »Zwanzig Tote sollen es sein!« – »Die meisten waren Polizisten aus Rußland.« – »Was wollen die auch hier?«

»Es war in Staropromyslowskij.«

Raissa hatte bislang nichts gesagt. Als sie Staropromyslowskij hörte, zuckte sie zusammen. Staropromyslowskij? Staropromyslowskij war der Stadtteil von Grosny, in dem sie auf der Polizeiwache mit ihren Schwestern gefoltert worden war. Von diesem Augenblick an wußte Raissa, daß hinter diesem Anschlag nur ihre Brüder stecken konnten.

Sie mußte sich beherrschen, nicht nachzufragen. Die Dorffrauen hätten ihr ohnehin nicht mehr sagen können. Außerdem wußte sie, daß sie nicht gern mit ihr redeten. Denn es waren ihre Brüder, die als erste in die Berge gezogen waren. Seitdem wurde Raissas Familie dafür verantwortlich gemacht, daß die anderen folgten. Niemand wagte, diesen Vorwurf laut auszusprechen. Aber die Freundinnen hatten ihr erzählt, wie man in den Familien darüber dachte. Obwohl alle den Kampf gegen die Besatzer unterstützten, wollte doch keine Mutter ihren eigenen Sohn freiwillig hergeben.

Als die Russen bei ihren sogenannten Säuberungen wieder und wieder Raissas Brüder suchten, durchkämmten sie auch andere Höfe und nahmen mit, was ihnen an männlichen Personen zwischen die Finger geriet. Hinterher beschuldigten die Frauen Raissas Familie, sie hätte Unglück über das Dorf gebracht. Als sich mehr und mehr Mädchen im Dorf dem Witwenkommando angeschlossen hatten, wurde Raissas Familie regelrecht angefeindet. Die Brüder galten als Anwerber. Raissa hatte das anfangs für eine Verleumdung gehalten, bis zur Rekrutierung ihrer eigenen Schwestern. Ob sie im Dorf überhaupt schon registriert hatten, daß Medina und Hejda nicht mehr da waren?

Raissas bescheidene Eltern hatten sich nie in den Mittelpunkt gedrängt, versuchten immer, unauffällig zu bleiben. Sie waren nicht reich, aber auch nicht wirklich arm. Sie verspürten nicht den geringsten Wunsch, die Rolle des Wortführers in der

Gemeinde zu übernehmen. Aber sie lebten, solange es die Familie gab, in Assinowskaja und gehörten damit dazu.

Die meisten ihrer Freundinnen waren längst fort. Überhaupt schien das Dorf nur noch aus alten Leuten und Raissa zu bestehen. Die Jungen hatten sich weggeschlichen, um in den Bergen zu kämpfen. Manche waren kaum älter als zwölf, bestens zu gebrauchen als Kuriere. Oder die Kämpfer brachten ihnen bei, Minen zu legen und aus der Ferne zu zünden. Jede Razzia hatte neue Entschlossene hervorgebracht. Sie rächten sich an den Russen für die willkürlichen Festnahmen, für das spurlose Verschwinden von Verwandten und Freunden, für Folter und Mord.

Raissa haßte es, als einzige noch hier zu sein. Mit wem sollte sie reden? Mit diesen keifenden Alten auf der Straße? Fast wäre sie unverrichteter Dinge nach Hause zurückgegangen, was das Getratschte nur noch weiter angeheizt hätte. Sie kaufte Zucker und Mehl. Als sie zu Hause die Einkäufe auf den Küchentisch stellte, schaute die Mutter sie fragend an. »Staropromyslowskij. Sagen sie. Laß uns gleich Nachrichten sehen.«

»Staropromyslowskij?« fragte die Mutter nach. »Das ist doch dort, wo man euch hingebracht hat. O Raissa, das waren sie! Das waren Achmed und Aslan! Sie wollten euch rächen. Das haben sie immer geschworen. Jetzt wird man noch mehr hinter ihnen her sein. Habt ihr damals im Dorf erzählt, wohin genau sie euch gebracht haben?«

»Nein, Mutter. Aber das ist doch egal. Erinnere dich: Uns hat jemand geholfen, die Frau, die ihren Mann gerufen hat, um uns nach Hause zu fahren. Natürlich reden die Leute darüber. Irgend jemand von unseren Bekannten wird es erfahren haben, da kannst du sicher sein. Wir können nur hoffen, daß sich bei der Polizei niemand daran erinnert. Aber darauf verlassen können wir uns nicht. Wetten, daß wir schon bald wieder Besuch bekommen?«

Ob ihre Brüder selbst Hand angelegt hatten? Hatten sie sich tatsächlich bis nach Grosny getraut? Oder hatten sie Helfershelfer beauftragt? Wahrscheinlich. Raissa dachte an die Folterknechte, deren Bekanntschaft sie dort hatte machen müssen. Die taten ihr keine Sekunde leid. Gut, daß sie ihre gerechte Strafe bekommen hatten!

Als die Nachrichten liefen, setzte sich der Vater zu ihnen ins Wohnzimmer. Auch er horchte bei dem Wort Staropromyslowskij auf. »Das ist doch dort, wo ich euch freigekauft habe! Das war mit Sicherheit Achmeds Werk! Er macht alles nur viel schlimmer.«

Raissa sollte recht behalten. Noch in der gleichen Woche fuhr, wie immer vor Tagesanbruch, ein Geländewagen vor. Vier Männer in Tarnuniformen und Kampfstiefeln klopften ans Tor. Einer trug ein schwarzes Barett, die anderen drei Schirmmützen. Auf den Abzeichen an der Brust und am Ärmel stand »Omon« und »Innenministerium Rußland«. Das Barett sagte Raissa auch ohne die Aufnäher, mit wem sie es zu tun hatte: mit der Spezialeinheit der russischen Polizei, besser ausgebildet als die gewöhnliche Miliz, bekannt für ihr brutales Vorgehen. Auch in diesen Einheiten gab es immer mehr Tschetschenen. Sie waren hochbezahlt und verrieten für ein paar Rubel Allah und Vaterland.

Raissa hatte sich den Trainingsanzug über das Nachthemd gezogen, ein Tuch umgebunden und öffnete.

»Bist du Medina?« sprach sie der Anführer mit dem Barett auf Tschetschenisch an.

»Nein.«

»Hejda?«

»Nein.«

»Also Raissa!«

»Hm.«

»Hol deine Schwestern, wir müssen mit euch reden!«

»Meine Schwestern sind nicht hier.«

»Wo sind sie?«

»Bei unserer Großmutter. Sie pflegen sie, sie liegt im Sterben.«

»Wo?«

»In Chasawjurt.«

»Wir werden es prüfen, verlaß dich drauf. Dann reden wir jetzt mit dir.«

»Worüber?«

»Stecken deine Brüder hinter dem Anschlag auf die Wache?«

»Woher soll ich das wissen? Aber warum sollten sie?«

»Frag nicht so scheinheilig! Weil es genau die Wache war, auf der ihr gewesen seid.«

»Ich weiß nicht, welche Wache es war. Irgendeine in Grosny. Aber da gibt es viele.«

»Es war aber nun zufälligerweise genau eure. Wo sind deine Brüder?«

»Ich weiß es nicht.«

»Wann waren sie das letzte Mal hier?«

»Keine Ahnung, das ist ewig her.«

»Was heißt ewig? Letzte Woche, vergangenen Monat, im Frühjahr? Sag schon!«

»Nein.«

»Nein was?«

»Sie waren nicht gestern hier, auch nicht letzten Monat und auch nicht im Frühjahr. Ich sagte doch schon, ich habe sie ewig nicht gesehen.«

Raissa rechnete damit, daß sie sie wieder mitnehmen würden. Doch seltsamerweise winkte der Anführer ab. Er gab seinen Männern ein Zeichen, Haus und Gehöft zu durchsuchen. Wenig später waren sie verschwunden.

Die Brüder ließen sich nicht blicken, und auch von den Schwestern hatten sie seit Wochen kein Wort gehört. Raissa hätte niemals gedacht, daß sie sich je so einsam fühlen könnte. Sie, die aus einer Familie mit zehn Kindern stammte, die immer Freundinnen hatte! Die Totenstille im Haus machte sie krank.

Die Zwillinge

Am Abend erlebten Raissa und ihre Mutter eine Überraschung, mit der sie nicht im entferntesten gerechnet hätten. Gerade als die Nachrichten zu Ende waren, ging die Tür des Wohnzimmers auf, und Adam und Alichan, die Zwillingsbrüder, traten ein. Raissa stand der Mund offen, die Mutter gab einen kleinen Schrei von sich. Beide Frauen blieben wie angewachsen sitzen.

»Was denn, wollt ihr uns nicht begrüßen?«

»Doch, doch natürlich.« Die Mutter erhob sich schwerfällig aus dem Sessel. Adam, der wenige Minuten ältere der Zwillinge, faßte sie bei der Hand und half ihr hoch.

Sie schloß ihre Söhne in die Arme. »Daß ich euch wiedersehe!«

Raissa stand inzwischen neben ihr und begrüßte ihre Brüder mit der traditionellen seitlichen Umarmung, Hüfte an Hüfte.

Beide waren nicht sehr groß, aber kräftig. Sie sahen einander nicht ähnlich, denn sie waren zweieiige Zwillinge, und sie unterschieden sich auch im Charakter. Mal liebten sie sich, und mal haßten sie sich, für kurze Zeit ging jeder seiner eigenen Wege, doch schon bald kamen sie wieder zusammen.

»Wo wart ihr so lange? Was ist geschehen?« Die Mutter wurde immer aufgeregter, kurzatmiger. »Raissa, hol deinen Vater! Seid ihr hungrig? Ach, was frage ich denn, kommt in die Küche.«

Adam blieb stehen und schmunzelte. »Hauptsache, es gibt

keine Weintrauben!« Die Mutter schaute ihn verständnislos an. »Weintrauben? Um diese Zeit? Es ist doch noch viel zu früh dafür! Was redest du?« Adam war der vorlaute und frechere der beiden. Er grinste sie breit an. Die obere Reihe der Schneidezähne blitzte auf. Alles Gold!

»Wie ist das denn passiert? Habt ihr irgendwo eingebrochen? Habt ihr was gestohlen? Warum hast du überhaupt neue Zähne? Deine waren doch in Ordnung!«

Adam schob die Mutter zärtlich ein Stück voran in die Küche, Alichan folgte. Der Vater trat ein und umarmte seine Söhne, er lachte und weinte zugleich. »Ich dachte, ich sehe euch nie wieder!« Die drei Männer setzten sich an den Tisch, die Mutter stellte eine Frage nach der anderen, wartete keine einzige Antwort ab. Der Vater blieb still. Raissa begann auf der Anrichte Brot, Käse, Tomaten und Gurken aufzuschneiden, setzte den Wasserkessel auf und sagte schließlich: »Mutter, wenn du sie nicht endlich zu Wort kommen läßt, erfahren wir gar nichts.«

»Erzählt! Ich bin ruhig.«

Adam fragte verschmitzt: »Die lange oder die kurze Version?

»Laß die Spielchen!« schimpfte die Mutter. »Erzähl! Wart ihr verletzt?«

Alichan begann. Er hatte bis jetzt noch nichts gesagt.

»Es war mitten in einem Gefecht. Wir überquerten die Grenze zu Dagestan. Überall flogen Raketen. Wir rannten über Felder, waren dicht an der Grenze, ihr wißt schon, bei Chasawjurt. Wir suchten einen Unterschlupf, eine Stelle, wo es nicht so gefährlich war. Als wir gerade dachten, daß wir es geschafft hätten, schlug uns jemand von hinten nieder. Es waren Awaren.«

»Dagestaner?« fragte die Mutter ungläubig. »Mitten im Krieg gegen die Russen kidnappen Awaren Tschetschenen? Was sind das denn für Leute?«

Alichan erzählte weiter, wie sie in ein Auto verfrachtet wurden. Der Beginn ihrer Geiselhaft. Die Kidnapper rechneten sich aus, daß sich die beiden Tschetschenenjungen gut an die russischen Soldaten verkaufen ließen. Doch das Geschäft kam nicht wie geplant zustande, denn zur gleichen Zeit hatte eine Gruppe des jordanischen Feldkommandeurs Chattab, der schon seit dem ersten Krieg auf der Seite der tschetschenischen Separatisten kämpfte, mehrere Awaren gekidnappt. Adams und Alichans Geiselnehmer mußten auf das Geschäft mit den Russen verzichten und sich statt dessen wochenlang gedulden, wann sich eine neue Gelegenheit für ein lukratives Geschäft ergeben würde. Ein einfacher Austausch – Tschetschenen gegen Awaren – kam für sie nicht in Frage, sie wollten Geld sehen.

»Wir saßen in einem Käfig, in dem wir uns nicht ausgestreckt hinlegen und auch nicht aufrecht stehen konnten«, berichtete Alichan. »Sie hatten diesen Verschlag eigens für Geiseln zusammengezimmert. Er stand mitten in einem betonierten Raum. Dorthin fiel kein einziger Sonnenstrahl, überhaupt kein Licht. Es war so feucht in dem Betonraum, daß das Wasser an den Wänden herablief. Wir waren schon bald furchtbar erkältet, husteten immerzu. Sie hatten uns, als wären wir Stalltiere, einen Salzleckstein gegeben. Stellt euch vor, es war so feucht in dem Loch, daß das Salz zerbröselte.«

Adam schaltete sich ein: »In dem Verschlag stand ein Eimer, das war unser Klo. In diesem Eimer brachten sie auch das Essen: Weintrauben. Rote Weintrauben. Jeden Tag. Wochenlang. Ihr hättet mich mal sehen sollen! Am ganzen Körper hatte ich lauter rote Pusteln! Ich konnte kaum noch meine Augen öffnen. Aber was hätten wir tun sollen? Wir konnten nur essen oder verhungern.«

Adam hatte von Anfang an nur an Flucht gedacht. Er wollte raus aus dem Verschlag, weg von den Folterern, die ihm mit ihren Gewehrkolben sämtliche oberen Schneidezähne ausgeschlagen hatten. Er hob sein Hemd hoch, und zum Vorschein kamen lange Narben, die sich quer über seine Brust bis hin zu den Rippen zogen.

Niemand sagte etwas. Die Frauen wagten nicht zu fragen. Auch der Vater wartete ab. Dann erzählte Adam von ihrem ersten Fluchtversuch. Sie hatten die Tür mit Ziegelsteinen aufgebrochen und konnten sogar ihre Handschellen auseinanderbiegen. Sie sprangen aus dem zweiten Stock, in dem ihr Käfig stand, doch sie kamen nicht weit. Ihre Bewacher hatten mitbekommen, daß sie fliehen wollten, und fingen sie noch auf dem Hof wieder ein. Wieder wurden sie so schwer geprügelt, daß sie sich tagelang in ihrem Verschlag nicht rühren konnten. Adam gab nicht auf, plante einen neuen Fluchtversuch, doch Alichan wollte ihn davon abhalten. Er hatte genug von den ständigen Schlägen, lieber harrte er in dem Käfig aus, wo die Awaren sie zumindest weitgehend in Ruhe ließen.

Alichan war so verängstigt, daß er sogar Adams Fluchtpläne an die Bewacher verriet. »Könnt ihr euch das vorstellen? Das hat er wirklich getan! Mich, seinen eigenen Bruder verpfiffen!« ereiferte sich Adam, immer noch fassungslos darüber.

»Und könnt ihr euch vorstellen, was der mir für eine Abreibung dafür verpaßt hat?« verteidigte sich Alichan. Er schilderte, wie Adam ihn in dem engen Verschlag verprügelte. Alichan klang versöhnlich, als hätte er eingesehen, daß er die Strafe verdient hatte.

Wie sie es jetzt erzählten, schien es Jahre her zu sein. Die Emotionen kamen nicht wirklich hoch. Gras war darüber gewachsen. Die Sache war ausgestanden, dabei lag ihre Geiselnahme erst wenige Monate zurück. Aber so waren die Zwillinge: gerade noch unversöhnlich und gleich darauf wieder ein Herz und eine Seele.

Die Wachen hatten Adam nicht ernst genommen. Sie glaubten nicht, daß er ein weiteres Mal fliehen wollte. Adam erzählte, wie gründlich er seinen neuen Versuch vorbereitete. Wenn sie ihn auf den Hof führten, damit er ihren Eimer entleeren konnte, taxierte er jedesmal genauestens die Umgebung. Die offene Sommerküche neben dem Haus, der schmale Weg um das Haus herum, dann kam der Gemüsegarten, eine freie Fläche von rund hundert Metern, dahinter der Zaun aus Feldsteinen. Dieses freie Stück über die Beete würde am schwierigsten werden, denn die kleinen Kirschbäumchen boten noch keinen Sichtschutz. Er versuchte, sich alles einzuprägen. Vor dem Einschlafen stellte er sich das Gehöft bei Dunkelheit vor und ging in Gedanken den Weg ab. Am nächsten Tag prüfte er, ob er richtig gelaufen wäre.

Adam versuchte, sich auch die Gewohnheiten der Aufseher einzuprägen, und schließlich, als die Bewacher gerade in der nahen Moschee beim Freitagsgebet waren, ergriff er die Gelegenheit. Draußen lag bereits der erste Schnee. Die Mittagssonne blendete seine lichtentwöhnten Augen. Er suchte sich ein Versteck, in dem er bis zum Abend ausharrte. Erst als es dunkel war, marschierte er los in Richtung Chasawjurt, tagsüber rührte er sich nicht. Solange er sich im Awarengebiet aufhielt, durfte er sich nicht zeigen. In den kleinen Dörfern kannte jeder jeden, und wenn sie ihn auf Awarisch ansprächen, wäre sofort klar, daß er keiner von ihnen, sondern ein Fremder war. Sie würden womöglich Alarm schlagen, und alles würde von neuem beginnen.

Alichan kannte diese Einzelheiten der Flucht wahrscheinlich längst, doch er hörte sie sich noch einmal aufmerksam mit an. Dann erzählte er, wie es ihm derweil ergangen war, wie sich die Geiselnehmer an ihm rächten. In ihrer ohnmächtigen Wut prügelten sie ihn fast zu Tode, er mußte jetzt das allein einstecken, was sie früher zu zweit bekommen hatten.

Raissa hatte kein Mitleid mit ihm. Dieser Verräter! Sie hörte zu, was Adam über Chasawjurt erzählte, daß er dort nachts auf dem Markt in die Verkaufsstände einbrochen war, um sich Kleidung und Lebensmittel zusammenzustehlen, und tagsüber in den Kanalisationsrohren unterhalb des Marktes gewohnt hatte. Daß es ihm irgendwann gelang, in einen der alten Busse auf dem Busbahnhof zu klettern und sich hinter Säcken und Kisten, die dort schon jemand eingeräumt hatte, zu verstecken. Die Mutter fragte ihn, wie er sicher sein konnte, im richtigen Bus zu sitzen, wo er doch nicht lesen könne. Und er erzählte, daß er vorher die Leute beobachtet und ihnen zugehört hätte. Wenn sie an den Frontscheiben mit den Schildern entlangliefen und sich gegenseitig die Ortsnamen vorlasen, wußte er, welcher Bus wohin fuhr. »Und was hättest du gemacht, wenn dich einer der Passagiere entdeckt und verraten hätte?« wollte der Vater wissen.

»In Grosny verrät doch niemand einen Tschetschenen!«

»Wie kannst du dir da so sicher sein?« wandte der Vater ein.

»Und warum bist du dann nicht gleich nach Hause gekommen?« fragte die Mutter vorwurfsvoll.

»Ohne Alichan und ohne Zähne? Na, dich hätte ich sehen wollen! Ich wollte Alichan suchen und befreien, und natürlich brauchte ich erst einmal ein paar Scheine für den Zahnarzt.«

»Woher hast du das Geld genommen?« fragte der Vater.

»Ich hab mir Arbeit auf dem Markt gesucht. Ich habe den Händlern Elektroanschlüsse installiert, so wie du es mir beigebracht hast. Damit habe ich gar nicht schlecht verdient, und irgendwann konnte ich mir die hübschen goldenen Beißerchen leisten.«

Die Mutter hakte nach: »Du hast erst Geld für deine Zähne verdient und dich erst dann um deinen Bruder gekümmert?«

»Weißt du, was ich für eine Wut auf diesen stinkigen Verräter hatte? Am liebsten hätte ich ihn für immer dort schmoren lassen!«

»Er ist immerhin dein Bruder!«

»Was ist hier eigentlich los? Wer hat hier wen verraten?« verteidigt sich Adam. Doch dann wurde er wieder friedlicher: »Beruhigt euch! Schließlich bin ich ja zu meiner Einheit gegangen und hab mir Verstärkung geholt. Sie sind zu fünft losgezogen, allerdings ohne mich, denn sie wollten kein unnötiges Risiko eingehen. Wenn mich jemand von den Awaren erkannt hätte, hätten sie doch gleich geahnt, woher der Wind weht.« Jetzt übernahm wieder Alichan die Erzählung: »Sie kamen nachts, fesselten den Wachhabenden und nahmen mich und ihn mit. Eine awarische Geisel konnte schließlich immer für irgendetwas gut sein.«

Alichan sah erbärmlich aus. Abgemagert und immer noch irgendwie verängstigt, dachte Raissa.

»Bist du jetzt direkt von dort hierher gekommen?«

»Nein, sie haben mich zu Verwandten von einem unserer Männer geschickt. Die sollten mich erst einmal ein wenig mästen. Dabei waren die selbst so arm, sparten sich das letzte vom Munde ab.«

Adam grinste: »Im Vergleich zu vorher sieht er doch jetzt schon wieder aus wie ein richtig fetter Hammel.«

Die Mutter entrüstete sich: »Ihr laßt euch von Fremden durchfüttern, als ob ihr keine Eltern hättet!«

»Mutter, Befehl ist Befehl. Das hat unser Kommandeur entschieden!« rechtfertigte sich Alichan.

Adam grinste wieder frech: »Weißt du, was das erste war, was ich zu dieser stinkigen Verräterseele gesagt habe? Daß wir als erstes unsere Mutter besuchen werden. Daß du zu Hause bist«, sagte er dann zu dem Vater gewandt, »wußten wir ja gar nicht.«

Die Brüder blieben ein paar Tage. Sie schliefen und aßen.

Aßen und schliefen. Sie waren völlig ausgelaugt, tankten Kraft. Der Vater zog alle Register, um seine Söhne dieses Mal im Haus zu halten. Als ehemalige Geiseln ließ man sie höchstwahrscheinlich bei den Razzien erst einmal in Ruhe. Obwohl er dessen nicht wirklich sicher sein konnte, denn nicht selten wurden alle Männer im kampffähigen Alter einfach abgeführt, ohne jede Ausnahme und ohne jede Begründung.

Der Vater versuchte Alichan bei der Ehre zu packen. »Wollt ihr nicht endlich lesen lernen? Raissa könnte es euch beibringen. Ich habe dazu keine Geduld mehr. Sie zeigt es euch, dann lauft ihr nicht mehr wie unwissende Schafsköpfe herum. Was sollen denn eure Frauen später von euch denken, wenn ihr nicht einmal lesen und schreiben könnt! Wer füllt dann die Formulare aus, wenn ihr mal einen Paß beantragen wollt? Oder eure Kinder! Wollt ihr euch vor ihnen blamieren, wenn sie in die Schule gehen und nach ein paar Monaten mehr können als ihr? Kommt, nutzt die Zeit, solange noch keiner weiß, wo ihr seid!«

Den Zwillingen war die Schule von jeher schwergefallen, deshalb schwänzten sie den Unterricht, wann immer sich eine Gelegenheit ergab. Die Mutter konnte kaum nachprüfen, wann die beiden in der Schule waren und wann nicht. Sie hatte schließlich noch mehr Kinder und einen Mann auf Montage. Dazu ständig Krieg. Dann, bei der erstbesten Möglichkeit, waren die Zwillinge den älteren Brüdern in die Berge gefolgt und hatten sich einer bewaffneten Einheit angeschlossen. Dort monierte niemand, daß sie Analphabeten waren. Jungen wie Adam und Alichan gab es eine Menge, und sie taugten zu vielem anderen.

Adam verdrückte sich sofort, er hatte nicht die geringste Lust, sich mit Lernen zu quälen. Doch Alichan schwankte und willigte schließlich ein. Raissa beschloß, mit den russischen Buchstaben zu beginnen. Denn Russisch, nicht Tschetschenisch war die

Behördensprache. In der Familie redeten sie zwar Tschetschenisch, doch jeder konnte auch Russisch. Nicht fehlerfrei, aber für die Verständigung reichte es. Einen ganzen Nachmittag lang übte Raissa mit ihm ein Gedicht aus einer Schulfibel. Jedem Buchstaben war eine Frucht oder ein Tier zugeordnet.

Sie begannen ganz vorn. Das A war dick und rund geraten, denn es stellte eine Wassermelone dar. »Arbuus« auf Russisch. Es folgte ein Kindergedicht rund um die Melone. Es hatte vier Zeilen und insgesamt drei Strophen. Raissa las es Alichan zunächst insgesamt vor. Dann sollte er die erste Zeile lesen.

»Arb…, arb…, arb…« – er presste die Lippen zusammen, hielt die Luft an und stieß die Laute hervor, als würden die besser gelingen, je mehr Druck er gab. Er kam nicht weiter.

»Alichan, was ist?« fragte Raissa. »Lies! Ar-buus! Das heißt Arbuus!«

»Arbuus«, sagte er wie befreit.

»Mach weiter! Lies weiter!«

Alichan schwieg.

Raissa kam eine böse Vorahnung. »Alichan, kennst du diesen Buchstaben? Lies diesen Buchstaben.« Sie zeigte auf das »u« in »arbuus«, das bei »u nas« wiederkehrte.

Alichan sagte nichts.

»Alichan, das ist ein ›u‹. Ein ›u‹! ›Arbuus‹. ›A-r-b-und u.‹ Was ist der nächste Buchstabe nach dem ›u‹?«

Alichan sagte noch immer nichts.

»Weißt du, daß das ein ›s‹ ist?«

Alichan sah sie hilflos an.

Raissa nahm ihm die Fibel aus der Hand und schlug die Doppelseite auf, die alle Früchte und Tiere und damit das gesamte Alphabet abbildete.

Einzeln gingen sie jeden Buchstaben durch. Alichan kannte etwa die Hälfte.

»Na, das ist doch zumindest etwas. Machen wir weiter?«

Alichan nickte.

Sie mühten sich geschlagene drei Stunden, und am Ende konnte Alichan so wenig lesen wie zuvor. Raissa verstand, daß er das Alphabet neu und ganz von vorn lernen mußte.

Und wenn Alichan schon so gut wie nichts konnte, wie mußte es dann erst um Adam bestellt sein? Nicht umsonst hatte er sich geweigert mitzumachen. Die Blamage vor der Schwester wollte er sich ersparen. Raissa fragte ihren Bruder: »Willst du lesen lernen? Ich meine, willst du es wirklich? Dann ist es viel Arbeit, aber es ist nicht unmöglich.«

Alichan versicherte ihr, daß er die feste Absicht hatte.

Doch die Mühe war umsonst gewesen. Schon am Abend mußten die beiden wieder los, sie hatten von ihrem Kommandeur einen Anruf auf ihrem Handy bekommen. Raissa war verzweifelt, die Eltern ebenso. Wie gern hätte sie ihrem Bruder geholfen. Er war über zwanzig und wußte weniger als ein Grundschüler!

Auch wenn sich ihre jungen Körper schnell erholten, hätten die Brüder mehr Zeit gebraucht. Die Mutter verbitterte, daß sie ihre neue Energie gleich wieder bei den Kämpfern in den Bergen verausgaben würden. Sie hätte sie am liebsten festgehalten, ihnen verboten, fortzugehen. Aber wieder einmal mußten die Eltern machtlos zuschauen.

Als die beiden in der Nacht verschwanden, zogen sich Raissa und ihre Mutter nicht wieder in ihre Zimmer zurück, sondern blieben beisammen. Lange saßen sie in den folgenden Tagen nach den Mahlzeiten in der Küche und sprachen über die Brüder. Was sie durchmachen mußten während ihrer Geiselnahme. Adams Flucht, der Verrat von Alichan und jedes Detail, das die Zwillinge geschildert hatten. Die Odyssee der Brüder bestätigte sie in ihrer früheren Einschätzung, daß es sich die beiden gegenseitig unerhört schwermachen konnten. Die wichtigste Neuigkeit jedoch umgingen Raissa und die Mutter geflissentlich. Keine von beiden sprach aus, daß von den sechs Brüdern nun nicht mehr nur zwei, sondern wieder vier Freischärler waren, denen die Russen und auch die tschetschenischen Offiziellen bald auf den Fersen sein würden.

Arbeit im Musicaltheater

Fast wie normale Angestellte fühlten sich Medina und Hejda, wenn sie am Mittag in den Vorortzug in Selenogradskij stiegen und dann die U-Bahn zum Kulturhaus nahmen. Die Arbeit am Theaterbüfett ging ihnen gut von der Hand. Sie hatten sich mit einer Platzanweiserin angefreundet, die sie einmal vom Balkon aus einen Teil der Vorstellung sehen ließ. Später bot die Verwaltungschefin ihnen an, im Saal Platz zu nehmen. Vorausgesetzt, die Versorgung in der Pause würde nicht darunter leiden. Medina und Hejda gingen auf ein Zeichen der Platzanweiserin entsprechend früh hinaus, um rechtzeitig an ihrem Tresen bereitzustehen.

Das Musical strotzte vor Patriotismus, war beseelt vom Stolz auf die Rote Armee. Die beiden Frauen konnten diese Heldenverehrung nicht verstehen, immerhin war es ihr Volk, das heute als Zielscheibe für diese Armee herhalten mußte. Doch selbst wenn sie es sich nur ungern eingestanden: Mitunter nahm sie der Charme des Musicals auch gefangen. Beim Schreibmaschinenballett der Sekretärinnen zum Beispiel, die ein und dasselbe Formular von Hand zu Hand reichten, es unzählige Male unterschreiben und abstempeln ließen, Vorgesetzten präsentierten und wieder weiterleiteten. Die mit Konfekt von den Antragsstellern zur Eile bestochen wurden, die Pralinen wegnaschten, aber deshalb dennoch keinen Schritt zulegten. Eine wunderbare Parodie, bei der sich auch die beiden Schwestern ein Schmunzeln nicht verkneifen konnten. Der ganze Saal lachte, denn die überbordende russische Bürokratie war heute so aktuell wie damals.

Einmal sahen sich die Schwestern den zweiten Teil bis zum Ende der Vorstellung an. Sie hatten zuvor die Erlaubnis bei Mowsar Barajew eingeholt, nach der Pause noch bleiben zu dürfen.

Jeden Tag mußten sie ihm berichten, was im Theater vor sich ging. Wann die Bauarbeiten beginnen, welche Firmen beauftragt werden würden. Ihr Kommandeur schärfte ihnen ein, ja nicht den Moment zu verpassen, an dem Hilfskräfte eingestellt werden würden. Im Lager waren weitere Männer angekommen, wovon Medina und Hejda bislang nur gehört hatten. Sie sollten die zukünftigen »Bauarbeiter« werden.

An mehreren Tagen in der Woche herrschte im Theater schon am Nachmittag Hochbetrieb, immer dann, wenn die Schauspieler und das Orchester probten. Da in dem Musical viele Kinder mitspielten, wurden immer neue Talente gesucht und ausgebildet. Sie lernten im Ballettsaal die fröhlichen Stepptänze, sangen im Chor, hatten Bewegungsunterricht auf der Bühne und waren bei allem mit Feuereifer dabei. Wenn sie durchs Foyer an Medinas und Hejdas Tresen vorbeigingen, tanzten und sangen sie immer noch, so beschäftigt waren sie mit ihrer neuen Aufgabe. Der jüngste Junge war etwa sechs.

Die Kinder wurden mit dem Musical groß. Wenn sie ihren Rollen entwachsen waren, schlüpften sie in neue, die ihrem Alter als nächste entsprachen. Sie wurden von ihren Eltern mit dem Auto gebracht und bis in die Übungsräume begleitet. Wie gern hätten Medina und Hejda selbst eine solche Kindheit gehabt, in der ihr Leben um Lieder und Tänze, Freunde und die unerhörte Chance kreiste, vielleicht selbst einmal ein Star zu werden. Statt dessen hatten sie auf herandröhnende Hubschrauber gestarrt und sich bang die Frage gestellt: Werden sie mit Maschinengewehren schießen oder Raketen abfeuern?

Am Anfang, als sie ins Theater kamen und an allen Ecken und Enden jemand vor sich hinträllerte, das Orchester wieder und wieder die Ouvertüre probte, sich die Sänger und Sängerinnen vor der Vorstellung zunächst einbrummten und dann einsangen, fiel Hejda auf, wie sehr sie Musik vermißt hatte. Wie lange hatte sie nicht gesungen, getanzt. Die Gesänge bei den Trancetänzen rechneten sie nicht mit, denn Musik konnte man die Laute bei einem *Sikr* ja nun wirklich nicht nennen. Zuletzt hatten sie auf Medinas Hochzeit Musik gehört, doch das war nun über ein halbes Jahr her.

Im Wald, im Lager von Selenogradksij, bekamen sie nur die Märtyrerhymnen vorgespielt. Das waren eindringlich beschwörende Gesänge, die sich schwer auf die Seele legten, deren Versen sie lieber nicht folgte, schließlich war sie keine *Schachidka*, keine Selbstmordattentäterin, und sie hatte auch nicht vor, je eine zu werden. Hejda liebte Musik, wenn von ihr Leichtigkeit, Lebensfreude ausging. Früher, als sie noch zu Hause wohnten, hatten sie mit den Freundinnen im Dorf immer die neuesten Titel angehört. Russische oder tschetschenische Popmusik, es machte keinen Unterschied. Sie waren auf dem laufenden, sangen die Lieder mit. Wie lange hatten sie das nicht mehr getan! Hejda fühlte sich wie amputiert.

Plötzlich fing sie an zu kichern. »Weißt du noch?« fragte Hejda und mußte gar nicht weitersprechen. »Ja, ja«, Medina gluckste. »Bussi bussi – tussi tussi? Meinst du das?« Hejda nickte. Dann griff sie eine rote Plastikschüssel vom Theaterbüfett und machte ein geheimnisvolles Gesicht. Die anderen Frauen waren in sicherer Entfernung. Sie setzte sich die Schüssel auf den Kopf und sang: »Bussi, bussi – tussi, tussi…«, schürzte dabei in schneller Folge die Lippen, als würde sie Medina viele Schmatzer zuküssen. Immer weiter diesen albernen Schlager singend, tippte sie grüßend an die »Hutschüssel«, als sei die eine vornehme Melone. Sie strich mit dem Zeigefinger den Rand entlang, klopfte sich auf die Hutmitte und nahm die »Melone« ab. Sie warf sie von einer Hand in die andere, drehte sie vor ihrem Körper und lieferte Medina eine perfekte Steppeinlage. Die saß auf dem Tresen, baumelte mit den Beinen, klatschte und sang mit, soweit sie das vor Lachen überhaupt noch konnte. »Bussi, bussi – tussi, tussi.«

Als Hejda die Show beendet hatte, verbeugte sie sich, die Schüssel an den Bauch gepreßt, setzte sie mit einer eleganten Bewegung zurück auf den Kopf, sah Medina noch einmal mit schmachtendem Blick tief in die Augen und pustete ihr ein letztes Bussi zu. Dann machte sie mit einer kleinen Pirouette auf dem Absatz kehrt und ging. Medina applaudierte leise, sie hüpfte vom Tresen und gab Hejda zum Dank einen Kuß auf die Wange: »Bussi, bussi.«

»Weißt du noch, wie Mutter kaum noch Luft gekriegt hat, als du es das erste Mal in der Küche vorgeführt hast?«

»Sogar unsere ernste Raissa mußte lachen.« Sie verstummten, hingen ihren Gedanken nach.

Hejda hatte unverkennbar ein komödiantisches Talent und überraschte ihre Familie und die Freundinnen immer wieder mit neuen Einfällen. Sie liebte es, sich zu verkleiden. Kein Hut, kein Band oder Tuch im Haus war vor ihr sicher. Sie holte sich ein Jackett aus dem Kleiderschrank ihres Vaters, malte sich einen Bart an und strich sich mit fettiger Pomade ihr Haar aus dem Gesicht. Bei diesen Vorstellungen waren regelmäßig alle aus dem Häuschen. Hejda verstand es, ganze Gesellschaften zu unterhalten. Doch öffentlich und noch dazu vor Männern aufzutreten wäre ihr nie in den Sinn gekommen. Allerdings hätte sie liebend gern eine Gesangs- und Tanzausbildung absolviert. Da das völlig ausgeschlossen war, schaltete sie manchmal schon morgens den Fernseher ein und hörte sich im Frühstücksmagazin wenigstens die neuesten russischen Schlager an. Die einfachen Texte konnte sie sofort auswendig. Sie prägte sich die Schrittfolgen ein, die die Stars in ihren Videoclips tanzten. Nie verpaßten die Schwestern und die Mutter eine der beliebten Schlagerparaden im Fernsehen, wenn die russischen Sänger ihre neuesten Titel präsentierten.

Auch in der zurückliegenden meist schrecklichen Zeit gab es durchaus einige schöne Momente. Dennoch beneideten Medina und Hejda diese behüteten Moskauer Kinder um ihre sorglose Kindheit. Mißgunst und Verbitterung nagten merklich an den beiden Schwestern.

Eines Mittags sahen sie, wie Baumaterial in das Theater gebracht wurde. Wie beiläufig sprachen sie Nina Alexandrowna, die Verwaltungschefin, an, ob denn Hilfsarbeiter benötigt würden.

»Nicht für lange, die Arbeiten sollen schnell fertig sein. Aber je mehr Männer wir haben, desto besser. Kennt ihr welche?« Medina und Hejda versprachen, ihren Bekannten Bescheid zu geben. Sollte sich die Verwaltungschefin selbst ein Bild von ihnen machen.

Als sie am Abend ins Lager zurückkehrten, gingen sie trotz der späten Stunde direkt zu Barajew.

»Sehr gut, sehr gut. Holt auf der Stelle Ibrahim und seine beiden Männer!« rief er seinen Leibwächtern zu. Und zu den beiden Schwestern gewandt: »Ihr müßt sie kennenlernen, denn schließlich werden das ja Bekannte von euch sein.«

Die Verwaltungschefin stellte die drei ein. Sie sollten Zementsäcke schleppen und den Fachkräften zur Hand gehen, wo immer es möglich war.

Da sie nun fünf waren, die vom Lager ins Moskauer Stadtzentrum fuhren, bekamen sie ein Auto. Einer der Männer fuhr. Mitunter war der Kofferraum so vollgeladen, daß ihr blauer unauffälliger Lada tief in die Knie zu sacken schien. In der Mittagspause, wenn die Arbeiter der Baufirmen zum Essen verschwanden und das Theater wie ausgestorben dalag, trugen sie zu zweit die Säcke in das Gebäude. Kein Mensch schöpfte Verdacht. Wer genau zugeschaut hätte, hätte sich vielleicht gefragt, warum das Baumaterial in einem Pkw angeliefert wurde und warum sie es in den Keller trugen statt in den zweiten Stock, wo es eigentlich gebraucht wurde.

Für Medina und Hejda begann eine anstrengende Zeit. Es war Herbst geworden, und sie hatten bis dahin nur noch an den Wochenenden an der Ausbildung im Lager teilgenommen. Jetzt mußten sie, obwohl sie abends so spät aus dem Theater zurückkehrten, mit den anderen Frauen morgens um halb sechs aufstehen, beten, Glaubenslektionen anhören und wieder und wieder Sprengstoffpakete schnüren. Immer häufiger versammelten sie sich im Saal. Eines sehr frühen Morgens kam Mowsar hinzu und eröffnete ihnen, warum sie nach Moskau gekommen waren. Er machte sie mit dem Vorhaben bekannt. Alle hörten aufmerksam zu. Wie lange hatten sie darauf gewartet! Seit Tagen regnete es nur noch, die Stimmung im Lager war merklich gesunken. Die Frauen fühlten sich unnütz, deprimiert. Sie hatten kaum noch geglaubt, daß sie wirklich für eine Aufgabe hier gebraucht wurden. Jetzt legte er ihnen den Plan offen, und sie hingen ihm an den Lippen. Die Endphase ihres Trainings setzte ein.

Medina und Hejda fuhren nach den Übungseinheiten wie gewohnt in die Stadt zum Theater. Da die »Bauarbeiter« früher im Theater anfingen, konnten sie nicht auf Medina und Hejda warten. Die Schwestern nahmen wie vorher die Elektritschka. Die gemeinsame Fahrt mit der Vorortbahn und später mit der Metro war für beide nun noch wichtiger als früher, sie besprachen leise miteinander, was sie im Training am Morgen und Vormittag gelernt hatten. Ihre Aufregung stieg.

Das Witwenkommando

Am 23. Oktober nahmen die beiden Frauen außer ihren Handtaschen Plastikbeutel mit auf ihren Weg zum Theater. In diesen Tüten trugen die Moskauerinnen keineswegs nur Einkäufe nach Hause. Darin konnten sich auch Akten befinden oder Schuhe zum Wechseln, zum Beispiel wenn sie ein Theater oder Restaurant besuchten. Besonders wenn das Wetter so scheußlich war wie im Moment, zogen sie an der Garderobe ihre festen Straßenschuhe aus und schlüpften in hochhackige Pumps.

In Medinas und Hejdas Tüten befanden sich keine Schuhe, sondern ihre schwarzen Kleider. Sie kamen in das Theater wie immer. Wie gewohnt bereiteten sie belegte Brote vor, füllten die Getränkevorräte auf. Das alles aber nicht wie sonst sicher und gelassen, sondern mit fliegenden Händen. Sie beobachteten die flanierenden Besucher, die sich in Richtung Saal bewegten. Die Vorstellung war wie stets fast ausverkauft.

Vor der Vorstellung und in der Pause bedienten sie die Zuschauer, die ihnen heute ganz besonders ungeduldig und zugleich unentschlossen schienen. Hejda fühlte, daß sie dünnhäutig war. Sie strengte sich sehr an, ruhig zu bleiben. Sie vermied, jemanden anzuschauen, und sah doch, wie viele Kinder mit ihren Eltern in die Vorstellung gekommen waren.

Hejda hörte, wie sich zwei Mütter mit ihren kleinen Kindern unterhielten. »Mama, das ist so traurig. Geht es am Ende gut aus?« fragte das kleine Mädchen. Es war vielleicht sechs, blond, mit großen weißen Tüllschleifen in den Zöpfen.

Die Mütter sahen sich an. »Sollen wir gehen?«

Hejda schaltete sich ein: »Ja, gehen sie lieber, es endet nicht gut.«

Der Junge, er war kleiner als das Mädchen, bettelte: »Nein, nicht! Ich will doch noch das Flugzeug sehen!« Genau dieser Spezialeffekt war es, der dem Stück zu größter Popularität verholfen hatte. Jeder schwärmte davon, wie am Ende ein echtes Flugzeug auf der Bühne landete. Mit sich drehenden Propellern, viel Wind und vor allem Lärm. Die Zuschauer rasten jedes Mal vor Begeisterung. Die Mütter ließen sich überzeugen. Zu Hejda sagten sie: »Die Karten waren doch so teuer, es wäre wirklich schade drum.«

Hejda erwiderte leise: »Sie täten trotzdem besser daran zu gehen, denken Sie doch an Ihre Kinder, das Geld ist so oder so weg.«

Die fremden Frauen sahen einander an. »Warum arbeiten Sie hier, wenn Ihnen das Stück so wenig gefällt?« Sie drehten sich um und gingen.

Medina blickte Hejda vorwurfsvoll von der Seite an. »Was sollte das denn?« fauchte sie ihre Schwester böse an.

»Sie sind doch noch so klein«, erklärte Hejda.

»Das kannst du dir sparen! Willst du alles gefährden?«

»Schon gut, vergiß es!«

Wer die beiden nicht kannte, bemerkte nicht, daß sie an diesem Abend nur halb bei der Sache waren. Und wen hätte es auch interessiert, ob zwei Angestellte an einem Theaterbufett unkonzentriert zuhörten, zumal übellaunig dreinblickende Verkäuferinnen, die mürrisch und langsam bedienten, als Überrest aus der Sowjetzeit noch immer häufig genug anzutreffen waren.

Kurz vor neun hatten sich die Saaltüren wieder geschlossen,

die Pause war vorüber. Sobald sich das obere Foyer geleert hatte und die Zuschauer wieder auf ihren Plätzen saßen, rief Medina per Handy eine Nummer an und sagte nur: »Jetzt!« Die Schwestern traten ans Fenster. Regnete es oder war das schon Schnee? Mehrere Autos fuhren auf den Parkplatz. Sie mußten in der Nähe in einer Seitenstraße gewartet haben. Ein großer, teurer Jeep, ein ausländisches Modell, und zwei Minibusse bogen auf den Platz und fuhren dicht an das Theater heran. Männer sprangen heraus und luden etwas Schweres aus, einige hatten Benzinkanister in den Händen.

Hejda erkannte Barajew, der aus dem Jeep stieg. Ob er den Wagen hier von seinem Geld gekauft hatte? Oder hatte sein Onkel Arbi ihm den Wagen geschenkt, so wie das Haus in Alchan-Kala? Sie erinnerte sich an die Gerüchte, nach denen Barajew in Geld schwamm. Angeblich wurde sein Onkel Arbi, und nach dessen Tod dann Mowsar, direkt von dem jordanischen Kommandeur Chattab finanziert. Aber vielleicht war das alles nichts als Geschwätz, genauso falsch wie die vielen Meldungen über Mowsars Tod. Den russischen Nachrichten zufolge war er schon unzählige Male gestorben. Ob er mit diesem Wagen nach Moskau gekommen war?

Schüsse fielen, Glas splitterte, hinter Barajew hasteten die schwarz gekleideten Witwen mit dicken Sprengstoffpaketen an den Gürteln die Stufen hinauf sowie Männer in schwarzen Masken, Tarnuniformen und mit Kalaschnikows.

Medina und Hejda erwarteten das Kommando an der Treppe, und schon herrschte Mowsar sie von unten an: »Warum seid ihr nicht umgezogen? Los, ab!« Medina und Hejda rannten zur Toilette und rissen sich Rock und Pulli vom Leib. Sie zogen sich die Pumphosen, Kleider und Schleier über, die bis zu den Schultern reichten. Über die Schleier, die nur ihre Augen freiließen, knoteten sie die schwarzen Stirnbänder mit der weißen arabischen Schrift. Innerhalb weniger Augenblicke unterschieden sie sich in nichts mehr von den anderen Witwen und stürzten ins Foyer zurück.

Dort hatten die Kämpfer inzwischen die Frauen von den anderen Bufetts zusammengetrieben. Platzanweiserinnen und Souvenirverkäuferinnen, die nicht sofort nach der Pause eingepackt und das Theater verlassen hatten, waren jetzt ebenfalls ihre Gefangenen. Die Männer drängten sie an die Saalwand und stießen die erste Gruppe mit ihren Gewehren dicht daran entlang, vorwärts in Richtung linker Saaltüren. Die andere Gruppe schwenkte zur rechten Seite des Saals ab. Barajew zog seine Maske fest über den Kopf. Dort, wo es zu den vorderen Zuschauerreihen ging, riß er die Saaltür auf und stürmte auf die Bühne. Aus der hoch erhobenen Kalaschnikow feuerte er mehrere Male in die Luft. Das Orchester spielte. Die Darsteller waren gerade mitten im Tanz der Piloten. Sie sangen und steppten weiter, waren aber schon aus dem Takt geraten und schauten äußerst nervös um sich. Immer wieder warfen sie fragende Blicke hinauf zur Regie auf dem Balkon.

Barajew fiel kaum auf zwischen ihren grünen Uniformen. Als er in unmittelbarer Nähe eines Tänzers stand, feuerte er wieder einen Schuß ab, sodaß sich der Tänzer vor Schreck duckte. Barajew brüllte in die Bühne: »Runter hier! Los!« Die Künstler erstarrten.

Barajew ärgerte sich über deren Begriffsstutzigkeit und schoß erneut in die Luft. Von der Decke rieselte der Putz. Dann kamen von rechts zwei weitere Männer in Tarnanzügen. Sie halfen Barajew, die Tänzer zu verscheuchen. Barajew schrie, weil das Orchester noch immer spielte. Endlich legten die Musiker die Instrumente nieder.

Das Licht ging an, durch die Seiteneingänge wurden die Garderobenfrauen und die Verkäuferinnen aus dem Foyer in den

Saal gestoßen. Sie weinten, waren in Panik. Die Zuschauer starrten entsetzt nach vorn und verstanden überhaupt nichts.

Während Barajew in den Saal brüllte, schubste er grob die Künstler von der Bühne. Als einer Widerstand leistete, richtete er die Kalaschnikow auf ihn. Der Sänger riß sofort die Hände nach oben und ergab sich. Die Sänger wurden in den Zuschauerraum getrieben und hörten sich mit an, wie Barajew von oben hinunter rief: »Ihr seid alle gekidnappt!« Er verkündete, daß das ganze Theater besetzt und vermint sei, daß es sich um eine Geiselnahme handle und diese Aktion nur ein Ziel habe: sofort den Krieg in Tschetschenien zu beenden und die russischen Truppen abzuziehen. Ansonsten würde das Theater in die Luft fliegen.

Die Schwarzen Witwen waren inzwischen auch im Saal. Von beiden Seiten waren sie eingetreten und hatten ihre Plätze eingenommen, wie sie es zuvor besprochen hatten. Jeweils am Ende der Zuschauerreihen. Sie bildeten eine bedrohliche Front in ihren dunklen Kleiden und Schleiern, mit den Sprengstoffgürteln, einige mit Granaten und sogar Pistolen. Furchterregend. Jede war für zwei, drei Reihen verantwortlich. Als Larissa und Schura, die Freundinnen aus Assinowskaja, zuvor Medina und Hejda geholfen hatten, ihre Sprengstoffgürtel umzubinden, hatten sie ihnen auch Walkie-Talkies sowie zwei chromglänzende Waffen überreicht.

Die Gürtel, die sie sicherheitshalber nicht in der Metro mitgenommen hatten, wogen schwer. Es handelte sich eindeutig nicht um die, die sie gebastelt hatten. Auf den ersten Blick unterschieden sie sich zwar kaum, aber das Leinen der Pakete war grobmaschiger, kein Zweifel! Das Zellophan war durchsichtiger als bei ihren Paketen, hier konnten sie die Nägel und Schrauben erkennen. Larissa hatte Medina wegen des Babys den längeren Gürtel gegeben. Und selbst der hätte nicht kürzer sein dürfen.

Er paßte zwar noch, aber er drückte und war Medina sehr unangenehm.

Die Pistolen fühlten sich fremd an in ihren Händen. Weder hatten sie sie zuvor gesehen, geschweige denn mit ihnen Schießübungen absolviert.

Wie alle aus dem Witwenkommando stellten sich die Schwestern breitbeinig mit dem Gesicht zu den Zuschauern auf. Medina und Hejda, die dicht nebeneinander standen, schauten, wer außer ihnen noch hier war. Doch unter den Schleiern konnten selbst sie nicht alle auseinanderhalten. Sie waren insgesamt neunzehn Frauen, demnach waren noch welche hinzugekommen. Die meisten trugen schwarze oder zumindest dunkle Kleider, nur Schura hatte ein grünes an. Warum, konnten sich Medina und Hejda nicht erklären. Weil es die Farbe des Propheten war? Jede von ihnen war tief verschleiert, manche hatten sogar ein Netz vor den Augen.

Zwei der Kämpfer brachten auf der Bühne das noch im Waldlager angefertigte Banner aus schwarzem Baumwollstoff an. Sie lasen den Zuschauern vor, was darauf geschrieben stand: »*Es gibt keinen Gott außer Allah, und Mohammed ist sein Prophet: Gott ist groß!*« Mowsar forderte die Zuschauer auf, über Handy ihre Verwandten, Bekannten und auch die Presse zu informieren. Handtaschen wurden geöffnet, Männer fingerten ihre Telefone aus ihren Jackett- oder Hosentaschen. Ein Gemurmel hob an. Hejda hörte, was eine Frau in ihrer Reihe sprach. Sie nannte ihren Namen. Tatjana. Ja, aus der Redaktion. Sie war offenbar Journalistin. Sie verlangte das Sendestudio. Nach einer Weile gab sie einen kurzen Bericht: »Tut mir leid, daß ich ein bißchen aufgeregt bin«, fing sie an. Dann antwortete sie offenbar auf Fragen. »Ja, zwei Frauen stehen hier bei mir in der Nähe. Sie haben Sprengstoff an ihren Hüften.« – »Ja, ich glaube schon. Ich bin jetzt offenbar eine Geisel.« Angst sprach aus ihrer Stimme.

Niemand kam auf die Idee, die Miliz anzurufen. Befanden sich Russen in Not, war die Polizei die letzte Instanz, von der sie Hilfe erwarteten.

Barajew gab wieder Erklärungen von der Bühne aus ab. »Euch geschieht nichts, solange sie die Forderungen erfüllen und das Theater nicht stürmen. Wenn sie aber damit beginnen, fliegt alles hier in die Luft. Und jeder getötete Kämpfer kostet zehn Geiseln. Gebt das weiter!«

Eine Frau rief aufgeregt, daß es doch eine Weile dauere, ehe alle Truppen aus Tschetschenien abgezogen seien. Das sei schließlich keine Sache von einem Tag. Die Stimme kam vom Balkon, wo ebenfalls eines der von Schura gemalten schwarzen Plakate hing. Medina und Hejda drehten sich wie alle anderen im Saal zu ihr um, doch sie konnten sie nicht sehen. Eine der Witwen oben antwortete ihr, auch zu den übrigen Geiseln gewandt: »Wir haben es nicht eilig, wir werden so lange in diesem Saal ausharren, wie es nötig ist.«

Zwei Kämpfer brachten ein großes Paket ins Parkett. Sie trugen schwer daran. Zwei andere Bewaffnete hießen die Zuschauer der neunten Reihe aufstehen. Die Last wurde auf einem der roten Polstersessel abgelegt. Sie sah aus wie ein übergroßer Schlafsack. »Das ist – Bombe«, erklärte der Kämpfer. Er sprach mit Akzent, demnach konnte es nur Jassir Abu-Bakar, der »Schöne Araber«, sein, schoß es Hejda durch den Kopf. »Wenn Sturm, dann wir sprengen!« Wie zur Bekräftigung zeigte Schura, die neben den beiden maskierten Männern stand, auf die Drähte, die für die Zündung miteinander verbunden werden mußten.

Mehrere Frauen schrien auf, durch den Saal wogte eine Welle. Die Theaterbesucher gerieten in Panik, sie riefen durcheinander, wurden immer hysterischer. Barajew schoß in die Luft, verlangte Ruhe. Es wurde still. Georgij Wassilijew, der Regisseur am Pult auf dem Balkon, bat laut von oben herunter, ins Parterre kommen zu dürfen. Er wollte sich neben die Bombe und Schura setzen. Sie zuckte mit den Schultern, willigte aber ein. Medina und Hejda verfolgten, wie sich der zartgliedrige Mann durch die Sitzreihe schob und direkt neben ihrer Kampfgefährtin und der Bombe niederließ.

Barajew sah sich um und trat an den Orchestergraben. Er brüllte hinunter: »Raus hier! Hier rauf! Alle!« Die Musiker reagierten ihm nicht schnell genug. »Raus, Beeilung. Los doch! Oder soll ich euch Beine machen?« Er faßte nach einer am Gürtel baumelnden Handgranate und fuchtelte wild mit der Kalaschnikow herum, die er in der anderen Hand hielt. Mit dem Gewehr zielte er in den Graben. Die Musiker sprangen von ihren Stühlen auf, schoben sie an die Wand, stiegen auf die Sitzflächen und kletterten umständlich über den hohen Graben in den Zuschauerraum. Sie blieben wie gelähmt stehen und warteten, bis ihnen zwei Frauen aus dem Kommando Plätze zuwiesen. Auf der Bühne verbarrikadierten ein paar Männer die Eingänge zu den Kulissen.

Medina und Hejda sahen, wie in Larissas Reihe zwei Frauen zu ihr kamen und sie anflehten: »Laßt doch wenigstens die Frauen und Kinder frei oder nur die Kinder!«

Die große, schmale Larissa antwortete unter ihrem Schleier: »Habt ihr an unsere Kinder gedacht? Überhaupt, was stellt ihr euch so an? Warum fürchtet ihr euch vor dem Tod? Wir haben keine Angst! Wir sind im Namen Allahs hier, wir werden von hier aus ins Paradies gehen. Gebt Ruhe und setzt euch hin!«

Ein Handy im Saal klingelte. Eine junge Frau hielt es in die Höhe in Richtung einer der Witwen, die in ihrer Nähe stand.

»Aslambek Aslachanow? Natürlich weiß ich, wer Sie sind … Einen Moment«, sagte sie und ging zu Mowsar, um ihm das Telefon zu übergeben. Medina sah, wie er grinste. Alle im Saal hörten, was der Anführer in das Handy sprach. »Was willst du mir befehlen? Du alter Ziegenbock hast all die Jahre hier in Moskau gehockt, hast vergessen, wo deine Heimat ist, hast dein Volk verraten! Und jetzt kommst du und willst Befehle erteilen. Vergiß es!«

Medina war erschrocken, in welchem Ton Mowsar mit Aslachanow sprach. Der tschetschenische Politiker war ein alter Mann! Einem Älteren so respektlos zu begegnen war absolut unmöglich. Alten hatte man, unter welchen Umständen auch immer, Achtung zu erweisen. Niemals konnte man in solchem Ton mit ihnen reden! Hejda war froh, daß Mowsar Tschetschenisch gesprochen hatten und so nicht auch noch die Leute im Saal Zeugen dieser Respektlosigkeit wurden.

Mowsar hörte wieder einen Moment zu. »Das haben wir schon gesagt«, antwortete er in das Handy hinein. »Ende des Krieges, Truppenabzug. Ja, wir sind bereit zu sterben, dafür sind wir hierhergekommen. Wir sind Gotteskrieger, die Frauen auch.« Er verlangte einen Stift. Ihm wurden von mehreren Seiten Zettel und Kulis gereicht. Er notierte offenbar eine Telefonnummer und schaltete das Handy aus. Dann teilte er allen im Saal mit, daß sich der tschetschenische Parlamentsabgeordnete Aslambek Aslachanow als Vermittler angeboten habe. Wenig später wurde Barajew von einem maskierten Kämpfer aus dem Saal gerufen.

Medina und Hejda schauten sich »ihre« Geiseln an. Paare, Familien mit fast erwachsenen Kindern, eine mit einem etwa vierzehnjährigen Mädchen. Drei Freundinnen waren offenbar zusammen hier. Sie alle schienen noch nicht begriffen zu haben, was vor sich ging. Eine junge Frau trank fast ihre ganze Wasserflasche leer, ein Mann hörte nicht auf zu telefonieren. Im Saal war es ruhiger geworden. Nach Barajews Warnschüssen wagte niemand mehr, laut zu reden. Alle hatten Angst, konnten nicht einschätzen, was auf sie zukam.

Wenig später fragte die Vierzehnjährige aus Medinas Reihe, ob sie zur Toilette gehen dürfe. Medina war ratlos. Mit keiner Silbe hatte sie daran gedacht, was sie den Zuschauern in einer solchen, zugegebenermaßen vorhersehbaren Situation antworten würde. Sie schaute Hejda fragend an. An ihrem Blick sah sie, daß auch diese nicht wußte, was zu tun war. Sie sagte zu dem Mädchen: »Warte, bleib sitzen.« Medina trat auf einen der Männer zu, die die Türen bewachten, und kehrte mit ihm zu ihrer Reihe zurück. »Kommen Sie!« forderte sie die Mutter und ihre Tochter auf. Zu viert verließen sie den Saal.

Der Kämpfer mit seiner Kalaschnikow folgte den Frauen. Medina ging voran, denn sie kannte sich in dem Theater aus. Sie mußten hinunter ins Erdgeschoß. Der maskierte Kämpfer bedeutete den Frauen, vor dem WC zu warten. Er ging hinein, trat mit seinen schweren Kampfstiefeln die einzelnen Türen auf, rüttelte mit der freien Hand an den vergitterten Fenstern. Dann gab er die Damentoilette frei. Als die beiden wieder herauskamen, brummte er ihnen böse zu: »Diese Extratour war die Ausnahme!« Alle vier marschierten in den Saal zurück.

Als die anderen Zuschauer erfuhren, daß das Mädchen und seine Mutter die Toilette hatten aufsuchen dürfen, meldeten sich andere. Sie wollten nun auch raus. Barajew schaute ärgerlich auf das Kommen und Gehen im Saal.

Zuschauer und Geiselnehmer kamen ins Gespräch. Zunächst mit den Kämpfern, die jeweils die Erlaubnis erteilten, ob jemand den Saal verlassen durfte. Da nur kleine Gruppen losgehen durften, dauerte es. Hejda hörte, wie der maskierte Mann, der sie begleitet hatte, anfing, mit den wartenden Geiseln über Tschetschenien zu sprechen. Er redete von den Opfern, die der Krieg gefordert hatte, wie schwer das Leben dort war, daß in seiner Heimat an einen Theaterbesuch nicht einmal zu denken sei. »Das tschetschenische Volk ist müde von diesem Krieg, müde und krank. Es ist krank, weil unsere künftige Generation in Gefahr ist. Unsere Kinder kennen nichts als den Krieg, und sie träumen von nichts anderem, als Kämpfer zu werden. Aber Tschetschenen möchten nicht, daß Kinder kämpfen, versteht ihr?«

Die meisten schwiegen, nur eine Frau äußerte Zweifel und fragte zurück, ob denn die Rebellen alle Engel seien. Der Geiselnehmer wurde ärgerlich: »Sei froh, daß wir euch so lange in Ruhe gelassen haben, wir hätten Jahre früher hierherkommen können!« Die Frau machte eine offenbar böse Bemerkung, die Hejda nicht verstand. Der Kidnapper riß sich die Kalaschnikow von der Schulter und zielte auf die Frau. Sie hob die Hände, entschuldigte sich und war von da an still.

Hejda fand es insgeheim nicht richtig, die Geiseln zusätzlich einzuschüchtern. Sie standen ohnehin unter extremem Druck. Sie wandte sich ab.

Plötzlich wurde sie selbst von einer Frau, die direkt am Rand saß, angesprochen: »Warum machen Sie hier mit?« Die Frau musterte sie durch ihre Brille. Die Gläser waren groß und dick. Wie eine Leselupe vergrößerten sie ihre Augen auf ein unnatürliches Maß. Hejda wußte nicht, was sie antworten sollte. Schließlich entschloß sie sich: »Ich habe meine älteste Schwester im Krieg verloren und meinen Schwager. Die Russen haben ihn ermordet. Meine zweitälteste Schwester mußte zusehen, wie er mit Benzin übergossen und verbrannt wurde. Sie wird ihr Kind ohne seinen Vater aufziehen müssen.«

»Ist das die junge Frau dort, die schwanger ist?«

Hejda nickte.

»Warum macht sie in diesem Zustand mit? Hat sie keine Angst, daß sie ihr Kind niemals zur Welt bringen könnte?«

»Das liegt doch allein in Allahs Hand.«

Die Frau fragte weiter: »Wer sind Sie, woher kommen all diese schwarz gekleideten Frauen hier?« Hejda zeigte auf ihre Schwester. »Sie ist meine ältere Schwester, die kennen Sie ja schon. Die Frau in Grün ist aus unserem Dorf, sie ist von einer ganzen Horde russischer Soldaten vergewaltigt worden. Diese da hat ihren Vater und ihren Bruder verloren. Die Schmale dort drüben ist von Beruf Juristin. Ihr hat man den Sohn vor ihren eigenen Augen erschossen. Wollen Sie mehr hören?«

Die Frau schlug die Augen nieder. Hejda hatte ruhig und mit warmer Stimme zu der Frau gesprochen. Sie wollte, daß sie sie verstand. Ihre Fragen lagen auf der Hand, sie hätte sie sich selbst gestellt.

Medina ging die Reihen auf und ab. Sie drückte den Rükken durch, der vom Stehen schmerzte. Der bleischwere Gürtel schnitt in ihren Bauch. Der Kleine schien ihn von innen wegstrampeln zu wollen. Sie sah, daß sich auf der anderen Seite des Saales eine Witwe auf einen Treppenabsatz gesetzt hatte. Medina hätte gern das gleiche getan, aber noch zwang sie sich durchzuhalten.

Alle schreckten auf, als sie plötzlich von draußen Lärm hörten. Die Tür ging auf, und eine junge Frau trat herein. Sie sprach laut und überdreht, lachte vulgär. Medina und Hejda eilten auf sie zu. Sie wollten sie gerade zur Ruhe bringen, als ihr schon die Zuschauer zuflüsterten. »Nicht so laut! So darfst du nicht mit denen sprechen. Das sind Geiselnehmer.«

»Ach so, na wenn das so ist. Guten Abend, liebe Geiselnehmer!« rief sie laut in den Saal. War sie verrückt geworden? Wer war sie überhaupt? Wer hatte sie in den Saal gelassen? In ihrem schwarzen Anorak mit Kapuze schien sie geradewegs von der Straße hereinspaziert zu sein. Sie war blond, ihre langen Beine steckten in hautengen Jeans.

Medina holte Barajew, der vorn an der Bühne stand und die Neue noch nicht bemerkt hatte, weil er mit einem seiner Leute redete. Der hatte eine Videokamera in der Hand, sie wollten mit einer Aufnahme beginnen. Barajew hatte sich schon in Position gebracht. Medina sprach ihn an. »Mowsar, eine Frau ist gekommen, vielleicht siehst du sie dir besser an.«

»Was für eine Frau. Wovon redest du?«

»Dort oben steht sie. Sie kam einfach hier hereingeschneit. Ich weiß nicht, was sie hier will, warum sie überhaupt hier ist.«

Beide gingen zu der Russin, die etwa Mitte zwanzig war und, wie sich später herausstellte, Olga Romanowa hieß.

Als sie sich ihr näherten, fing sie an, den Zuschauern im Saal zuzurufen: »Was seid ihr für Feiglinge? Laßt euch dermaßen einschüchtern! Ihr seid doch so viele! Unternehmt was!«

Mowsar herrschte sie an: »Wer bist du? Wo kommst du her?«

Mit gesenkter Stimme, gespielt geheimnisvoll, antwortete sie: »Ich weiß alles.« Und dann schickte sie in leichtem Ton hinterher: »Ich bin hier zur Musikschule gegangen.«

»Setzt dich hin. Setz dich, sonst erschieß ich dich!«

Sie schob ihn einfach beiseite: »Verschwinde!« und rief den Anwesenden auf den Sesseln zu: »Warum unternehmt ihr nichts, das ist doch nur ein Clown!«

Mowsar Barajew riß sich die Kalaschnikow von der Schulter.

»Schieß doch. Los, mach schon. Was ist das hier überhaupt für ein Zirkus? Was soll das eigentlich werden? Ihr mit euren lächerlichen Masken! Und die Gewehre! Damit wollt ihr den Leuten Angst einjagen, was?«

Mowsar zischte sie an: »Schweig, oder ich bringe dich um!«

Hejda, die sich zwar ein Stück entfernt hatte, aber immer noch jedes Wort verstehen konnte, war starr vor Angst. Wenn diese Frau doch nur endlich ruhig wäre! Warum brachte sie sich in diese unglaubliche Gefahr?

Plötzlich hörte sie einen der Männer aus dem Kommando schreien: »Knall die Schlampe ab! Es reicht!« Die Stimme kam von oben. Hejda machte einen kleinen Schritt rückwärts, so daß sie den Balkon besser sehen konnte. Darüber hatte sich einer der »Bauarbeiter« gelehnt, mit denen sie eine Zeitlang zum Theater gefahren waren. Der gesamte Saal schrie: »Nicht umbringen! Nein! Nicht! Sie ist doch nur betrunken!«

Mowsar brüllte zurück: »Solche Miststücke haben sie uns schon in Budjonnowsk auf den Hals gehetzt! Das sind Spione! Die hat der FSB geschickt! Die Masche kennen wir! Wir wissen, was wir mit solchen Früchtchen zu tun haben!« Er drehte sich um und befahl einem seiner Leute in der Nähe: »Bring sie raus und dann ...!« Erschießen. Das sollte sein ausgestreckter Daumen und Zeigefinger wohl sagen.

Sie packten Olga an den Armen und brachten sie aus dem Saal. Draußen ertönten in kurzer Folge nacheinander drei einzelne Schüsse. Hejda wurde kalt. Entsetzt schaute sie zu Medina an, die senkte den Blick. Medina sah, wie jemand zur Uhr blickte. Sie tat das gleiche. Fast vier Uhr morgens. Im Saal fingen einige Frauen an zu weinen, auch in Medinas und Hejdas Reihen. Die Männer starrten vor sich hin. Ohnmächtig vor Hilflosigkeit.

Die Frau, mit der Hejda das kurze Gespräch geführt hatte, schaute sie an. Ihr Blick schien zu fragen: »Ist es das, was ihr wollt?«

Hejda mußte die Tränen zurückhalten. Sie wandte sich ab. Ihre Nase tropfte schon. Gut, daß der Schleier das verbarg. Mußte Olga sterben, weil sie ihr freches Mundwerk nicht im Zaum halten konnte? Oder war sie tatsächlich eine Spionin? Tritt so eine Spionin auf? Sie konnte es sich nicht vorstellen. Sie hatte von Spionen in Budjonnowsk gehört. Damals, es war im Juni 1995, hatten Schamil Bassajew, Barajews Feldkommandeur, und Salman Radujew, ein anderer wichtiger Anführer, fünf Tage lang ein ganzes Krankenhaus besetzt. Sie hatten rund tausend Geiseln in ihrer Gewalt. Vielleicht zweihundert mehr als hier.

Hejda erinnerte sich noch, daß es heiß war. Sie hatte die Fernsehbilder wieder vor Augen. Menschen in Nachthemden an den Fenstern, um Hilfe rufend. Klinikflure voller Patienten, Verletzter und Toter. Sie erinnerte sich, wie leid ihr die schwangeren Frauen taten, die schließlich im Krankenhaus waren, um jeden Augenblick zu entbinden. Und die Mütter mit ihren Neugeborenen, deren Leben so begann. Mit Medina hatte sie darüber gesprochen, ob solch ein Anfang wie ein schlechter Stern über dem ganzen Leben der Kleinen stehen würde. Aber ihr fiel auch ein, wieviel das Geiselkommando damals erreicht hatte. Immerhin führten sie per Telefon Verhandlungen mit Ministerpräsident Tschernomyrdin, der sie trotz der über hundert Toten ziehen ließ und das Ende des Krieges sowie Friedensverhandlungen zusagte.

Nein, diese Olga konnte keine Spionin gewesen sein. War sie vielleicht betrunken? Eigentlich hatte sie ganz klar artikuliert. Allerdings hatte sie jede Vorsicht ausgeschaltet, den Ernst der Lage völlig verkannt. Aber wer kam schon volltrunken in ein Theater? Konnten Drogen so etwas bewirken? Hejda konnte sich keinen Reim darauf machen.

Medina kam auf sie zu. »Das mußte nicht sein, oder?« fragte sie ihre ältere Schwester. Medina wußte, was Hejda meinte. »Nein.« Beide fanden die Erschießung völlig überflüssig.

Im Saal wurden einige Lampen ausgeschaltet. Medina war müde. Sie sah, daß sich viele Frauen aus dem Witwenkommando an die Wände gelehnt oder auch gesetzt hatten.

Die Männer verschwanden, wann immer sie wollten, nach draußen, doch den Frauen hatte man eingeschärft, keinesfalls ihre Reihen zu verlassen, die Geiseln stets im Blick zu behalten. In den Trainingsstunden im Lager hatten sie auch darüber gesprochen, ob man mit ihnen reden dürfe. Mowsar hatte das erlaubt, aber nur, um in den Gesprächen den Zweck der Mission zu erklären, das Leid im Kriegsgebiet zu schildern. Sie sollten sich keinesfalls auf Diskussionen über den Sinn ihres Unternehmens einlassen. »Wenn sie euch ein schlechtes Gewissen einreden wollen, dann merkt euch: Nicht wir Tschetschenen sind schuld an dem Krieg und Leid, sondern diese ungläubigen Russen. Sie wollen unser Volk vernichten, es ausrotten. Dafür bekommen sie jetzt ihre gerechte Strafe.«

Medina gestattete es sich, einen Moment auszuruhen. Sie setzte sich auf eine Stufe und lehnte ihren Oberkörper an die Saalwand. Hejda machte es ihr nach. Im Saal war Ruhe eingekehrt, die Menschen schienen erschöpft zu sein.

Da flogen wieder die Türen auf. Der »Fahrer«, der vom Balkon gerufen hatte, Olga zu erschießen, und drei andere Männer stürmten hinein und brüllten auf Tschetschenisch: »Das könnte euch passen, hier einfach nur zu pennen! Aufstehen! Alle!« Sie schossen ganze Salven in die Luft, die Kalaschnikows ratterten furchterregend. Putz fiel von der hohen Saaldecke. Die Geiseln verstanden kein Wort. Etliche hatten sich auf den Boden geworfen, suchten unter den Sesseln Deckung. Medina und Hejda waren aufgesprungen. Schura, die neben der Bombe saß und fast eingeschlafen war, erfaßte die Situation als erste. Sie übersetzte ins Russische: »Aufstehen. Alle!«

Manche erhoben sich, aber viele trauten sich nicht unter ihren Sitzen hervor.

»Aufstehen! Hoch! Los! Die Sessel werden euch auch nicht retten!« rief Schura.

Der »Fahrer« stand inzwischen auf der Bühne. Er zielte in den Saal, brüllte in unterschiedliche Richtungen, immer dorthin, wo noch nicht alle standen. Als sich endlich der ganze Saal erhoben hatte, niemand, auch kein Kind, mehr saß, schien er es sich anders überlegt zu haben. Mit freundlicher Stimme schlug er vor: »Ruht euch aus, bis zum Morgen wird nicht viel passieren, fühlt euch wie Gäste bei uns!«

Ein Mann stotterte aufgebracht: »Ihr – ihr seid zu Be-such!«

Hejda ergriff wieder Angst. Würde er diese Antwort büßen müssen? Warum konnten die Leute nicht einfach ihren Mund halten? Sie mußten doch wissen, daß sie jede Provokation das Leben kosten konnte. Doch glücklicherweise wandte sich der »Fahrer« ab.

Als der Saal abermals zur Ruhe gekommen war, konnte Medina nicht mehr an sich halten. Sie bat Hejda, auf ihre Reihen mit aufzupassen, und eilte zur Toilette. Auf den Fensterbänken vor den Saaleingängen saßen einige von Mowsars Männern. Plötzlich knallte ein Schuß, eine Scheibe zersplitterte. Die Kämpfer sprangen erschrocken auf und fluchten laut. »Scheiße, Scharfschützen!« Medina rannte weiter. Sie mußte dringend.

Auf ihrem Rückweg machte sie an der Küche Halt. Dort saßen Mowsar und zwei seiner Leute sowie zwei Witwen. Alle starrten in einen Fernseher. Medina gesellte sich kurz hinzu. Auf sämtlichen Kanälen wurden Sondersendungen gebracht. Sie sahen Aslambek Aslachanow in einer Diskussionsrunde. Er appellierte gerade an die tschetschenische Diaspora in Moskau. Sie sollte ihre Hilfe anbieten, um zu vermeiden, daß nach diesem Terroranschlag alle Tschetschenen als Verbrecher abgestempelt werden würden. Medina fragte sich, was das sollte. Das war doch ohnehin längst der Fall. Schon jetzt bedeuteten Tschetschenen und Terroristen für die Russen ein und dasselbe.

Plötzlich kehrte der Moderator auf den Bildschirm zurück und kündigte eine Schaltung zum Theater an, denn dort gäbe es eine neue Entwicklung. Auf dem Bildschirm war das Theater von außen zu sehen. Im Schein der Laternen, bei immer noch strömendem Regen. Medina empfand ein seltsames Gefühl dabei, das Gebäude, in dem sie sich gerade aufhielt, im Fernsehen zu erblicken. Sie bekam eine Ahnung, was Mowsars Prophezeiung bedeutete: »Ihr werdet berühmt werden.« Das Theater lag wie ausgestorben da, bis sie sahen, daß sich etwas regte. Alle verfolgten am Bildschirm, wie zwei Gestalten vom Gebäude weg über den Platz rannten. Ihnen war offenbar die Flucht geglückt. Demnach gab es unbewachte Ausgänge! Der Reporter berichtete, daß bereits mehrere Personen aus Fenstern gesprungen seien oder über Hintereingänge das besetzte Gebäude verlassen hatten.

Mowsar wurden diese Worte als erstem bewußt. »Verdammter Mist! Wie konnte das passieren? Welcher Vollidiot hat denn die Hintereingänge offen gelassen?« Er trat vor Wut gegen die offen stehende Küchentür, die mit einem lauten Knall zuflog, und stauchte seine Männer zusammen: »Was sitzt ihr so blöd rum? Los, macht, daß ihr nachseht! Alle Eingänge verriegeln, alle! Wehe, wenn so was noch mal passiert!«

Alle stürzten aus der Küche hinaus, Medina eilte an ihren Platz im Saal zurück. Sie sah Hejda neben einer blonden Frau in ihrer Reihe knien. Als sie Medina erblickte, stand sie auf und kam auf sie zu. Medina setzte sie kurz ins Bild: »Mehreren Leuten ist die Flucht gelungen! Sie sind aus dem Fenster gesprungen und über irgendwelche Hintereingänge entkommen. Mowsar tobt.«

Hejda kehrte zu der Frau zurück, ging wieder hinunter in die Hocke und setzte das Gespräch mit ihr und ihrem Nachbarn fort. Die Frau weinte, der Mann streichelte und tröstete sie. Als Hejda aufstand, sah Medina, daß die Frau hochschwanger war.

Hejda wandte sich an Larissa. Sie flüsterte ihr etwas zu, doch statt ihr ebenso leise zu antworten, sagte Larissa laut und für alle vernehmlich zu der Geisel: »Schwanger? Eine Schwangerschaft ist keine Krankheit! Unsere Frauen entbinden in Ruinen, unter Bombenhagel und Schüssen! Und da jammerst du? Sei still und stell dich nicht so an!«

Mowsar betrat den Saal. Er kam genau durch die Tür, an der ihre Reihe endete. Der Mann stellte sich ihm in den Weg und bat ihn um ein Gespräch. Er wies mit einer Kopfbewegung auf seine Frau und flehte ihn an. »Sie ist im neunten Monat, die Wehen können jeden Augenblick einsetzen, lassen Sie sie gehen, bitte! Ich bitte Sie!«

Mowsar hieß die Frau aufzustehen. Sie erhob sich mühsam, ihr Bauch ließ keinen Zweifel an dem, was ihr Mann gerade gesagt hatte. Sie war blaß, hatte tiefe Schatten unter ihren ungewöhnlich blauen Augen. Ein zierliches Persönchen, das Schutzinstinkte weckte.

Mowsar wandte sich an den Saal: »Wir lassen diese Frau frei, denn wir sind keine Mörder. Die Frau kann gehen, damit die Welt die Wahrheit erfährt! Wir wollen das Ende des Krieges. Wir wollen, daß die russischen Truppen aus Tschetschenien abziehen. Wir lieben unsere Heimat und sind bereit, für die Freiheit unseres Volkes zu sterben. Wir sind keine Mörder.« Er wandte sich an sie: »Sag denen da draußen die Wahrheit. Rede mit den Journalisten, die nur Lügen verbreiten, und berichte ihnen, was hier wirklich geschieht! Wenn du versprichst, daß du erzählst, daß wir hier niemanden umbringen, lassen wir dich gehen.« Tief erleichtert klatschten die Geiseln und riefen: »Richtig so! Bravo!«

Die Frau bedankte sich bei Mowsar und küßte unter Tränen ihren Mann, dann wurde sie hinausgeführt. Hejda und Medina sahen ihr nach, schauten danach zu dem Ehemann. Der saß in seinem Sessel, hatte die Hände vors Gesicht geschlagen. Seine Schultern bebten. Er hatte Mühe, sich zu beruhigen.

Mowsar tat, als sähe er es nicht. Er verließ den Saal. Hejda machte einen Schritt auf den Mann zu. »Warum weinen Sie? Jetzt wird doch alles gut, sie ist in Sicherheit.«

»Weil ich mich so freue. Ich möchte nur, daß es ihr gut geht. Sie ist alles, was ich habe.«

Der junge Mann sah aus wie ein braver, schüchterner Musterschüler. Ein glattes Gesichtchen, mit naiven, harmlosen Augen hinter der Brille. Sein Haar war sorgfältig gescheitelt, er trug ein blaues Jackett, ein hell gestreiftes Hemd. Alles an ihm wirkte sauber, korrekt und frisch gebügelt. Er schämte sich seiner Tränen nicht, sah Hejda direkt ins Gesicht. Dann fuhr er sich mit dem Zeigefinger unter die Brillengläser. Seine Finger waren wie sein Gesicht: schmal, fast weiß und sehr gepflegt. Hejda fragte ihn: »Sie lieben sie sehr, nicht wahr?«

Er nickte, neue Tränen rollten: »Wir sind schon sechzehn Jahre zusammen. Ich wollte immer nur sie, andere habe ich nicht einmal angeschaut.« Hejda spürte die bösen Blicke von Larissa. Sie trat einen fast unmerklichen kleinen Schritt zurück, dann noch einen. Sie wollte keinen Ärger mit Larissa. Als sie nicht hinsah, schenkte Hejda ihm ein kleines ermunterndes Lächeln, wie zum Dank schlug er kurz die Augen nieder.

Wieder betrat Mowsar den Saal. Aus irgendeinem Grund hatte er seine Maske abgenommen. Gerade noch verständnisvoll und beherrscht, fing er jetzt wieder an zu brüllen. Seine Stimmung schwankte stark, Medina vermutete, daß dies auf die Aufputschmittel zurückzuführen war, die die Männer nahmen. Auch die Frauen konnten sich bei Schura Tabletten holen, wenn sie müde wurden.

Mowsar Barajew schrie den Geiseln neue Befehle zu: »Alle Frauen im Parterre nach rechts, alle Männer nach links, marsch, marsch!« Im Lager hatten sie durchgesprochen, daß die Zuschauer sofort getrennt werden sollten, um sie gefügiger zu machen. Medina und Hejda warteten die ganze Zeit darauf und wunderten sich schon, warum Mowsar so lange damit zögerte. Die Geiseln reagierten überrascht und mit neuer Aufregung. Ein Tumult begann. Frauen weinten, hielten ihre Männer fest, wollten sie nicht fortlassen. Mowsar schoß in die Luft und stürzte auf ein Paar zu. Die Frau war hysterisch geworden, sie verlor fast die Nerven. Er zielte auf sie und brüllte auf Tschetschenisch: »Los, du alte Ziege, mach endlich!« Eine der Witwen ging auf das Paar zu und sprach die Frau an. »Bitte, tun Sie, was er verlangt, Sie sehen Ihren Mann doch noch, er bleibt doch hier im Saal.« Sie ließ sich beruhigen und gab ihn frei.

Die Männer zwängten sich durch die Reihen, fast alle bekamen einen neuen Platz. Auch oben auf dem Balkon fand die Umsetzungsaktion statt. Dort mußten die Männer nach rechts und die Frauen nach links.

Als alle auf ihren neuen Plätzen saßen, gab Mowsar den nächsten Befehl. Die Geiseln sollten ihre Handys und Taschen abgeben. Hejda fragte sich, warum das jetzt noch notwendig war. War es Schikane, eine pure Machtdemonstration? Sie sagte den Frauen in ihrer Reihe: »Reichen Sie erst die Telefone durch. Wir sammeln sie hier im Durchgang.« Als sie die Geräte beisammen hatte, forderte sie die Handtaschen der Frauen. Auch sie wurden von einer zur nächsten weitergegeben, und Hejda stapelte sie zu einem großen Haufen. »Hat jemand von ihnen eine Plastiktüte dabei?« fragte sie die Frauen. Eine meldete sich, beschrieb ihre Tasche, und Hejda entnahm die Tüte. Sie legte die Handys hinein. Die Taschen brachte sie Mowsar, neben dem einige seiner Männer standen. Sie begannen, sämtliche Ausweise herauszuwühlen, denn sie hatten versprochen, Moslems und auch Ausländer freizulassen. Hejda sah die vielen Taschen und dachte, daß das Stunden in Anspruch nehmen würde. Immerhin befanden sich über achthundert Besucher in dem Theater.

Hejdas Walkie-Talkie rauschte, und gleich darauf quäkte ihr daraus der Befehl entgegen: »Alle ›Schwestern‹ ins Foyer«! Vor den Saaltüren befahl ihnen Schura, an die Geiseln Saft und Schokolade zu verteilen. Doch zuerst sollten die Kinder Eis bekommen. Medina und Hejda nahmen die Frauen zu ihrer Theke mit und zeigten ihnen in der Küche, wo die Vorräte lagen. Dann packten sie einen Karton mit unterschiedlichen Eissorten und gingen zurück in den Saal. Es war schwierig für Hejda, die Pistole und den Karton zugleich zu halten. Medina nahm ihr die Waffe ab. Freundlich fragte Hejda jedes Kind, welches Eis es wolle, und hielt die Kiste so, daß sie hineinschauen und auswählen konnten. Die Kinder nahmen das Eis zwar, freuten sich aber kaum darüber, auch wenn sie sich artig bedankten. Die Frauen sollten sich die Schokoladentafeln zu mehreren teilen. Den Saft mußten sie direkt aus den Kartons trinken. Die Männer bekamen nur Wasser, nichts zu essen.

Wieder wurde es still im Saal. Die Geiseln versuchten zu schlafen, und auch im Witwenkommando hatten sie sich auf Notwachen verständigt. Jede durfte eine Stunde ruhen, so lange mußte ihre Nachbarin auf deren Reihen mit aufpassen. Hejda bot Medina an, als erste zu schlafen. Medina legte sich auf einen breiten Treppenabsatz, die Pistole noch immer in der Hand. Sie wollte Mowsar keinen Grund für eine Rüge geben. Ihr Mund war trocken, sie hatte weder von dem Saft noch von dem Wasser auch nur einen Schluck trinken wollen, weil sie fürchtete, zu oft austreten zu müssen. Das Baby drückte ohnehin genug auf die Blase. Sie legte sich mit dem Rücken zum Saal, den Bauch in Richtung Wand. Sie schlief. Hejda blickte über die Reihen. Eine Frau am Rand fragte sie leise: »Wollen Sie auch sterben?«

Hejda flüsterte: »Nein. Aber ich möchte meinem Volk dienen.«

»Aber wie können Sie ihm dienen, wenn Sie tot sind?«

»Wir werden nicht sterben. Und wenn doch, dann komme ich ins Paradies.« Hejda sah sich die Frau an. »Wollen Sie auch ins Paradies?«

»Ich? Warum?«

»Wenn Sie ins Paradies wollen, dann müssen Sie im Angesicht des Todes sagen: ›Es gibt keinen Gott außer Allah.‹ Dann kommen auch Sie ins Paradies. Haben Sie verstanden? Sagen Sie: ›Es gibt keinen Gott außer Allah.‹«

Hejda hatte jedes Zeitgefühl verloren, obwohl sie ständig zur Uhr blickte. Sie beschlich eine seltsame Unruhe und Furcht. War das Todesangst? Als sie diesen Gedanken begriff, wurde sie fast panisch. Sie wollte nicht sterben, und davon war schließlich auch nie die Rede gewesen! Mowsar hatte gesagt, daß sie als Schwarze Witwen mit ihren Sprengstoffgürteln Präsident Putin einen ordentlichen Schrecken einjagen sollten. Sie sollten drohen, aber sich doch nicht wirklich in die Luft sprengen! Mowsar hatte darauf hingewiesen, daß das Unternehmen extrem anspruchsvoll und schwierig werden würde, aber stets betont, daß ihnen dabei nichts passieren würde. Alle hatten ihre Rückfahrkarten schließlich schon in den Händen!

Und wenn das Theater nun gestürmt würde? Wenn sie von den russischen Spezialkommandos getötet werden würden? Hejda wurde ihrer Verzweiflung kaum Herr.

Ein Kämpfer kam mit einem Radio am Ohr in den Saal. Hejda trat auf ihn zu. Sie wollte sich ablenken. »Laß mich mithören!« Er zog einen weiteren kleinen Empfänger aus der Tasche. »Hier, kannst du behalten.« Er erklärte ihr, wo sie das Radio anschalten und den Sender suchen mußte. Es war exakt vier Uhr. Hejda setzte sich auf eine Treppenstufe und lauschte mit gespitzten Ohren, was der Nachrichtensprecher verlas:

»Seit acht Stunden werden über achthundert Geiseln in dem Musicaltheater an der Dubrowka festgehalten. Mindestens fünf von ihnen ist die Flucht aus dem Gebäude geglückt. Diese ehemaligen Geiseln berichteten, daß die Terroristen Zuschauer erschießen und schlagen, daß die Gekidnappten weder mit Getränken noch mit Nahrung versorgt werden. Wie aus den Anrufen, die die Geiseln von ihren Handys aus tätigen durften, zu entnehmen war, befinden sich unter den Terroristen auch Frauen, sogenannte Schwarze Witwen. Sie sollen sich durch eine ganz besondere Brutalität und Härte auszeichnen. Ein Verhandlungsangebot des Duma-Abgeordneten Aslambek Aslachanow wurde bislang abgelehnt. Die Verbrecher verlangen die Beendigung des Tschetschenienkrieges und den Abzug der russischen Truppen. Präsident Putin hat bislang jede Verhandlung mit den Terroristen abgelehnt …«

Hejda schaltete das Radio aus und steckte es in die Rocktasche. Sie mochte diese Hetze nicht länger mit anhören. Ihr ging es wie stets, wenn russische Medien über Tschetschenien berichteten: Sie wurde wütend. Diese ewigen Lügen, diese ewigen Schwarzweißbilder! Fragten sich die Journalisten jemals, warum dies alles geschah, welchen Anteil daran die Russen hatten? Anscheinend nicht. Wie auch, sie waren ja selbst Russen!

Auf ihrem Weg zurück zu ihren Reihen kreuzte sich ihr Blick mit dem Schuras. Die spielte nervös an den Zündschnüren ihres Sprengstoffgürtels. Sie hielt die Pistole in der einen und eine Handgranate in der anderen Hand. Hejda schüttelte den Kopf. Schura zog fragend die Augenbrauen hoch. Hejda zeigte auf ihre Zündschnüre und blickte wieder zu Schura. Endlich verstand Schura. Sie ließ die Schnüre los, und Hejda nickte. Sie überlegte kurz, ob sie Schura fragen sollte, warum sie nicht ihre selbstangefertigten Sprengstoffpakete bekommen hatten. Sie verschob es auf später, denn Schura hatte schon so mürrisch reagiert, als sie sich eine Tablette von ihr hatte geben lassen. Ein Koffein-Präparat, das sie in einen merkwürdigen Zustand versetzte.

Hejda fühlte sich körperlich erschöpft, ihre Muskeln schmerzten, als hätte sie einen riesigen Haufen Kohlen geschippt. Aber ihr Hirn arbeitete auf Hochtouren, noch dazu mit einer merkwürdigen Lebhaftigkeit. Sie schien alles überdeutlich wahrzunehmen, als schaute sie jetzt durch eine frisch geputzte Brille, die vorher verschmiert war. Ihre Gedanken formierten sich schnell und leicht, entwickelten eine Klarheit, die Hejda so noch nie erlebt hatte. Als würde sie erst jetzt, in diesem Moment, alles verstehen. Sie hatte das Gefühl, die Menschen im Saal nur ansehen zu müssen, um zu wissen, was sie fühlten und dachten. Als wäre es ihnen auf die Stirn geschrieben. Doch nur sie, Hejda, war imstande zu lesen, was dort stand. Für andere blieben diese Offenbarungen unsichtbar.

Hejda hielt sich in Bewegung. Vorsichtig schritt sie ihr Terrain an den Reihen entlang ab. Sie wollte nicht stören, niemanden unnötig aufregen. Sie schaute auf ihre Schwester, die sich auf dem Boden zusammengerollt hatte, und griff nach deren Walkie-Talkie, um es auszuschalten. Sie wollte Medina so lange wie möglich schlafen lassen. Für sie mußte es furchtbar anstrengend sein. Als das Baby vor ein paar Wochen das erste Mal strampelte, hatte Medina Hejdas Hand genommen und sich auf den Bauch gelegt. Am Anfang spürte Hejda nicht viel. Als würde es in Medinas Bauch rumoren. Doch inzwischen hatte sie mehrere Male etwas Spitzes gefühlt. Ein Knie vielleicht oder einen Fuß? Medina sah blaß und abgespannt aus. Sie hatte wenig zugenommen, der Streß ließ ihr einfach keine Gelegenheit. Doch sie klagte nie. Sprach fast nie von ihrem Mann. Medina schien nur noch zu funktionieren.

Alle Lichter gingen an. Barajew baute sich auf der Bühne auf und verkündete, daß Achmed Kadyrow, Moskaus Statthalter in Tschetschenien, nicht bereit war, sich für einen Tausch gegen fünfzig Geiseln herzugeben. »Dieser Moskauer Hurensohn!

Verräter seines Volkes! Andere sind nicht so feige wie er. Die Tschetschenen der Moskauer Diaspora sind mutiger. Tut mir leid. Ihr müßt hierbleiben.« Hejda hatte nicht den Eindruck, daß die Geiseln enttäuscht waren. Niemand hatte auf Kadyrow gesetzt, und was hätte der Tausch von fünfzig Personen für die übrigen siebenhundertfünfzig bewirkt? Nichts! So bedeutungslos Barajews Nachricht war, so emotionslos wurde sie aufgenommen. Das Warten ging weiter.

Bis Larissa Hejda aus dem Saal winkte. Hejda gab Schura ein Zeichen, auf ihre und Medinas Reihen mit achtzugeben, dann verschwand sie, froh, dem Saal für einige Zeit entfliehen zu dürfen.

Larissa, die zu Hejdas und Medinas Freundinnen in Assinowskaja gehört hatte, erklärte ihr auf dem Weg zur Küche, was geschehen war. »Aslambek Aslachanow ist gekommen, du weißt schon, der Duma-Abgeordnete, ein Tschetschene.«

»Ich weiß, der Ex-General. Was will er, was hat das mit uns zu tun?«

»Mowsar will, daß Leute aus dem Kommando dabei sind, wenn er mit ihm spricht. Er wollte erst gar nicht mit ihm reden. Aber Aslachanow bestand darauf zu kommen, nun empfängt er ihn doch. Wir sollen einfach nur dabei sein.«

»Warum wollte Mowsar ihn nicht sprechen?«

»Weil er meint, daß alles gesagt ist, die Forderungen hat er ihm doch gleich am Anfang genannt. Er will mit niemandem von der russischen Seite reden. Weißt du, sie setzen Polizeipsychologen ein, die nichts anderes vorhaben, als die Geiselnehmer zum Aufgeben zu überreden. Wenn man denen erst einmal anfängt zuzuhören, ist es vorbei. Manchmal spannen sie sogar Verwandte von Geiselnehmern ein, über die sie dann versuchen, Einfluß zu nehmen.«

Die Küche war voller Kämpfer. Mowsar stand in ihrer Mitte

und befahl in dem Moment, in dem die Frauen eintraten, daß alle bis auf vier gehen sollten. Dann verschwand er selbst.

Wenig später kamen zwei Männer ihres Kommandos mit einem hochgewachsenen alten Mann mit der traditionellen Papacha-Fellmütze auf dem Kopf in die Küche. Er hielt sich auffällig straff und gerade. Er vermittelte den Eindruck, daß ihn nichts und niemand einschüchtern konnte. Der General steckte immer noch in ihm. Seine ganze Person drückte aus, daß er es war, der die Befehle erteilte. Daß er welche empfangen hatte, lag lange zurück. Er schaute sich in der Küche um, suchte offensichtlich Mowsar. »Wo ist er?«

»Beten. Er kehrt gleich zurück«, antwortete einer der Männer. Er saß rittlings auf einem Stuhl, machte keine Anstalten, sich zu erheben oder irgendwie sonst seine respektlose Haltung dem Älteren gegenüber zu ändern.

Mowsar kam. Sie begrüßten sich nicht. Aslachanow wurde lediglich angeboten, sich zu setzen. Mowsar hatte offenbar bereits vorher angewiesen, wie sich die Männer in dem Raum verteilen sollten. Sie nahmen ihre Plätze ein. Die Tür war von zwei Wachen draußen gesichert. Hejda und Larissa standen seitlich am Abwaschbecken. Auch sie hielten wie die Männer ihre Waffen sichtbar und schußbereit in der Hand.

»Wir wissen, daß wir sterben werden«, begann Mowsar, der sich dem alten General gegenübergesetzt hatte.

»Was fordert ihr?

»Der Präsident soll sagen, wer ihn in den Verhandlungen mit uns vertritt. Das ist Punkt eins. Punkt zwei: Bis morgen zehn Uhr soll diese Person öffentlich im Fernsehen genannt werden. Haltet ihr diese Frist nicht ein, beginnt um zwölf Uhr die Erschießung der ersten zehn Geiseln.«

»Welche Bedingungen müssen erfüllt sein, damit ihr die Geiseln freilaßt?«

»Was soll diese Frage? Das habe ich doch schon am Telefon gesagt. Die Geiseln haben es der Öffentlichkeit über ihre Handys mitgeteilt. Soll das ein Spiel auf Zeit werden?«

»Nein, aber du hast gerade eine neue Forderung erhoben, du willst jetzt zusätzlich einen von Putin eingesetzten Verhandlungsführer. Vielleicht haben sich ja weitere Bedingungen geändert.«

»Also gut: Ende des Krieges, Abzug aller russischen Truppen aus Tschetschenien, ansonsten erschießen wir nacheinander alle Geiseln. Verstanden?«

Aslachanow hatte Mühe, sich zu beherrschen. Er atmete kurz und schwer.

»Hast du keine Erziehung? Hast du vergessen, daß unser Volk nicht so respektlos mit seinen Alten umgeht?«

»Du erinnerst dich noch an unser Volk?« konterte genauso aufgebracht Mowsar. Seine Augen funkelten jetzt schwarz und bedrohlich. »Im weit entfernten friedlichen Moskau, wo es warm und bequem ist, wo es sich so gut kuscheln läßt, bist du doch mit den Russen unter eine Decke gekrochen!«

Aslachanow sprang auf. Die Männer ruckten ihre Kalaschnikows zurecht. Er drehte sich weg, sammelte sich und sprach schließlich weiter: »Als General sage ich dir, ein Truppenabzug ist nicht an einem Tag zu schaffen. Sie sind mit so viel Technik vor Ort, Panzer, Artillerie, schwerem Gerät. Das muß verladen und abtransportiert werden. Dafür ist mindestens ein Monat nötig! Wenn du nach einem Tag mit den Erschießungen beginnst, dann hast du der Gegenseite nicht den Hauch einer Chance gelassen. So wie du die Forderungen stellst, sind sie unerfüllbar. Verstehst du das?«

»Was ich zu sagen hatte, habe ich gesagt. Wie ihr die Forderungen erfüllt, ist eure Sache. Darüber könnt ihr euch die Köpfe zerbrechen, nicht ich.«

Hejda dachte, daß Aslachanow recht hatte. Doch sie wußte auch, daß Putin diesen unerfüllbaren Forderungen genausowenig wie erfüllbaren nachgeben würde. Sie spürte die gesamte Ausweglosigkeit. Beide Seiten waren so unversöhnlich zerstritten, daß sie sich nicht mehr auf Kompromisse verständigen konnten. Was hätte Mowsar fordern sollen: Zieht die Truppen innerhalb von vierzehn Tagen ab? Dann hätte das Druckmittel dafür kaum diese Geiselnahme sein können, denn wie sollten sie, eine Gruppe von rund vierzig Personen, Hunderte von Menschen tage-, ja wochenlang in Schach halten? Alle Verhandlungsangebote, zum Beispiel von Ex-Präsident Aslan Maschadow, hatte Moskau bislang stets in den Wind geschlagen. Was immer ihr einst legitim gewählter Präsident anbot, der Kreml ignorierte es, verteufelte Maschadow als Kriminellen. Nein, es gab keine andere Wahl, als das Ende des Krieges auf diese Weise zu erzwingen, davon war Hejda überzeugt.

Aslachanow verlegte sich auf eine neue Strategie. Er versuchte es mit Schmeichelei.

»Ihr seid gesunde, starke, gut aussehende junge Männer. Kerle wie ihr müssen heiraten! Kinder zeugen! Ihre Stämme stärken! Was macht ihr statt dessen?«

Mowsar fiel ihm ins Wort: »Wir sind Selbstmordattentäter. Wie oft willst du das noch hören? Wir befinden uns schon gar nicht mehr unter den Lebenden. Verstehst du? Vergiß deine ganze Verhandlungserfahrung. Das hier ist nicht Budjonnowsk. Wir brauchen keinen Grünen Korridor, durch den wir dieses Theater lebend verlassen. Wir brauchen kein Geld, auch kein Flugzeug. Nichts! Wir wissen, daß wir hier nicht mehr lebend rauskommen. Aber darum geht es uns auch gar nicht. Wir wollen das Ende des Krieges in unserer Heimat, die dir doch scheißegal geworden ist!«

Hejda wurde angst und bange. Meinte Mowsar das mit dem

Sterben ernst? Bestimmt sagte er das nur, um seiner Drohung Nachdruck zu verleihen!

»Warum wollt ihr so dringend sterben?« fragte der General. »Was ist, wenn deine Forderungen erfüllt werden? Müßt ihr dann immer noch sterben? Hast du dich überhaupt mal gefragt, wer dir das Recht gegeben hat, über das Leben dieser jungen gesunden Männer zu verfügen? Was maßt du dir an, Frauen, die Kinder zu gebären haben, für den Kampf zu mißbrauchen? In welchem Jahrhundert lebst du? Wie kannst du es wagen, diese Mädchen und Frauen für den Kampf zu opfern? Weißt du nicht, daß unser Volk so etwas nicht tut?« Aslachanow war rot vor Zorn und bebte.

Mowsar rutschte auf seinem Stuhl immer weiter nach vorn. Er lag jetzt fast auf der Sitzfläche und wirkte um so flegelhafter. Er hatte keine rechte Antwort, markierte aber weiter den Stärkeren.

»Die Männer wie die Frauen haben sich entschieden. Sie sind Selbstmordattentäter. Willst du ihnen sagen, daß sie nicht in den Dschihad ziehen dürfen?«

»Bleib mir fern mit dem Dschihad. Das ist kein Dschihad. Das ist Terror, der uns keinen Schritt weiter bringt. Verstehst du nicht, was hier läuft? Sie haben dich, euch benutzt! Das hat nichts mit Heiligem Krieg zu tun. Das ist purer Terror, damit beendet man keinen Krieg. Ich sag dir, was daraus wird: Man wird die Tschetschenen in ganz Rußland verachten. Man wird alle Moslems hassen. Bis jetzt beschränkt sich der Krieg noch auf Tschetschenien, aber bald wird er sich zum Bürgerkrieg ausweiten, der ganz Rußland erfaßt. Du erkennst nicht, daß man euch mißbraucht. Begreifst du denn nicht, daß ihr den Aufrufen dieser Verführer wie Schafe gefolgt seid? Kannst du das nicht einsehen, oder verstehst du es tatsächlich nicht?«

Aslachanow war am Ende immer leiser geworden, beinahe, als hätte er resigniert, als sei angesichts von so viel Unvernunft und Dummheit jede Argumentation unnütz. Er schüttelte den Kopf. Dann, als würde er sich noch einmal aufbäumen, fuhr er fort: »Dein Onkel Arbi hätte dich wenigstens ein paar Jahre zur Schule gehen lassen sollen. Dann könntest du jetzt wenigstens denken. Aber Arbi hat ja nichts anderes als Gewalt gekannt, kein Wunder, daß auch dir nichts anderes einfällt. Nenn mir jemanden, der euch noch aufhalten kann!«

Mowsar entgegnete aufreizend gelassen: »Allah und unser oberster Befehlshaber – Bassajew.«

»Also gut, dann gib mir seine Telefonnummer! Dann werde ich ihn fragen, wie er dazu kommt, euch wie Schafe vor sich herzutreiben. Aber auch er ist ja nur ein Spielzeug in den Händen anderer, fremder Mächte. Wie du hat auch er das nur noch nicht begriffen.«

»Bassajew ist ein hervorragender Militärstratege! Kein schlechtes Wort über ihn!« Wütend packte Mowsar sein Gewehr; Hejda sah, wie er es entsicherte. Ihr Atem ging schneller, sie hatte Angst. Den General schien dagegen nichts aus der Ruhe zu bringen.

»Was spielst du ständig an deinem Gewehr herum? Willst du mir altem Mann Angst einjagen? Oder muß unbedingt Blut fließen? Los, zeigt schon, wie entschlossen ihr seid! Schneidet mir den Kopf ab und haltet ihn in die Kamera! Aber damit ihr es wißt: Ich bin bereit, mich zu opfern.«

Mowsar stellte das Gewehr langsam zwischen seine Beine auf den Boden zurück. Er hatte den Kopf gesenkt und schaute den General schräg von unten an. Leise, aber scharf entgegnete er:

»Wenn wir das gewollt hätten, hätten wir es längst getan.«

»Was wollt ihr dann?«

»Unabhängigkeit. Einen unabhängigen Staat, in dem die

Scharia herrscht. Aber du redest die ganze Zeit davon, daß Tschetschenien Teil Rußlands bleiben soll.«

»Ganz genau, das meine ich. Weil ich älter bin als ihr und weitaus erfahrener. Wie alt bist du?«

»Sechsundzwanzig.«

»Was für einen unabhängigen Staat habt ihr nach dem Abkommen von Chasawjurt errichtet? Öffentliche Hinrichtungen – ist es das, was ihr wollt? Dieben wie im Mittelalter die Hand abhacken? Ihr habt alles verwüstet und gestohlen! Siehst du denn wirklich nicht, wie man dich manipuliert hat? Ist dir nicht aufgefallen, wie Bassajew lebt? Daß er alles andere als arm ist? Was glaubst du wohl, warum er soviel Geld hat? Oder dein Onkel Arbi?«

»Bassajew ist immerhin in Tschetschenien, anders als Sie hier in Moskau.« Mowsar hatte den General zum ersten Mal gesiezt. Der überging es, sprach erregt weiter.

»Ja, er ist noch in Tschetschenien, weil ein anderer Staat ihn nämlich nicht aufnimmt. Sonst wäre er längst weg, wie alle übrigen, deren Kinder an den prestigeträchtigsten Hochschulen der Welt studieren, die jetzt in Villen und Palästen wohnen. Sind das die Erbauer des unabhängigen tschetschenischen Staates? Sie haben euch Jungs die Zukunft gestohlen! Ihr habt keine Familien, keine Kinder, obwohl es längst Zeit dafür ist. Ihr erledigt für sie die Drecksarbeit. Mit eurem Blut machen sie ihre Millionen. Oder stimmt es etwa nicht, daß sie achtzig Prozent der versprochenen Summen klauen? Sie schicken euch um die Welt, ihr sollt kämpfen, damit sie weiter daran verdienen.«

In der Küche war es still. Alle dachten nach. Hejdas Gedanken rasten. Sie brauchte Zeit, um über die Zusammenhänge nachzudenken, die der General, immerhin ein Landsmann, geschildert hatte. So hatte sie ihren Kampf noch nie betrachtet. Vieles, was sie hier hörte, war völlig neu für sie. Sie war sich auch nicht sicher, ob sie den General immer richtig verstanden hatte.

Mowsar unterbrach die allgemeine Nachdenklichkeit. Die Männer hatten sich inzwischen ebenfalls hingesetzt. Nur Larissa und Hejda standen noch. Larissa drehte die verchromte Pistole in den Händen, ihre Bewegungen wurden immer schneller.

Mowsar richtete sich auf seinem Stuhl auf.

»Wir sind Kämpfer Allahs. Unsere Mission ist die Befreiung unserer Heimat. Wir wollen Frieden in Tschetschenien!« preßte er stoßweise hervor. Mit jedem Satz war er zorniger geworden und hatte sichtlich Mühe, dem alten Mann nicht an die Gurgel zu springen.

Der tat, als sei ihm Barajews Wut völlig gleichgültig. »Und was glaubst du, was wir wollen? Denkst du, daß es uns nicht weh tut, das Leid der Mütter zu sehen? Daß wir keine Verhandlungen wollen? Daß wir unser Volk weniger lieben als ihr? Was tut ihr Jungs denn für eure Heimat, außer daß ihr jeden Tag mordet? Völlig unschuldige Menschen umbringt? Und was ist das jetzt hier? Seid wann nehmen Tschetschenen Frauen und Kinder in Geiselhaft? Hat es so etwas je in der Geschichte unseres Volkes gegeben? Wißt ihr nicht, daß man euch verfluchen wird für die Tränen, die diese Kinder hier vergießen? Kein einziges Land, keine Nation wird euch verstehen. Soviel Schande bringt man nicht über unser Volk!« Nun hatte auch er sich in Rage geredet. Doch nach einer Pause, in der er die Augen schloß und mehrmals tief Luft holte, fuhr er wieder ruhiger fort: »Ich mache euch einen Vorschlag. Einen, der echten Männern geziemt: Nehmt mich und die Hälfte aller Duma-Abgeordneten und laßt dafür sämtliche Geiseln frei.«

Hejda sah, als sie ihren Blick von Mowsar zu den anderen Männern wandern ließ, daß nicht nur sie verwirrt war. Alle schienen nicht ganz zu verstehen, was sie von einem solchen

Vorschlag halten sollten. Sie hätte gern gewußt, wie Larissa reagierte, doch um sie anzusehen, hätte sie sich deutlich zu ihr hinwenden müssen. Das hätte jetzt, in der bedrohlich wirkenden Stille, zuviel Aufsehen erregt. Erwartungsvoll schauten die Männer Mowsar an. Der sprang auf und brüllte:

»Genug jetzt. Es reicht. Wir sind Krieger Allahs. Wir sind schon fast im Paradies. Du siehst uns das letzte Mal, wir sind schon fast fort. Und merk dir: Wir werden mit niemandem mehr reden, keiner braucht mehr zu kommen! Geh! Nenn ihnen unsere Bedingungen und verschwinde!«

Der ehemalige General war ebenfalls aufgestanden. Mit herrisch vorgerecktem Kinn wies er Mowsar ein letztes Mal zurecht: »So redest du nicht mit mir! Ich bin nicht dein Untergebener, hast du verstanden?«

Doch Mowsar reagierte nicht mehr auf ihn. Mit einem Kopfnicken gab er seinen Männern zu verstehen: Es reicht, führt ihn hinaus. Und laut: »Es ist Zeit fürs Gebet.«

Alle Männer verließen die Küche. Hejda und Larissa standen etwas unschlüssig im Raum. Sie traten hinaus ins Foyer. Dann schlug Larissa Hejda vor, kurz nach oben zu ihren Kampfgefährtinnen auf dem Zuschauerbalkon zu gehen. Hejda schloß sich ihr an. Ein kalter Wind zog durch den Flur des zweiten Stocks. Feuchte Regenluft strömte durch eines der großen Fenster, dessen Scheibe zerbrochen war. Glassplitter knirschten unter ihren Füßen. Die Tür zu den Rangplätzen stand offen. Die Frauen, die zuvor gezwungen worden waren, sich so dicht es ging um die zweite, oben deponierte Bombe zu setzen, froren erbärmlich. Auch die Kinder zitterten. Ein Mädchen war kreideweiß, Hejda hörte, daß es schwer hustete.

»Könnt ihr nicht die Tür schließen oder doch wenigstens die Vorhänge zuziehen?« fragte Hejda Sinaida. Es war die Frau aus dem Witwenkommando, die zumeist zu Barajews Bedienung abgestellt war. Hejda kannte Sinaida trotz der vielen Wochen, die sie nun schon gemeinsam verbracht hatten, nicht besonders gut. »Warum, was soll die Frage? Ist das hier ein Sanatorium? Das sind Russen! Hast du das schon vergessen? Und überhaupt, was wollt ihr hier oben, warum seid ihr nicht auf euren Plätzen?« herrschte Sinaida sie an.

Hejda antwortete nicht, Larissa war schon auf dem Weg zur Tür. Sie gingen, ohne ein Wort über den Vorfall zu verlieren, nach unten zu den Parterreplätzen im Theatersaal.

Medina war wach und schritt langsam die Stufen ab. »Wo warst du?«

»Mowsar hat mit Aslachanow gesprochen, er wollte ein paar von uns dabeihaben.«

»Er hat sich doch geweigert, ihn zu empfangen?«

»Er hat noch einmal angerufen und gefragt, ob Mowsar Angst habe, einem Landsmann, noch dazu einem unbewaffneten, zu begegnen. Das wollte er offenbar nicht auf sich sitzen lasen.«

»Hast du gehört, worüber sie geredet haben?«

»Ja, ich war von Anfang bis Ende dabei, Aslachanow hat die ganze Zeit geredet.«

»Was hat er gesagt?«

»Eine Menge, mir schwirrt der Kopf davon. Daß wir mißbraucht würden, daß wir den Ruf der Tschetschenen völlig ruinierten. Daß nicht jeder, der nicht gegen die Russen kämpft, sein Volk verrät.«

»Wenn ich in Moskau sitzen und man mich in einem großen Auto mit Blaulicht durch die Stadt kutschieren würde, könnte ich vielleicht auch so reden. Wenn die Russen weder meine Schwester noch meinen Mann getötet hätten, ich nicht jeden Tag die Bombenruinen sehen würde, keine Angst vor nächtlichen Razzien haben müßte, dann, aber auch nur dann, würde ich vielleicht auch so denken.« Medina, die für gewöhnlich nicht die Stimme erhob, sprach sehr erregt. Sie flüsterte zwar, aber sie hatte wütend Hejdas Unterarm gegriffen und ihr die Fingernägel ins Fleisch gegraben.

»Du tust mir weh.« Hejda zog ihren Arm weg.

Medina sah sie an, als wäre sie gerade aufgewacht. »Entschuldige. Aber er tut mir weh, wenn er solch ein Geschwätz verbreitet! Er hat sich so weit von seinem Volk entfernt! Für wen spricht er eigentlich in der Duma, für die Exil-Tschetschenen?«

»Mowsar war genauso wütend wie du.«

»Hat er sich beherrscht? Immerhin könnte Aslambek sein Vater, fast sein Großvater sein.«

»Es fiel ihm schwer. Er wurde mehrere Male von ihm zurechtgewiesen. Aber was spielt das jetzt noch für eine Rolle?«

Medina verstand nicht. »Was willst du damit sagen? Kennst du unsere Regeln nicht mehr? Achtung vor dem Alter unter allen Umständen? Das weißt du doch, oder was meinst du? Du meinst doch irgend etwas anderes!?« Medina schaute ihrer Schwester forschend in die Augen, Hejda wich aus.

»Mowsar hat ihm gesagt, daß Aslachanow uns sowieso nicht noch einmal zu Gesicht bekommt. Glaubst du das auch? Kann es wirklich nur so enden?«

Die Frauen standen so weit wie möglich von ihren Zuschauerreihen entfernt. Sie gaben sich nach außen gelassen, doch die Spannung zwischen den Schwestern wuchs.

»Was ist los, wirst du jetzt kleinmütig?« fuhr Medina Hejda an. »Hejda, wir sind in das Kommando gegangen, um, wenn es sein muß, für unser Volk, für seine Freiheit zu sterben! Sag, wenn du nicht mehr dazu bereit bist!«

Hejda schaute betreten auf ihre Schuhspitzen. Medina legte ihr die Hand auf die Schulter, drehte sie ein wenig zu sich. Gut, dachte sie, daß es im Saal dunkel ist.

»Sag schon, was ist los?«

»Ich will nicht sterben. Was nützt es unserem Volk, wenn wir alle tot sind? Die Russen töten uns, und wir töten uns. Wozu der ganze Kampf, wenn keiner mehr übrigbleibt?«

»Hejda!« zischte Medina ihre jüngere Schwester an. »Seit wann ergeben sich Tschetschenen? Seit wann überlassen sie den Russen den Sieg? Wo ist dein Stolz?«

Hejda rührte sich nicht, und Medina schien keine Antwort zu erwarten. »Sag mir die Wahrheit: Bist du nur meinetwegen mitgekommen? Weißt du denn nicht, daß das nicht reicht? Wenn dir die Freiheit unseres Volkes nicht soviel bedeutet, daß du dafür sterben würdest, dann ist das hier nicht dein Platz. Wenn du nicht aus eigenem freien Willen für unsere Freiheit in den Tod ziehst, dann hast du hier in diesem Kommando genaugenommen nichts verloren!«

»Ich kann mir einfach nicht vorstellen, daß schon bald alles zu Ende sein soll. Es muß doch andere Lösungen geben als nur den Tod!«

»Hejda! Für solche Überlegungen ist es jetzt zu spät. Kapierst du das nicht?«

»Doch, leider.« Sie drehte sich zur Wand, denn jetzt konnte sie die Tränen, die der Schleier zum Glück verbarg, nicht mehr zurückhalten. Sie versuchte, das Schluchzen zu unterdrücken, um nicht die Aufmerksamkeit der anderen Witwen zu erregen.

»Hejda, es gibt jetzt kein Zurück mehr«, redete Medina weiter auf sie ein. »Du kannst es dir nicht auf halber Strecke anders überlegen und sagen, daß du nicht mehr mitmachst.«

Hejda blieb stumm. Sie wagte nicht, ihre Tränen zu trocknen, denn eine solche Geste hätte sie verraten. Sie war todunglücklich. Ihr kamen die historischen Erzählungen von verzweifelten Tschetscheninnen in den Sinn. Die hatten sich, wenn sie überhaupt keinen Ausweg mehr sahen, von hohen Felsvorsprüngen in tiefe Schluchten gestürzt. Hejda dachte, daß das zumindest ein schnelles Ende wäre, anders als das quälende Warten hier. Warum hatte sie bisher nicht darüber nachgedacht, daß sie diese Geiselnahme vielleicht mit dem eigenen Leben würde bezahlen müssen? Mowsar hatte von einer risikoreichen Aktion gesprochen, nicht aber von einem Himmelfahrtskommando. Wie hatte sie sich nur so blind auf ihn verlassen können?

»Schade, daß es hier keine Schlucht gibt«, sagte sie nach einer längeren Pause, in der jede ihren Gedanken nachgehangen hatte, unvermittelt zu Medina.

»Welche Schlucht? Meinst du, wenn die Frauen Selbstmord begehen? Hejda, Selbstmord ist verboten! Freitod und Sterben im Freiheitskampf sind zwei völlig unterschiedliche Dinge. Ich fasse es nicht, wie wenig du begriffen hast!«

»Aber du weißt alles, was?«

»Hejda, was soll das? Ich bin bereit, wenn es sein muß, zu sterben. Und ich dachte, daß du das auch bist. Laß uns gemeinsam bis zum Schluß für unser Volk kämpfen! Folge mir, vertrau mir, laß mich jetzt nicht im Stich!«

Medina sah sie flehentlich an, Hejda nickte stumm. »Habe ich denn eine Wahl?«

Medina blickte zu Boden. Hejda setzt sich auf die Treppenstufe, verschränkte die Arme über den Knien und bettete ihren Kopf darauf. Sie wollte ausruhen, am liebsten schlafen, zumindest aber einen Moment für sich sein.

Nervenkrieg

Nach der ersten Nacht, die sie im Theater verbracht hatten, trat Punkt sechs Uhr einer der Männer aus dem Kommando auf die Bühne. Es war Jassir Abu-Bakar, der »Schöne Araber«. Er hatte seine Maske abgenommen, was Hejda das erste Mal die Gelegenheit gab, ihn genauer zu betrachten: Sein dunkles Haar hatte einen rötlichen Schimmer und war frisch geschnitten. Der Pony wirkte fast zu gerade. Über seinen großen dunklen Augen stießen geschwungene Brauen fast aneinander. Er war nicht besonders groß, aber breitschultrig, und den einst beeindruckend langen Bart hatte er sich erst kurz vor ihrer Aktion abgenommen. Wenn er lachte, entblößten seine gut durchbluteten Lippen schöne weiße Zähne. Sein Kinn war im Vergleich zu dem runden Gesicht ein wenig spitz geraten, aber mit der Kerbe sehr männlich. Sie gab allen, die sie vorher von ihm hatte schwärmen hören, recht: Er war ein Bild von einem Mann. Kraftstrotzend und schön.

Abu-Bakar begann, ein Gebet vorzusprechen, dann zu singen. Er hatte eine wundervolle, gut geschulte Stimme, die die schwierigen Gesänge gekonnt meisterte. Vor allem in den hohen Lagen wurde sie so eindringlich, daß Hejda eine Gänsehaut bekam. Sie hatte sich zum Gebet hingestellt, die Hände mit den nach oben gerichteten Innenflächen aneinandergelegt. Sie sprach nach, was er auf Arabisch vorsagte, stimmte in den Chor bei den Gebetsgesängen mit ein. Jemand hatte das Saallicht angeschaltet. Hejda bemerkte, daß die Geiseln ihnen mucksmäuschenstill zusahen. Täuschte sie sich oder war das tatsächlich Furcht in den Gesichtern? Warum diese Angst? Dachten sie vielleicht, daß das Gebet ihr Ende einläutete? Sie war ratlos und folgte nur noch mechanisch den Verrichtungen.

Nach rund zwanzig Minuten stieg Jassir Abu-Bakar von der Bühne, alle »Brüder« verließen den Saal. Die Zuschauer verhielten sich noch immer sehr ruhig, wie in der Erwartung, daß jeden Augenblick das Inferno begänne. Doch es tat sich nichts. Allmählich setzten die Gespräche wieder ein.

Stunden später jagte ihnen allen ein Geräusch über ihren

Köpfen Todesangst ein. Der Lärm wurde lauter und lauter. Irgend etwas näherte sich dem Theater von oben. Sämtliche Geiseln verschwanden unter ihren Sitzen. Endlich konnte sich jemand das Geräusch erklären. Ein Hubschrauber! Die Männer stürmten in den Saal, sahen zur Decke hoch, als sei die plötzlich durchsichtig geworden. Sie sprachen laut und aufgeregt, einer rief den Geiseln zu: »Macht euch bereit! Sie beginnen mit der Erstürmung. Zeit, voneinander Abschied zu nehmen!«

Larissa eilte Medina und Hejda entgegen. »Alle nach oben auf den Balkon, macht schnell!« Der obere Rang war nicht vollbesetzt, in der freien Ecke versammelte sich das gesamte Kommando, Männer wie Frauen. Mowsar sprach zu ihnen: »Ihr wißt, was ihr zu tun habt. Die Männer nehmen Aufstellung an den Bomben. Ihr wartet auf mein Kommando. Niemand zündet irgendeinen Sprengsatz, bevor ich etwas gesagt habe. Habt ihr verstanden? Und vergeßt nicht zu beten! Brüder und Schwestern: Auf eine Zukunft im Paradies! Für die Freiheit Itschkerias. Allah u Akbar!« Sie antworten mit »Allah u Akbar« und trennten sich. Alle gingen wie zuvor an ihre Plätze im Theatersaal. Es geschah nichts.

Hejda sah, wie sich einige Frauen noch immer versteckt hielten. Sie forderte sie auf, hervorzukommen und sich hinzusetzen. »Bleiben Sie ruhig! Wenn etwas geschieht, dann sind Sie dort unten so wenig geschützt wie auf Ihren Sitzen.« Die Frauen krochen auf ihre Sessel zurück. Sie horchten, warteten, doch nichts passierte. Den Vormittag über gelang es einigen, ein wenig zu schlafen.

Hejda drehte sich zur Wand und schaute sich ihren Sprengstoffgürtel genauer an. Es war nicht der, den sie selbst hergestellt hatte. Alle hatten andere Pakete bekommen. Hatte das etwas zu bedeuten? Sie ging zu Medina, bedacht darauf, die Schritte langsam zu setzen, keine Aufmerksamkeit durch Eile zu erregen, doch am liebsten wäre sie gerannt, hätte geschrien: Was soll das, kannst du dir das erklären?

Medina spürte Hejdas Erregung. »Was ist?«

»Schau dir das an! Das sind nicht die Pakete, die wir geschnürt haben.«

»Ja und, dann haben wir eben andere, was ist denn dabei?«

»Es sind nicht unsere Pakete, und ich möchte wissen, warum nicht. Hier stimmt etwas nicht.«

Irgendwann sprang Barajew auf die Bühne und kündigte an, daß er mit einigen Duma-Abgeordneten sprechen wolle. Boris Nemzow, Irina Chakamada, Grigori Jawlinski – drei kremlkritische Liberale. Und mit der Journalistin Anna Politkowskaja. Als Hejda dies hörte, keimte wieder Hoffnung in ihr auf. Ein wenig wünschte sie sich sogar, daß sie wieder bei den Gesprächen anwesend sein könnte, aber sie dämpfte ihre Erwartungen. Sicher waren jetzt andere an der Reihe, wenn Mowsar überhaupt noch einmal Frauen zuließ.

Am Mittag hieß es, der russische Sänger Josif Kobson und einige Vertreter vom Roten Kreuz hätten sich angesagt. Die Schwestern wunderten sich. Hatte Barajew nicht gestern noch nach dem Gespräch mit Aslachanow erklärt, er werde überhaupt niemanden mehr empfangen? Nun kamen sie in Scharen. Was wollte Kobson hier? Seine Lieder waren zwar in Tschetschenien durchaus populär, aber der alte Mann, der so lächerlich aussah mit seiner pechschwarzen, schlechtsitzenden Perücke, galt nun wahrlich nicht als Freund ihres Volkes. Wollte er sich damit Aufmerksamkeit, ein paar Schlagzeilen verschaffen?

Im Theater herrschte ein Kommen und Gehen, doch Mowsar rückte in den Gesprächen nicht von seinen Forderungen ab.

Per Walkie-Talkie wurde Hejda in die Küche beordert, wo weitere vier Frauen warteten. Einer der »Brüder« befahl ihnen, in eines der Büros mitzukommen. Dort saß Mowsar auf dem Boden vor einem aufgeklappten Laptop und wurde gefilmt. Den Text, den er sprach, las er eindeutig von dem Laptop ab: »Wir sind in die russische Hauptstadt gekommen, um den Krieg in Tschetschenien zu stoppen oder aber in Allahs Namen zu sterben. Ich schwöre bei Allah: Wir lieben den Tod mehr als ihr euer Leben.«

Danach sollten sich die Frauen eng zusammengerückt vor einem der schwarzen Plakate aufstellen. Sie waren fünf, alle in schwarzen Kleidern mit den Schleiern, die nur die Augen freiließen. Das Rotlicht der Kamera blinkte, und Schura sprach wie auf ein vereinbartes Kommando hin offensichtlich einstudierte Sätze, die Hejda noch nie von ihr gehört hatte: »Wir haben jahrelang umsonst auf Gerechtigkeit gehofft. Sterben wir hier, werden wir hunderte Ungläubige mit in den Tod nehmen.«

Am frühen Nachmittag teilte Mowsar dem Saal mit, daß er bereit sei, das jüngste Mädchen, das allerdings nicht aus Moskau stammen dürfe, freizulassen. In Medinas Reihe meldete sich eine rund vierzigjährige Frau. »Meine Tochter ist die Jüngste. Sie ist vierzehn. Ich sehe kein jüngeres Mädchen hier.« Neben ihr saß das blonde Mädchen, das als erstes die Toilette hatte aufsuchen dürfen. Ihre Mutter bat sie aufzustehen, damit der Kommandochef sie besser sehen konnte.

Der Kommandeur schüttelte den Kopf und wies mit der Hand zum Balkon. »Dort sitzen viel kleinere Kinder.« Und nach oben gerichtet: »Wer ist bei euch die Jüngste?«

Eine Mutter mit einem kleinen Jungen und einem Mädchen trat an die Balkonbrüstung. Hejda stubste Medina an: »Das sind die von gestern abend an unserem Buffet, das ist der Junge, der noch unbedingt das Flugzeug sehen wollte!«

Die Mutter hielt sich an der Brüstung fest und rief nach unten: »Meine Tochter ist sechs, sie ist das jüngste Mädchen. Aber mein Sohn hier ist erst fünf, er ist noch kleiner. Bitte lassen Sie ihn auch frei!«

»Woher seid ihr? Du weißt, daß Moskauer nicht gehen dürfen!«

»Wir sind aus Sergijew Possad, das ist fast fünfzig Kilometer von hier entfernt. Bitte lassen Sie sie frei, sie sind doch noch klein!«

»Hast du deinen Paß mit? Kannst du beweisen, daß ihr von dort seid?«

»Ja, Sie haben meinen Paß und andere Dokumente. Sehen Sie nach!«

»Na gut.«

Neben der Mutter auf dem Balkon stand eine Schwarze Witwe, wie sie alle tief verschleiert. Mowsar Barajew rief ihr zu, sie solle die Kinder herunterbringen. Als sie den Arm unter dem schwarzen Umhang ausstreckte und nach dem Jungen griff, drehte der sich weg. Er hielt seinen eigenen Arm mit der anderen Hand fest, als wollte er verhindern, daß sie ihn abriß. Die Mutter redete den Kindern zu, mit der schwarzgekleideten Frau mitzugehen. Die sträubten sich hartnäckig. »Nicht ohne dich. Mama, komm mit!« rief die Kleine. Die Mutter erklärte ihr, daß sie nicht freigelassen wurde und deshalb nicht mitkommen könnte. Die Geschwister weinten und klammerten sich an ihr fest. Als die Witwe sie fortziehen wollte, schrie der Junge: »Laß mich, du Hexe! Mit dir gehe ich nicht weg! Ich lasse meine Mama nicht allein!« Die Mutter rief nach unten: »Sie sind so klein, sie wissen doch noch nicht einmal ihre Adresse. Wie sollen sie nach Hause finden?«

Daraufhin fingen die Frauen im Parkett an, auf Mowsar einzureden.

»Wenn Sie sie ohne die Mutter freilassen, dann ist es für sie nicht besser, als hier zu sterben. Ein Kind gehört doch zu seiner

Mutter! Lassen Sie die Mutter mit frei!« Neben den beiden Kleinen erschien ein weiteres Mädchen. Oder war es ein Junge? Hejda konnte es nicht genau erkennen.

»Gut, nimm die drei Kleinen mit und geh!« rief Barajew von der Bühne aus der Frau auf dem Balkon zu. Erst klatschten die Frauen im Parkett Beifall, dann applaudierte schließlich der gesamte Saal. Hejda sah, wie die Mutter erleichtert aufseufzte und ein leichtes Lächeln über ihr erschöpftes Gesicht huschte.

Hejda strahlte, alles in ihr jubilierte. Glücklich sagte sie zu Medina: »Nun hat der Kleine das Flugzeug doch nicht gesehen. Hätte er nur gleich auf seine Mutter gehört!«

»Hatte sie nicht gerade noch nur zwei Kinder?«

»Pst. Du siehst doch, wie klein das dritte ist!«

Die vier verschwanden von der Brüstung des Balkons, die Geiseln wirkten wieder etwas gelöster, das Gemurmel im Saal hielt lange an, die Freilassung wurde ausgiebig diskutiert. Dann trat wieder Routine ein. Die Geiseln baten um Erlaubnis, zur Toilette zu gehen. Längst wurden sie nicht mehr einzeln aus dem Saal geführt. Die Zuschauer im Parkett mußten den Orchestergraben benutzen. Der Geruch wurde unerträglich.

Plötzlich ging die Saaltür auf der Männerseite auf. Jemand in weißem Arztkittel trat ein. Einige Frauen erkannten den berühmten Moskauer Kinderarzt Leonid Roschal. Der große weißhaarige Mann trug unter dem Kittel einen eleganten grauen Anzug mit silberfarbener Krawatte. Besorgt schaute er in den Saal. »Retten Sie uns! Sorgen Sie dafür, daß wir nicht sterben!« riefen sie aufgeregt durcheinander.

Mowsar, der hinter dem Arzt stand, sagte: »Hier gibt es niemanden zu retten.« Roschal antwortete unerwartet bissig: »Wissen Sie eigentlich, wie viele tschetschenische Kinder ich behandelt habe? Wie vielen ich das Leben gerettet habe? Lassen Sie mich entscheiden, was hier zu tun ist!«

Mowsar zuckte gleichgültig mit den Schultern. Einige Frauen winkten den Arzt zu sich, er ging durch die Reihen.

Medina hatte tapfer versucht, die Übelkeit zu unterdrücken, ihr stand kalter Schweiß auf der Stirn, ihre Haut war blaß. Ihr war schwindlig. Es ging ihr immer schlechter. Hejda wandte sich an Larissa.

»Wir müssen etwas tun! Hier in dem Gestank hält sie nicht mehr lange durch. Was soll ich machen?«

»Braucht sie den Arzt?«

»Um Gottes willen, auf keinen Fall. Das würde sie nicht zulassen. Es würde sie auch viel zu sehr aufregen.«

»Warte hier. Paß auf meine Reihen mit auf. Ich frage, ob ihr nach oben wechseln könnt, wenigstens für ein Weilchen.«

Larissa ging, kehrte bald darauf zurück. »Geht! Sulinchan und Sinaida sind einverstanden.«

»Sinaida hat tatsächlich eingewilligt?« Hejda hatte es nicht zu hoffen gewagt.

»Was meinst du? Wegen heute nacht? Ach, Sinaida ist schon in Ordnung. Geht jetzt!«

Oben auf der Empore gab es viel mehr Jungen und Mädchen als unten, denn hier saßen die Darsteller aus dem Kinderensemble. Medina und Hejda erkannten einige wieder. Wochenlang waren sie schließlich an ihrem Büffet vorbeigekommen. Wenn sie zur Probe oder Vorstellung gingen, hatten sie Getränke und Eis bei ihnen gekauft.

Hier oben war es bitterkalt, aber wenigstens stank es nicht. Nachdem sie sich bei Sinaida und Sulinchan bedankt hatten und die beiden nach unten gegangen waren, schloß Hejda sofort die Tür, um die Zugluft zu stoppen. Die Frauen sahen sie erleichtert an. Den Schwestern fiel auf, daß die Kinder seltsam gekleidet waren. Hejda fragte, was es damit auf sich hätte. »Es sind ihre Kostüme. Sie haben schrecklich gefroren. Ihre Jacken durften sie nicht holen, aber in der Requisite gehen die Jungen austreten, von dort haben sie die Kostüme mitgebracht.«

Medina und Hejda hatten von Sinaida und Sulinchan erfahren, daß sie hier oben die Geiseln zur Toilette führen mußten. Ihnen blieb der Orchestergraben erspart, denn die Damentoilette befand sich direkt auf dem Gang. Die Männer mußten die Requisitenkammer benutzen. Immer nur kleine Gruppen durften hinaus. Und nur wenn die ersten zurück waren, konnten die nächsten losgehen. Drei Frauen meldeten sich. Hejda begleitete sie zur Toilette und führte sie dann wieder zurück. Einige Zeit später bat die nächste Gruppe um Erlaubnis. Zwei, die wenig vorher schon gegangen waren, waren wieder dabei.

»Müßt ihr schon wieder?« Aber sie fragte nicht weiter, wollte sich intime Details ersparen. Sie wartete vor der WC-Tür.

Medina erschien mit noch einer Witwe im Korridor. Beide begleiteten ein Paar. Der junge Mann trug seine Frau auf den Armen. Sie war ohnmächtig geworden, brauchte frische Luft. Medina hatte es ihnen gestattet. Er bettete die zerbrechliche, federleichte Gestalt auf eines der breiten Fensterbretter, klopfte ihr immer wieder auf die Wangen, doch sie reagierte nicht. Roschal, der Arzt, kam, hob ihre Lider, sprach sie an: »Was hast du, ist es der Blinddarm?« Keine Antwort. Ohne ein Wort zu sagen, ging er zurück in den Saal.

Drei Frauen waren schon zurückgekommen, gemeinsam mit Hejda warteten sie vor der Toilettentür auf die zwei fehlenden. Die beiden erschienen nicht. »Lassen Sie uns doch schon vorausgehen, was sollen wir hier herumstehen?« baten die ersten drei.

Hejda weigerte sich, sie befahl ihnen, weiter mit ihr zu warten. Schließlich beschlich sie ein merkwürdiges Gefühl. Sie ging in die Toilettenräume und sah, daß ein Fenster sperrangelweit offenstand, von den beiden Frauen keine Spur. Hejda stieß die drei anderen beiseite, rannte ins Foyer und schrie den Männern zu: »Zwei sind geflohen, durch das Fenster!«

Die Männer stürzten herbei und schossen durch die Scheibe in die Nacht. Ein anderer lief herbei und warf Granaten ins Dunkel. Sie feuerten wahllos, von den Gestalten der beiden Flüchtigen war nichts zu erkennen. Plötzlich schlug ein Schuß dicht neben dem Fenster ein. Hejda schrie den drei Frauen zu, in Deckung zu gehen, und dem jungen Mann: »Nehmen Sie Ihre Frau vom Fensterbrett! Runter mit ihr! Soll sie getroffen werden?« Er hatte mit Medina bereits hinter dem Sims Schutz gesucht.

Hejda kroch mit den drei Frauen auf allen vieren in den Zuschauerraum zurück, Medina blieb bei dem Paar, sie saßen jetzt zu dritt unter dem Fensterbrett. Einige Zeit später kamen auch sie. Gerade als die drei wieder ihre Plätze eingenommen hatten, betraten Sinaida und Sulinchan die Empore. Hejda war froh, daß die Tür noch geöffnet war, sicher hätten sie es nicht gebilligt, daß die Geiseln geschont wurden. Sulinchan brüllte die Frauen an: »Macht das nicht noch mal.« Sie trat an die Balkonbrüstung und schrie nach unten: »Alle hier, versteht ihr? Passiert das noch mal, daß jemand abhaut, werden zehn andere dafür erschossen. Kapiert?« Sie tobte und bellte Hejda an: »Verschwindet lieber wieder nach unten, sonst versaut ihr hier noch mehr!«

Hejda sparte sich jeden Protest, sie wußte, daß es sinnlos war. Die beiden Frauen, die den Sprung aus dem zweiten Stock gewagt hatten, hätten dies auch bei Sinaida und Sulinchan getan. Hejda war davon ausgegangen, freilich ohne sich selbst vergewissert zu haben, daß die Toilettenfenster auch hier oben vergittert waren.

Sie hatten noch nicht den Balkon verlassen, als plötzlich die

Tür aufging und sich einer der Kämpfer in den oberen Saal schleppte. Er hinkte stark, konnte sich kaum auf den Beinen halten und fiel fast. »Wo ist der Arzt? Roschal, kommen Sie her!« Roschal gab gerade einer Frau eine Spritze. Er wandte sich um. »Was ist mit Ihnen?«

»Du mußt mir die Kugel entfernen. Die Schweine schießen auf das Theater, sie haben mich erwischt.«

»Warum sollte ich Ihnen die Kugel entfernen? Ihr Anführer hat doch gerade noch gesagt, daß es sinnlos ist, daß ich hier bin.«

»Behandelst du nur Russen, oder was?«

»Hören Sie auf, solchen Unsinn zu reden! Ich bin nach Tschetschenien gefahren, um eure Kinder zu operieren. Vierzig sind noch immer bei mir hier in Moskau in Behandlung, einschließlich ihrer Mütter. Was reden Sie also?«

»Nun mach schon, fang an, hol die Kugel raus!«

Der Arzt musterte Hejda einen Augenblick mit seinen ungewöhnlich hellen Augen, bevor er sie bat, Wasser zu bringen. Sie tat ihm den Gefallen und ging dann mit Medina wieder nach unten. Ihr grauste schon vor dem Gestank in dem Saal, aber wie mußte es erst ihrer Schwester gehen!

»Warum konnten sie die Toiletten hier nicht auch auf der gleichen Etage installieren? Wenn sie nicht im Erdgeschoß wären, hätten wir jetzt nicht diese Schweinerei«, dachte sie laut nach.

»Hör auf, davon zu sprechen, mir wird schon bei dem Gedanken daran schlecht.«

Die Schlange vor dem Orchestergraben riß nicht ab. Mühsam hievten sich die Frauen und Männer über die Brüstung. Schon während sie warteten, hielten sie sich Tücher vor die Nase, denn die Kloake war undicht. Flüssigkeit lief bereits in den Theatersaal. Hejda sah, wie sehr die Geiseln in den vorderen Reihen litten. Mit einem Blick machte sie Medina auf Frauen aufmerksam, die mit zerrissenen Kleidern zurückkehrten. Eine hatte einen Ärmel von der Bluse abgetrennt. »Was machen sie da?« fragte sie Hejda.

»Medina, es gibt kein Toilettenpapier, keine Watte, kein Wasser – nichts! Das machen sie!« Hejda vermied, die Frauen anzuschauen, denn sie sah, wie peinlich es ihnen war, mit verschmutzten Schuhen, Strümpfen, Hosen auf ihre Plätze zurückzukehren. Sie hatten sich schön gemacht für den Theaterabend – und nun dies! Hejda hätte ihnen gern diese Erniedrigung erspart, aber sie wußte, daß die meisten Witwen auch in dieser Hinsicht kein Mitleid mit den Geiseln kannten, daß sie es als Teil der Bestrafung für deren Teilnahmslosigkeit am Leid in ihrem Land betrachteten.

Für die Geiseln wie für die beiden Schwestern schleppten sich die Stunden unerträglich langsam dahin. Sie beneideten die Männer, die längst nicht so fest an ihren Platz gefesselt waren wie die Frauen aus dem Witwenkommando. Die Männer kamen und gingen, wie es ihnen paßte. Sie dagegen brauchten gute Gründe, den Saal zu verlassen.

Jede Abwechslung war willkommen. Hejda schöpfte jedesmal, wenn eine der Geiseln freigelassen wurde, neue Hoffnung, daß doch alles noch ein gutes Ende nähme. Nach den drei Kleinen aus Sergijew Possad durfte noch eine Kinderkardiologin gehen, nachdem Barajew auch ihr das Versprechen abgenommen hatte, die Öffentlichkeit eindringlich auf die Situation in Tschetschenien aufmerksam zu machen.

Tiefe Schatten lagen unter den Augen aller im Saal. Die Anstrengung zeichnete scharfe Linien in die blassen Gesichter. Hejda machte sich große Sorgen um Medina. Alle Witwen aßen und tranken kaum, gestatteten sich nur selten, sich zu setzen, aber ihre große Schwester brauchte schließlich Kraft für zwei.

Fast erfreut folgte Medina dem Araber, als er sie zu sich rief.

»Komm mit!« sagte er zu ihr. Aus seinen ersten Andeutungen entnahm sie, daß ein Fernsehteam gekommen war und Mowsar zwei Frauen dabeihaben wollte. Abermals fand das Gespräch in der Küche statt, die Medina von ihrer Arbeit am Theaterbuffet in- und auswendig kannte. Auf dem Weg dorthin zupfte sie ihr Tuch zurecht, eine Angewohnheit fast aller Tschetscheninnen, wenn sie das Haus verließen. Außerdem tastete sie das dunkelblaue Stirnband mit dem Koranspruch ab, prüfte, ob es gerade saß.

In der Küche standen drei maskierte Kämpfer und Kaira, neben die sie trat. Mowsar war noch nicht im Raum, das Fernsehteam ebenfalls nicht. Während sie warteten, unterwies der Araber die Männer, keinesfalls die Masken abzunehmen, auch wenn Mowsar, wie er selbst, voraussichtlich ohne sie vor die Kamera treten würde. Allen schärfte er ein, ihre Waffen sichtbar zu demonstrieren, aber nicht damit herumzuspielen, sollte sich das Gespräch in die Länge ziehen. Er erinnerte sie noch einmal daran, warum sie in Moskau waren: »Wir sind gekommen, um hier zu sterben.«

Dann telefonierte er wieder, wie die meiste Zeit schon. Er sprach arabisch, so schnell, daß Medina nichts verstand. Offensichtlich hielt er die ganze Zeit über mit irgendwem Kontakt. Mit Schamil Bassajew? Medina wußte, wie sehr der Araber Bassajew schätzte, er sei ein ausgezeichneter strategischer Kopf, soll er immer wieder anerkennend über ihn gesagt haben. In der Tat gingen Bassajews Pläne meist auf. Daß er ein Bein verloren hatte und selbst nicht mehr kämpfen konnte, tat dem keinen Abbruch. Aktionen, die er organisierte, schlugen nicht fehl und verschafften dem tschetschenischen Anliegen maximale Aufmerksamkeit.

Niemand in der Küche sprach, es herrschte eine erwartungsvolle Spannung.

Das Fernsehteam erschien, sichtlich eingeschüchtert und verängstigt. Wahrscheinlich fürchten sie um ihr Leben, ging es Medina durch den Kopf. Vielleicht trauen sie uns zu, daß wir auch sie kidnappen. Mowsar betrat den Raum, wie der Araber vorausgesagt hatte, unmaskiert. »Ich nenne jetzt unsere Forderungen, du kannst einschalten«, wies er den Kameramann an.

Mowsar wiederholte die bekannten Punkte.

»Geht es lauter?«

Mowsar fing noch einmal an: »Wir haben nur ein Ziel: den Krieg in Tschetschenien zu stoppen und den Abzug der Truppen zu erzwingen. Was die russischen Oberen sagen, ist nicht wahr: Wir sind keine Terroristen. Wenn wir Terroristen wären, hätten wir ein Flugzeug und eine Million Dollar gefordert.«

Als er endete, fragte der Reporter zaghaft: »Darf ich auch Fragen stellen?« Mowsar lachte, und Medina, die seitlich hinter ihm stand, ahnte, wie gewinnend er in diesem Moment aussah. »Hast du schon mal ein Interview ohne Fragen erlebt? Natürlich kannst du fragen. Was willst du wissen?«

»Wie ist Ihre Stimmung?«

Jetzt antwortete Aslan: »Ausgezeichnet, sie könnte gar nicht besser sein. Es war immer unser Traum, dies hier zu tun. Und jetzt ist er in Erfüllung gegangen.«

»Wer hat diese Geiselnahme organisiert, wer hat sie sich ausgedacht?«

»Die Männer, die du hier siehst.«

»Weiß Schamil Bassajew von dieser Aktion?«

»Natürlich. Er ist unser Anführer, einzig ihm und Allah sind wir verpflichtet.«

»Und Aslan Maschadow«, flüsterte ihm Jassir Abu-Bakar leise zu.

»Und Aslan Maschadow«, wiederholte Barajew.

Medina wunderte sich. Barajew ließ sich von Jassir etwas sagen, gar korrigieren? In aller Öffentlichkeit? Wer führte hier das Kommando?

»Wer ist der geistige Kopf dieser Aktion? Maschadow oder Bassajew? Die Parallelen zu Budjonnowsk und Perwomaiskoje sind ja nicht zu übersehen. Mowsar, ich möchte Ihnen nicht zu nahe treten, aber diese Operation erinnert doch sehr an Bassajews Handschrift«, fragte der Reporter.

»Bassajew ist natürlich unser Anführer. Er ist der Kommandant.«

»Oder Jassir«, fügte Medina für sich im Stillen hinzu.

»Und Osama bin Laden? Die beiden kennen sich doch. Bassajew war doch zur Ausbildung in Afghanistan.«

»Das stimmt. Es gibt auch jetzt noch gute Kontakte. Wir stehen in ständigem Austausch.«

»Mit wem?«

»Nimm, wen du willst. Wir haben viele Brüder und Freunde. Überall. In der Türkei, in Katar, in Saudi-Arabien.«

»Also hat Präsident Putin recht, wenn er sagt, daß dies ein Akt des internationalen Terrorismus ist?«

»Euer Präsident versteckt sich hinter dem internationalen Terrorismus. Hier geht es um Tschetschenien. Oder hat irgendeine unserer Forderungen mit dem Ausland zu tun? Du hast sie doch gerade gehört. Wir wollen, daß Rußland, daß die Welt nach Tschetschenien schaut. Wann kapiert ihr das endlich?«

Mowsar war ärgerlich, der Reporter wagte nicht weiterzufragen.

»Wann wird das Interview ausgestrahlt?« wollte Barajew wissen, jetzt wieder versöhnlicher.

»Ich kann es nicht sagen, denn noch ist ja nicht einmal klar, ob wir es überhaupt senden können. Sie kennen doch das Verbot, Interviews mit Angehörigen sogenannter ungesetzlich bewaffneter Banden zu bringen. Aber wir wollen es zumindest versuchen.«

Jassir bat ums Wort: »Ich will unseren Feinden sagen: Ich schwöre bei Allah: Wir lieben den Tod mehr als ihr euer Leben.« Er endete mit »Allah u Akbar!«, und Mowsar und Aslan wiederholten: »Allah u Akbar!«

Medina und Kaira standen die ganze Zeit still hinter den sitzenden Männern. Sie hielten ihre verchromten Pistolen so, daß der Blick auf ihre Sprengstoffgürtel unverstellt war. Der Kameramann, der den Focus die ganze Zeit auf Mowsar gerichtet hatte, filmte jetzt die anderen Kämpfer in ihren schwarzen Masken, danach die Frauen. Auf ihren Gesichtern, ihren Pistolen und Gürteln verweilte er, wie es Medina schien, eine Ewigkeit. Dieses Abgefilmtwerden war ihr äußerst unangenehm, glühende Hitze stieg in ihr auf. Wie gut, daß der Schleier ihre heißen Wangen verbarg!

Dann begann der Reporter Kaira zu interviewen: »Warum haben Sie, eine junge Frau, sich diesem Kommando angeschlossen?«

»Weil die Russen meinen Mann, meinen Bruder und meinen Cousin ermordet haben. Sie haben mit uns kein Mitleid, warum sollten wir welches mit ihnen haben? Wenn wir hier sterben, ist noch lange nicht alles aus. Von solchen wie uns gibt es viele, die fortsetzen werden, was wir begonnen haben.«

»Genug jetzt, geht! Es reicht. Ihr seid nicht die einzigen«, befahl Barajew.

Der Kameramann klappte umgehend das Stativ zusammen, und das Team verließ die Küche.

»Ist der Brite schon da?« erkundigte sich Mowsar bei dem schwarzen Araber.

»Ja, soll ich ihn holen lassen?« Barajew nickte, die nächste Interviewrunde begann. Er schien Gefallen daran zu finden, daß man ihm so viel Aufmerksamkeit schenkte. Seine rauhen Manieren sollten das zwar verbergen, aber er war ein schlechter Schauspieler.

Die Interviews waren vorüber, die Frauen gingen in den Saal zurück. Mowsar und eine Gruppe Kämpfer folgten wenig später. Von der Bühne aus verkündete Mowsar: »Sagt euren Verwandten, daß sie morgen eine Demonstration auf dem Roten Platz abhalten sollen. Mit Transparenten, auf denen unsere Forderungen stehen. Kommt die Demonstration nicht zustande, sieht es schlecht für euch aus. Habt ihr verstanden?«

»Wie sollen wir das übermitteln? Sie haben doch unsere Handys, außerdem sind die Akkus leer«, riefen einige aus den Zuschauerreihen.

»Das ist euer Problem, laßt euch was einfallen«, erwiderte er völlig ungerührt und stieg von der Bühne. Hejda holte die Plastiktüte mit den Handys ihrer Reihen. Sie nahm zwei, drei heraus. Die Displays waren dunkel. Sie wühlte weiter und fand zwei Geräte, bei denen die Batterien noch einen Rest Energie anzeigten. Sie reichte die Telefone zwei Frauen am Anfang der Reihe. »Hier, rufen Sie an, aber nehmen Sie eine sichere Nummer, jemand, der den Auftrag verläßlich weitergibt. Sie wissen: Es geht um alles.«

Die Frauen wählten nicht gleich, sie überlegten und schienen sich erst einmal sammeln zu müssen. Dann tippte die erste eine Nummer ein. Mitten im Satz gab das Handy einen letzten Piepton von sich. Auch dieser Akku war restlos leer. Die zweite hatte mehr Glück, sie übermittelte die Forderung des Geiselkommandos vollständig.

Über vierundzwanzig Stunden, seit Mittwochabend, saßen sie jetzt in diesem Theater, das von Stunde zu Stunde mehr stank. Morgen würde schon Freitag sein. Keiner wagte mehr zu essen oder zu trinken. Viele klagten über unerträgliche Kopfschmerzen. Sie wollten sich bewegen oder einfach nur schlafen. Vor allem wollten sie raus.

Hejda hatte auf Medina gewartet. Wie gern hätte sie dem Interview zugehört. Sie hatte keine Vorstellung, wie ein Fernsehteam arbeitete. Was das für Leute waren, Kameramänner, Reporter. Einfach zusehen, zuhören. Nicht hier herumstehen, warten, den Gestank ertragen und die Not der Geiseln. Sie war dafür nicht geschaffen, Menschen einzuschüchtern, Macht zu demonstrieren, jemanden zu erniedrigen und in Ungewißheit zu halten. Was hatte das alles mit der Klärung eines Konfliktes zu tun? Wie konnte so etwas zur Problemlösung beitragen? Nein. Sie beging gerade den größten Fehler ihres Lebens. Das wurde Hejda in diesen endlosen Stunden schmerzlich bewußt. Um in einem Geiselkommando mitzumachen, mußte man offenbar durch mehr Leid gegangen sein.

Sie begriff, daß sie eine Gefangene war, nicht anders als diese Geiseln hier. Daß sie sich sowenig wie sie noch aus eigenen Stücken aus dieser Lage befreien konnte. Es gab kein Zurück mehr, keinen Ausweg. Sie war zur Geisel ihrer Schwesternliebe geworden. In Ermangelung eines eigenen Lebens mit eigenen Vorstellungen und einer eigenen Liebe zu einem eigenen Mann. Was für eine grausame Erkenntnis! Warum hatte sie das nicht viel früher verstanden? Lag es an den Aufputschmitteln, mit denen sie sich wach hielt? Larissa hatte ihr neue Tabletten gegeben. Die Wirkung war verheerend. Wiederum schien ihr, als sähe sie alles überdeutlich vor sich. Oder hatten erst das endlose Warten und die Achterbahnfahrt der Gefühle vermocht, ihren Verstand in Gang zu setzen?

Je länger Hejda nachdachte, um so mehr erschrak sie vor sich selbst. Ihr Leben war verpfuscht. Weder hatte sie eine eigene Familie noch eine Ausbildung. Das, was in ihr steckte, hätte vielleicht sogar zu einer solchen Bühnenkarriere wie bei diesen

Musicaldarstellern hier gereicht. Als sie sie manchmal bei den Proben und Vorstellungen beobachtet hatte, war sie zu der Überzeugung gelangt, daß sie dazu mit einiger Vorbereitung auch in der Lage gewesen wäre. Aber wo hätte sie ihr Talent fördern lassen können? Bei den Tänzen in ihrem Dorf? Das Theater in Grosny war seit Ewigkeiten geschlossen. Um eine künstlerische Ausbildung zu bekommen, hätte sie fortgehen müssen wie ihr großer Bruder. Aber der hatte das noch vor den Kriegen getan. Und überhaupt, er war ein Mann. Sie dagegen hatte in ihrer Familie gesessen und auf irgend etwas gewartet. Auf was eigentlich? Daß ein Prinz dahergeritten käme und sie nur noch für diese Liebe leben würde? Nein, so blauäugig war sie dann doch nicht. Aber sie hatte gehofft, daß endlich der Krieg aufhören und ihr Leben beginnen würde.

Medina, das war ihr inzwischen klar geworden, konnte sie in diese Überlegungen nicht mehr einweihen. Die hatte ihren Weg gefunden, und vielleicht war er ja richtig, wer konnte das sagen?

Die ältere Schwester kehrte in den Saal zurück. Sie sah müde aus.

»Wie war es? Welcher Sender war da?«

»NTW und ein britischer Zeitungsjournalist.«

»Hat Mowsar gut geantwortet? Werden die Menschen verstehen, warum wir das tun?«

»Mowsar hat die Forderungen wiederholt. Wer uns verstehen will, tritt mit ihm auch in Verhandlungen. Aber den Russen sind wir anscheinend egal. Das sehen wir hier. Seitdem sie alle ihrem neuen Präsidenten hinterherrennen, hat keiner mehr einen eigenen Kopf. Warum gehen sie nicht schon längst auf die Straße? Warum wehren sie sich nicht dagegen, daß schließlich auch ihre Soldaten, ihre Söhne sterben, so wie das die russischen Soldatenmütter im ersten Krieg getan haben? Damals sind sie bis nach Grosny gefahren und haben ihre Jungen eigenhändig aus den Panzern gezogen. Jetzt sitzen sie alle nur noch nickend da und sagen Ja und Amen zu dem, was ihr Geheimdienst-Präsident von sich gibt.«

»Wann werden sie es senden? Haben sie dich auch gefilmt?

»Der Reporter sagte, er wüßte es noch nicht, denn es sei verboten, Interviews mit Terroristen auszustrahlen.«

»Wirst du zu sehen sein?«

»Wahrscheinlich. Aber wer erkennt uns so schon? Kaira hat eine Frage beantwortet, sie wird man auch hören.«

Eine Schwarze Witwe auf der anderen Saalseite rief: »Es kommt jemand!« Wie auf Kommando drehten sich sämtliche Köpfe zur Tür. Niemand verstand, worum es ging. In diesem Augenblick trat ein älterer, glatzköpfiger Mann in schwarzem Pullover und Jeans ein. Er war drahtig, sah unerschrocken aus. Die Schwarze Witwe machte einen Schritt auf ihn zu und fragte, wer er sei, was er hier wolle. Medina war sofort hinausgestürmt, um Mowsar zu holen.

»Wer bist du?« übernahm Mowsar das Gespräch.

»Ich suche meinen Sohn, Roma.«

Mowsar wandte sich zu den Geiseln auf den Zuschauerreihen. »Heißt hier jemand Roma?« Er wiederholte den Nachnamen und Vatersnamen, den der Mann ihm vorsagte. Ein alter Mann fühlte sich angesprochen. »Ich heiße so!« Ein Kämpfer trat an Mowsar heran. »Es gibt auf dem Balkon einen Jungen, der Roma heißt.«

»Wie alt ist dein Sohn?«

»Sechzehn.«

Der Kämpfer rief Sulichan auf dem Balkon zu, den Jungen zu holen. Ein kleiner, höchstens Zwölfjähriger trat an die Brüstung.

Mowsar wandte sich dem Mann zu. »Das ist er ja wohl nicht!«

»Lassen Sie mich nachsehen, bitte. Und dann tauschen Sie ihn gegen mich. Ich flehe Sie an!«

Sie gingen zusammen im Parkett die Männerreihen entlang. Der Vater fand seinen Sohn nicht.

Am Ende der Reihen angekommen, drehte sich Mowsar mit einem Ruck um und stieß den Mann mit der Kalaschnikow vor sich her. »Du Scheiß-Spion! Schon wieder so ein Dreckschnüffler! Du führst uns hier an der Nase herum! Die wollen uns schon wieder verarschen! Was glauben die, wen sie vor sich haben?« Er trieb ihn auf die Bühne und schrie: »So ein Dreckskerl muß erschossen werden!«

Die Geiseln im Saal waren entsetzt und schrien durcheinander. »Lassen Sie ihn am Leben, nicht schießen! Vielleicht ist das nur ein Irrtum. Nicht schießen!«

Mowsar stieß dem Mann abermals die Kalaschnikow in den Rücken. Dann verprügelte er ihn auf offener Bühne. Mit dem Kolben hieb er auf dessen Kopf ein. Der Mann versuchte sich zu schützen. Seine Hände bluteten, der Kopf ebenfalls. Endlich hörte Mowsar auf. Er keuchte schwer und gab seinen Kämpfern ein Zeichen. Zwei von ihnen rissen den Verletzten hoch, schleiften ihn aus dem Saal und warfen die Tür hinter sich zu. Dann ratterte eine Kalaschnikow. Eine ganze Salve wurde abgefeuert. Wenig später noch eine.

Mowsar verließ ungerührt die Bühne und dann den Saal. Von den Geiseln und Schwarzen Witwen regte sich niemand. Bis eine Frau aufschluchzte. Mehrere schnieften, immer mehr Frauen weinten, und selbst Männer konnten ihre Tränen nicht mehr zurückhalten. Medina stand wie versteinert an ihrem Platz, Hejda hatte sich zur Saalwand gedreht. Jemand hatte das Licht ausgeschaltet. Schura tippte ihr auf die Schulter. »Komm mit in die Küche!« Sie hatte Hejdas Tränen nicht bemerkt. »Wir sollen Wurstbrote für die Kinder machen.«

Da auf dem Balkon die meisten Kinder saßen, gingen sie zuerst dorthin und verteilten die dicken Scheiben mit der grob geschnittenen Salami darauf. Die Kinder sahen sie dankbar an.

Wieder ging das Saallicht an. Mowsar trat erneut auf die Bühne und verkündete, daß insgesamt fünfundsiebzig Ausländer im Saal seien. Das hätte die Durchsicht der Pässe ergeben. Er informierte die Geiseln, daß es Kontakte zu den Botschaften gäbe, und erinnerte sie daran, daß der weitere Verlauf der Theaterbesetzung davon abhänge, ob die Verwandten der Geiseln am nächsten Tag die Demonstration auf dem Roten Platz zustande bekommen würden. Er verschwand. Die zweite Nacht, die sie miteinander in diesem ehemaligen Betriebskulturhaus verbrachten, war fast um. Der Freitagmorgen nahte.

»Endlich wehren wir uns!«

Assinowskaja war wie leergefegt. Die ganze Woche schon peitschte ein böiger Sturm eiskalte Regengüsse vor sich her. Nasses Herbstlaub klebte auf den Straßen. Aber nicht nur wegen des scheußlichen Wetters waren die Dorfbewohner nicht vom Fernseher wegzubekommen. Sie ließen sich keine Sekunde der ununterbrochenen Sondersendungen aus Moskau entgehen.

Daß ein Geiselkommando aus Tschetschenien die Kidnapper waren, elektrisierte das gesamte Dorf. Als dann noch vermeldet wurde, daß das über vierzigköpfige Kommando zur Hälfte aus Frauen bestand, wußten sie sofort, daß es sich nur um die Schwarzen Witwen handeln konnte. Etliche ihrer Töchter waren seit Monaten verschwunden, vielleicht befanden sie sich dort? Tschetschenien ist klein, die Großfamilien kennen einander, zudem sind die meisten – wenn auch über viele Ecken –

miteinander verwandt. Es mußte mit dem Teufel zugehen, wenn sie nicht jemanden der Geiselnehmer kennen würden!

Spätabends, die Eltern waren schon zu Bett gegangen, saß Raissa immer noch vor dem Fernseher. Die ganze Zeit mußte sie an Medina und Hejda, an Schura und Larissa denken. Sie hoffte darauf, sie im Fernsehen zu sehen, obwohl das völlig töricht war. Denn daß es Bilder aus dem Zuschauersaal oder von dem Kommando gab, war mehr als unwahrscheinlich. Dennoch starrte sie wie gebannt auf den Bildschirm. In endlosen Diskussionsrunden wurde die Lage im Kaukasus debattiert. Der Umgang Moskaus mit diesem kleinen aufsässigen Volk, über dessen Wünsche sich der Kreml jahrelang hinwegsetzte. Experten prophezeiten, daß dies erst der Anfang des tschetschenischen Terrors sein würde.

Hin und wieder wurde zum Theater geschaltet. Ein tristes und immer gleiches Bild, denn der beleuchtete Betonklotz wurde stets nur aus großer Entfernung aufgenommen. Der Platz davor war menschenleer. Hinter der weiträumigen Polizeiabsperrung standen Panzer und Krankenwagen, deren Blaulichter zuckten. Seit Tagen ging Schneeregen nieder.

Plötzlich veränderte sich die Szene. Auf der Wand hinter dem Moderator war ein Standbild zu sehen, das Mowsar Barajew auf einem Stuhl zeigte. Rechts von ihm saß ein weiterer Kämpfer auf einem großen Karton, der dritte stand hinter ihnen. Ganz rechts bzw. links zwei Frauen. Schwarze Witwen. Tief verschleiert. Die eine im langen, bis auf die Füße reichenden schwarzen Kleid, unter dem Hosen hervorschauten.

Der Film wurde gestartet, man sah Barajew sprechen, doch man hörte seine Stimme nicht. Ein Kommentator faßte auf diesem Bilderteppich die jüngsten Ereignisse zusammen. Berichtete von den ergebnislosen Verhandlungen mit Aslambek Aslachanow. Der Einsatz des Kinderarztes Roschal wurde erwähnt, auch, daß mindestens ein Todesopfer zu beklagen war. Inzwischen hatte man die Leiche der jungen Frau aus dem Theater geschafft. Kein Wort des Interviews war im Original zu hören. Zitiert wurde ebensowenig. Der Sprecher gab nichts über die Umstände der Unterredung preis.

Die meiste Zeit war die Kamera auf den sprechenden Anführer Mowsar Barajew gerichtet. Er trug im Unterschied zu den zwei Kämpfern mit Masken, die nur Mund und Augen freiließen, lediglich eine schwarze Wollmütze. Ein schmales, fast unschuldiges Gesicht mit Drei-Tage-Bart, das wenig zu den Grausamkeiten paßte, die Raissa über ihn gehört hatte. Dann wurde die gesamte Szene gezeigt: Die Frauen neben den Männern, ihre Pistolen sichtbar in die Kamera haltend. Ihre Gesichter waren aus so großer Entfernung nicht zu erkennen. Die Schleier ließen ohnehin nur die Augen frei. Und was war das über den Schleiern? Stirnbänder? Irgend etwas stand darauf, auf Arabisch. Aber noch war die Kamera zu weit entfernt. Raissa konnte es nicht entziffern. Auf einmal sah man in der Großaufnahme eines der kastenbrotgroßen Sprengstoffpakete, das sie um die Taille gebunden trug, dann eine Pistole. In auffallend schmalen Händen.

»Los weiter! Auf das Gesicht. Geh auf das Gesicht, du Idiot!« feuerte Raissa den Kameramann an. Sie war aufgesprungen, trat ganz dicht an den Fernseher heran, setzte wieder einen Fuß zurück, weil sie merkte, daß sie mit mehr Abstand besser sah.

Dann blieb die Kamera auf dem Frauengesicht stehen: Medina! Das war Medina! Eindeutig! Raissa biß sich in die Faust, um nicht zu schreien. Medina war mit dabei! Und wenn Medina dort war, konnte auch Hejda nicht weit sein! Raissa schaute ganz genau auf das Bild. Kein Zweifel, das war ihre ältere Schwester. Sie sah zwar nur die Augen, die sie in ihrer typischen Manier mit einem schwarzen Kajalstift umrandet hatte. Aber daran, am Braun ihrer Augen, am Schwung der Brauen erkannte sie sie eindeutig. Und schon die zartgliedrigen Finger. Sie war schließlich ihre Schwester! Dann las sie, was auf Medinas Stirnband geschrieben stand: »*Es gibt nur einen einzigen Gott – Allah*«. Die Kamera schwenkte hinüber zur zweiten Witwe, die etwas sagte, was genausowenig zu hören war wie zuvor Mowsars Äußerung. Raissa kannte sie nicht. Dann zeigte das Bild noch einmal den ganzen Raum. Was war das? Eine Küche? Oder ein Warenlager? Es gab keinerlei Erklärung, statt dessen wurde die Diskussion fortgesetzt. Raissa hörte nicht zu, sie drehte den Ton weg. Medina und Hejda waren in Moskau! Sie gehörten dem Witwenkommando an. Achmed hatte es also wahr gemacht und sie dorthin verschachert! Raissas Gedanken rasten. Es war unfaßbar. Ihr eigener Bruder hatte seine Schwestern für ein Geisel-, für ein Todeskommando rekrutiert! Sicher, sie hatten es gewollt, waren schließlich mitgegangen. Aber das konnte, das mußte ihr Ende bedeuten! Und zwar schon bald. Oder irrte sie sich?

Raissa überlegte. Vielleicht auch nicht, schoß es ihr durch den Kopf. Budjonnowsk, Perwomaiskoje – da gab es zwar Opfer, doch die meisten unter den Geiseln, nicht unter den Kidnappern. Die konnten jeweils durch einen speziellen Sicherheitskorridor abziehen. Aber damals herrschte Jelzin. Der neue Präsident gab sich bislang viel härter. Putin hatte immerhin ein zweites Mal die Truppen nach Tschetschenien geschickt, 1999, als Chattab und Bassajew Dagestan überfallen hatten. Sie wollten Tschetschenien und Dagestan, die beiden benachbarten Kaukasusrepubliken, zu einem gemeinsamen islamischen Staat vereinigen, in dem die *Scharia* gelten sollte. Putin hatte nicht gezögert, und der ständig kranke oder betrunkene Jelzin ließ seinem Premier freie Hand, erst recht, als zuerst in Buinaksk und dann später in Moskau und Wolgodonsk die Wohnhäuser in die Luft flogen. Nein, mit Putin würde diese Sache hier anders ausgehen! Davon war Raissa überzeugt.

Ob sie ihre Schwestern jemals wiedersah?

Raissa legte sich auf das Sofa. Sie wollte am Fernseher bleiben und stellte den Ton wieder an, damit er sie am Einschlafen hinderte. Sie nahm sich vor, den Eltern kein Wort von ihrer Entdeckung zu sagen, sie würden ohnehin früh genug davon erfahren.

Noch vor dem Morgengrauen kehrten die Eltern vor den Fernseher zurück. Aufmerksam verfolgten sie jede Nachrichtensendung. Das Interview in dem besetzten Theater wurde wieder und wieder gebracht, doch viele Male nur die Aufnahmen, in denen Medina ausschließlich von weitem zu sehen war. Raissa wartete gespannt, ob sie noch einmal so nah gezeigt werden würde. Ob ihre Eltern Medina erkennen würden? Als plötzlich das Auge der Kamera über das Sprengstoffpaket glitt, wußte Raissa schon, wie es weiterging: als nächstes die Pistole und gleich Medinas Gesicht.

»Sie sieht aus wie Medina! Raissa, schau hin, das ist Medina!« rief die Mutter sofort. Raissa reagierte nicht, die Mutter achtete nicht auf sie und sprach ihren Mann an: »Medina, sieh doch nur! Unsere Medina! Oder sehe ich schon Gespenster?« Und wieder zu Raissa: »Raissa, da ist deine Schwester. Ist das nicht Medina!? Natürlich ist sie das!«

Der Filmausschnitt war zu Ende, die Mutter sprang auf. »Raissa, o Gott! Deine Schwester ist bei den Schwarzen Witwen! Jetzt sag doch mal was!«

»Mutter, du tust, als ob das eine Neuigkeit wäre. Das wußtest du doch!«

»Aber nicht, daß sie eine Geiselnehmerin ist!«

Raissa legte nach: »Und wenn ich dich erinnern darf: Hejda ist wahrscheinlich auch dort.«

Die Mutter ließ sich schwerfällig auf das Sofa fallen, sie starrte auf den Bildschirm, ohne etwas wahrzunehmen. Dann fiel ihr Blick auf ihren Mann. »Was sagst du dazu?« Sie suchte in seinem Gesicht nach einer Regung. Der Vater schaute sie an, sagte noch immer nichts und stand auf. Beim Hinausgehen raunte er: »Oh, Allah hilf!«

Die Mutter wandte sich wieder an Raissa. »Raissa, das wird schlimm enden, ich fühle es!«

Sie saß auf dem Sofa, das Kinn in die Hände gestützt.

»Mama, es wird schon alles gut werden. Mach dir keine Sorgen, wenn sogar das Fernsehen das zeigt, geht es bestimmt gut aus.«

»Dein eigener Bruder hat seine Schwestern in das Todeskommando geschickt! Und ich habe es nicht verhindert.«

»Aber was hättest du denn tun können? Er hätte ohnehin nicht auf dich gehört. Und sie leider auch nicht.«

»Und du wärst auch fast mitgegangen!« griff die Mutter jetzt sie an. Sie schrie fast. All ihre Hilflosigkeit entlud sich in diesem Moment. »Was ist denn bloß los mit euch jungen Leuten? Seit wann gehen tschetschenische Frauen kämpfen? Seit wann sind sie so besessen darauf zu sterben? Kannst du mir das erklären?«

Raissa schwieg. Sie sah keinen Sinn darin, der Mutter in diesem Zustand irgend etwas auseinanderzusetzen. Und hatte sie nicht sogar recht? Wo wäre sie heute, wenn Achmed ihr damals nicht befohlen hätte, sich um die Eltern zu kümmern?

Die Mutter wurde versöhnlicher.

»Erklär es mir, Raissa. Ich versteh es einfach nicht! Wahrscheinlich bin ich zu alt dafür«, sagte sie jetzt sanfter und beinahe resigniert.

Raissa wollte es versuchen: »Mutter, die Russen sind zweimal in unser Land eingefallen. Sie haben Fatima getötet, sie haben deinen Schwiegersohn getötet. Medina mußte mit ansehen, wie ihr Mann bei lebendigem Leib verbrannt ist. Alles, was von ihnen ausgeht, bringt Tod und Unglück. Sieh dir doch unser Leben an! Unsere Brüder sind kaum zur Schule gegangen. Die Zwillinge können nicht einmal lesen. Niemand bekommt mehr eine richtige Ausbildung, wenn er nicht von zu Hause fortgeht. Für uns gibt es keine Zukunft. Daß jemand Träume oder Wünsche hat, richtige Ziele, kenne ich nur aus irgendwelchen Filmen. Und wie sieht unser Leben aus? Nur Ruinen, Sterben, Angst, Krieg. Ihr habt wenigstens noch etwas anderes erlebt!«

»Raissa, dein Vater ist nach Kasachstan deportiert worden. Sie haben die Leichen unterwegs aus den Güterwagons werfen müssen. Sie konnten sie nicht einmal begraben. Du weißt, was es heißt, einem Tschetschenen das Begräbnis zu verweigern. Ihm nicht sein Grab in der Heimat zu geben. Vater hat viele Jahre seiner Kindheit in Erdlöchern gehaust, solange sie dort in Kasachstan noch kein Zimmer hatten. Sie waren Deportierte, galten als Hitler-Kollaborateure, die man behandeln konnte wie Vieh. Warum sollten die Kasachen ihnen Baumaterial geben? Alle Tschetschenen waren als Kriminelle abgestempelt, mußten sich ständig bei der Polizei melden. Als sie nach dreizehn Jahren endlich in ihre Heimat zurückkehren durften, bewohnten andere Familien ihre Häuser.«

»Russen.«

»Ja, Russen. Vaters Eltern standen wieder vor dem Nichts. Aber glaubst du, daß es irgendeiner Frau in den Sinn gekommen wäre, in ein Selbstmordkommando zu gehen, oder einem Mann? An so etwas dachten wir nicht einmal. Und wenn du das mit heute vergleichst, dann hätten wir ebenso viele Gründe gehabt, nach allem, was man unserem Volk angetan hat. Fast die Hälfte ist bei den Deportationen zugrunde gegangen. Nein Raissa! Das ist es nicht. Es sind nicht die Umstände!«

»Was ist es deiner Meinung nach dann? Endlich wehren wir uns, nehmen es nicht einfach hin, was uns angetan wird!«

»Was redest du da?« schaltete sich der Vater ein, der plötzlich wieder im Wohnzimmer stand. Seine Augen glänzten seltsam, hatte er etwa geweint?

»Als ob sich die Tschetschenen früher nicht gewehrt hätten! Kennst du unsere Geschichte nicht?«

»Ich meine in der Sowjetzeit. Alle vierzig Jahre wollen uns die Russen ausrotten, und im Unterschied zum letzten Mal wehren wir uns jetzt. Das ist immerhin besser, als alles stumm zu erdulden.«

»Raissa, es gibt jetzt keinen Stalin, der jeden – und zwar absolut jeden – abholen und erschießen lassen hätte! Daß wir keinen Widerstand geleistet haben, lag nun wirklich nicht daran, daß wir zuwenig Ehrgefühl besessen hätten. Aber schon die geringste Aufmüpfigkeit genügte, um die Häscher auf sich zu lenken.«

»Und was ist mit den sogenannten Säuberungen heute? Ich sehe da keinen Unterschied zu früher! Oder erklär ihn mir!« fragte Raissa zurück.

»Die Säuberungen sind jetzt Teil des Krieges, früher sollten sie jedes Aufbegehren von vornherein unmöglich machen.«

Für einen Moment herrschte beklommenes Schweigen. Dann setzte der Vater erneut an: »Vielleicht liegt es daran, daß die Religion damals eine viel geringere Rolle spielte. Wir konnten nicht mehr in die Moscheen, denn die waren zerstört. Daß wir jetzt wieder welche haben und sogar mehr als genug, liegt nur daran, daß es die Sowjetmacht nicht mehr gibt. Aber ich habe das Gefühl, es ist nicht mehr unsere Religion. Was hat sie mit Wahhabismus zu tun?«

Er wandte sich an seine Frau: »Hätten wir vor ein paar Jahren überhaupt gewußt, was das ist: Wahhabismus?«

»Wir kannten nicht einmal dieses Wort. Und jetzt werden

schon die Dörfer unterteilt: ›In dieser Straße wohnen Wahhabiten, dort sind keine.‹ Was ist das für eine Welt? Seit wann gibt es in unserem Volk solch einen Unsinn?« fragte die Mutter.

»Mein Sohn ist ein Wahhabit! Bin ich deshalb auch einer? Sind wir Wahhabiten?« überlegte der Vater laut. Er erwartete keine Antwort.

»Früher hatten wir unsere Traditionen. Ich würde nicht sagen, daß sie wichtiger als die Religion waren. Aber zumindest war die Religion umgekehrt auch nicht wichtiger als unsere Traditionen, hab ich recht?« fragte Raissas Mutter ihren Mann.

»Hm.« Er überlegte. »Die Religion ist wichtiger geworden. Und ich weiß wirklich nicht, wofür das gut ist.«

»Ist es etwa schlecht, den Koran lesen zu können?« entgegnete Raissa jetzt aufgebracht. Sie wollte provozieren.

»Nein, natürlich nicht. Ach, ich weiß nicht. Wir sind ohne Koranschule auch ganz gut ausgekommen«, sagte der Vater. Die Mutter unterbrach ihn: »Als die Sowjetunion zerfallen ist, hätten sie uns auch in die Unabhängigkeit entlassen sollen. Wie die Georgier oder die Balten. Warum haben sie uns nicht gehen lassen? Tschetschenien hat doch ohnehin nie gut mit Rußland zusammengelebt. Irgendwie lief alles von Anfang an schlecht.«

»Ich glaube, es liegt an den arabischen Extremisten«, fiel ihr der Vater ins Wort. »Sie geben uns zwar das Geld für die Moscheen und vieles andere, aber dafür haben wir jetzt eine Religion, die gar nicht zu uns paßt. Tschetschenen waren nie religiöse Fanatiker. Wir haben unser Volk, unser Land verteidigt, wir haben manchmal auch Vieh geraubt, das ist wahr, aber niemals anderer Leute Land, wie das mit ihnen angefangen hat.«

Die Mutter nickte: »Wann hat es das je in unserer Geschichte gegeben, daß wir unsere Nachbarn überfallen und ihre Orte besetzen. Geiseln, Diebstahl – ja. Als ob das nicht reichen würde. Schon dafür schämt man sich ja wohl genug! Aber daß Tschetschenen in Dagestan einfallen und dort gleich zwei Gebiete besetzen!« Ihr Mann korrigierte sie: »Vier, es waren vier Gebiete. Das Botlicher und Zumandinskij und dann das Nowolaksker und Kisljarsker. Vier!«

»Noch schlimmer«, fuhr die Mutter fort. »Aber ob eins oder vier, ist schon nicht mehr wichtig. Nur, Raissa, daß sie das überhaupt getan haben, daß sie überhaupt einen Nachbarn überfallen haben, ist das Neue, verstehst du? Das hat mit unseren Traditionen nichts zu tun, Tschetschenen machen so etwas nicht. Solche Leute bringen damit Schande über unser Volk!«

»Warum ist es eine Schande, wenn Moslems einen Gottesstaat gründen wollen?« ereiferte sich Raissa jetzt aufrichtig.

»Raissa, so etwas hat es zuvor nie bei Tschetschenen gegeben!« redeten jetzt beide, Mutter und Vater, auf sie ein. Fast beschwörend baten sie sie nachzudenken. »Das hat doch dieser Jordanier Chattab dem Bassajew eingeflüstert! Das paßt alles nicht zu uns. Für uns jedenfalls spricht dieser Bassajew nicht mehr, und der Schwarze Araber schon gar nicht. Wenn Tschetschenien mit denen unabhängig wird, landen wir im Mittelalter!«

»Was ist schlecht daran, daß sie Moscheen bauen?« ging Raissa in der Diskussion wieder ein Stück zurück. Sie wußte nicht, von wem die Idee mit dem islamischen Gottesstaat stammte, ob von Bassajew oder Chattab, deshalb mochte sie diesen Streit nicht vertiefen. »Gerade noch habt ihr doch gesagt, daß die Sowjets alle zerstört hatten. Jetzt gibt jemand Geld dafür, und dann ist das auch nicht richtig?«

»Raissa«, begann der Vater sanft. »Gegen die Moscheen hat niemand etwas. Aber sie bringen eine Religion mit, die nicht unsere ist. Wir haben immer gegen die Russen gekämpft und haben uns immer mehr oder weniger gut gegen sie verteidigt. Aber wir waren keine Islamisten, nie! Verstehst du das nicht?

Mein Sohn ist ein Wahhabit. Weißt du, wie fremd das für mich klingt?«

»Und was hat das alles für einen Sinn, was erreichen sie denn damit?« fragte die Mutter und gab sich selbst die Antwort. »Nichts als Tod und Verderben, und es wird immer schlimmer.« Sie klang matt. Alle waren erschöpft von dem Gespräch. Sie verstummten.

Raissa sagte: »Ich leg mich hin, ich hab die ganze Nacht nicht geschlafen.« Sie wollte allein sein. Nachdenken.

Die Eltern ließen ihre Tochter gehen. Sie schauten ihr nach.

»Wird sie die einzige sein, die uns noch bleibt?« fragte die Mutter ihren Mann.

»Ich weiß es nicht. Noch gibt es Hoffnung. Wenn es wie Budjonnowsk oder Perwomaiskoje ausgeht, haben sie eine Chance. Aber das hier ist ein anderer Präsident. Der ist eiskalt und unnachgiebig. Der ist wahrscheinlich zu allem fähig! Oh, Allah!«

Auf dem Bildschirm tummelten sich fröhliche Menschen essend, telefonierend oder putzend, als läge darin das Glück der Erde. Eine Welt, wie sie ferner kaum sein konnte.

Raissa holte die Hanteln hervor. Sie absolvierte mechanisch ein paar Übungen. Die Hanteln waren schwer, aber an diesem Morgen spürte sie sie nicht. Allerdings halfen sie auch nicht. Sie fühlte gar nichts. Am liebsten hätte sie die Boxhandschuhe angezogen und auf einen Sandsack eingedroschen. Noch lieber auf einen echten Gegner, so wie sie es früher manchmal getan hatte. Sie wußte nicht, wohin mit ihrer Kraft, merkte nur, wie aggressiv sie war. Sie wollte sich selbst weh tun, nur um überhaupt etwas zu spüren. Dieses Herumsitzen bei den Eltern ging ihr entsetzlich auf die Nerven. Es war, als wäre sie hier lebendig begraben! Sie fühlte sich unnütz, überflüssig. Sie fragte sich, ob sie statt dessen jetzt lieber mit Medina und Hejda in Moskau wäre – und wußte darauf keine Antwort.

Sie ging nach unten. Es war kurz vor neun, sie wollte die Frühnachrichten nicht verpassen. Die Eltern saßen immer noch vor dem Fernseher. Raissa gesellte sich wortlos hinzu.

Bilder von einer diskutierenden Menge auf der Straße vor dem Kultursaal waren zu sehen. Familienangehörige der Geiseln und Mitarbeiter des Theaters stritten mit Beamten von der Moskauer Stadtverwaltung. Die wollten die Demonstranten nicht auf den Roten Platz lassen, Befehl von oben. Die Angehörigen waren verzweifelt, Tränen und Wut im Gesicht. Es ging um Leben oder Tod, denn schließlich war die Protestaktion eine Forderung der Kidnapper. Wenn die Familien sie nicht erfüllten, würden die Geiseln vielleicht schon bald umgebracht werden.

Dann sahen sie im Fernsehen einige ältere grauhaarige Herren, die aus schweren Limousinen mit Standarten stiegen. Botschafter, die vor Ort mit den Kidnappern über die Freilassung ihrer Landsleute verhandeln wollten, immerhin saßen auch fünfundsiebzig Ausländer im Saal.

Wieder wurden die nächtlichen Bilder aus der Küche gezeigt. Raissa und ihre Eltern wagten nicht einmal zu blinzeln, so sehr fürchteten sie, daß ihnen etwas entging.

Am Mittag zeigte das Fernsehen, wie eine kleine Gruppe von Demonstranten am Rande des Roten Platzes ihre Transparente entrollte. »Truppenabzug aus Tschetschenien!« und »Schluß mit dem Tschetschenienkrieg!« stand auf eilig bemalten Laken und Tapetenresten geschrieben. Die Stadt hatte den Demonstranten zwar den Zugang zum Roten Platz verweigert. Ein großes Polizeiaufgebot sperrte ihn ab. Aber am Rande, etwas abseits, ließen sie die Angehörigen gewähren. Nackte Angst stand in den Augen der verzweifelten Verwandten. Sie waren zu allem bereit, wenn sie dadurch nur das Leben der Geiseln retten konnten. Eine Mutter flehte in die Kamera, als hätte sie den russischen Präsidenten unmittelbar vor sich: »Sehr geehrter Wladimir Wladimirowitsch, erbarmen Sie sich! Seien Sie kein Unmensch! Hören Sie endlich mit dem Krieg auf! Sie führen ihn schon so lange Zeit, und Sie haben nichts erreicht. Ziehen Sie die Soldaten ab! Oder sollen wir erst alle sterben?«

Vom Roten Platz, wo es heftig regnete, wurde wieder zum Theater geschaltet. Dort verließ gerade der Kinderarzt Roschal, der auch Raissa und ihren Eltern ein Begriff war, in wehendem Kittel mit mehreren Kindern an den Händen das Theater. Acht von rund dreißig hatten gehen dürfen. Es waren die Kleinsten. Die Älteren saßen noch immer im Saal. Raissas Mutter schöpfte wieder etwas Hoffnung: »Vielleicht endet ja doch noch alles glimpflich.«

Die Hoffnung schwindet

Hejda atmete auf, als Mowsar seine Ankündigung wahrmachte. Um elf Uhr am Vormittag hatte er den Geiseln zugesagt, die Kinder gehen zu lassen, und unmittelbar nachdem er die Fernsehbilder von der Demonstration am Roten Platz gesehen hatte, löste er sein Versprechen ein. Wieder bekam er Applaus von den Frauen und Männern in den Zuschauersesseln, wenn auch matter als vorher. Die Geiseln waren ausgelaugt. Wenn sie zum Orchestergraben mußten, standen sie nicht mehr in der Schlange, sondern warteten sitzend auf den verschmutzten Stufen im Gang. Die Ammoniakwolke hing wie eine Glocke über den ersten Sitzreihen. Daß die Geiseln dort noch mehr litten als die übrigen, erkannte Hejda, als sie einmal zu Schura in die neunte Reihe lief, und das war noch immer nicht ganz vorn!

Auch sie selbst roch mittlerweile unerträglich. Hejda hatte den Schleier, unter dem ihr die Luft noch stickiger erschien, restlos satt. Nur zum Trinken lüftete sie ihn kurz. Das allerdings versagte sie sich, soweit es ging, um ihren Platz nicht unnötig oft verlassen zu müssen. Einmal schaute ihr eine Frau aus ihrer Reihe zu, wie sie ihren Schleier anhob. »Wie kommt so eine schöne junge Frau wie Sie in ein solches Kommando? Wie können Sie sterben wollen?«

Hejda antwortete mit Sätzen, die sie im Lager gehört hatte. Eine ehrliche Diskussion ertrug sie nicht mehr. Sie antwortete mechanisch: »Wir sind gekommen, um für die Freiheit unseres Volkes zu kämpfen. Wir müssen unser Land von den Ungläubigen befreien, die uns zu Zehntausenden umbringen. Es ist ein Heiliger Krieg! Und sollten wir dabei tatsächlich unser Leben verlieren, gelangen wir ins Paradies.«

Die Frau protestierte: »Aber unter den Soldaten auf russischer Seite befinden sich auch Moslems. Zum Beispiel sind welche aus Dagestan, aus Inguschetien, Tatarstan oder Baschkirien dabei. Schließlich leben nicht nur in Tschetschenien Muslime. Nein, das ist kein Glaubenskrieg!« Sie ereiferte sich und konnte nur mit Mühe ihre Stimme dämpfen. »Es geht darum, daß Rußland nicht zerfällt. Der Kreml hat Angst, daß, wenn Tschetschenien aus der Föderation austritt, andere Republiken folgen. Man braucht eine politische Lösung.«

»Aber das fordern unsere Führer schon so lange. Und nie geht Moskau darauf ein. Sie zwingen uns zu solchen Maßnahmen.«

»Aber warum müssen sich daran Frauen beteiligen, noch dazu so junge und kluge?«

»Sollen wir etwa abseits stehen und warten, bis das jemand anderes für uns erledigt?« fragte Hejda jetzt ehrlich entrüstet zurück.

»Zwingen Ihre Männer Sie dazu?« wollte die Frau weiter wissen.

»Dazu kann man niemanden zwingen. Jeder entscheidet sich freiwillig.« Den zweiten Satz hatte Hejda ohne rechte Überzeugung angefügt. Die Frau merkte es nicht.

»Aber manche Ihrer Kampfgefährtinnen sind so anders als Sie. Diese große dort vorn sagt immer nur ein und denselben Satz, wenn sie mit den Geiseln spricht. Sie sagt immer nur: ›Uns erwartet das Paradies, uns erwartet das Paradies.‹ Das haben sie mir in der Schlange erzählt, und ich habe es sogar schon selbst von ihr gehört.«

Die Frau sprach von Larissa. Larissa ist nie eine große Rednerin gewesen. Aber sie war ein herzensguter Mensch, sie kannte sie schließlich lange genug. Das sagte sie der Frau, auch daß sie aus ein und demselben Dorf stammten und Larissa Schweres hatte durchmachen müssen.

Hejda sah ihre Schwester auf sich zukommen. Sie hatte ihren Schleier abgenommen und flüsterte ihr zu: »Wir können sie ablegen, wenn es uns leichter fällt. Mowsar hat seine Erlaubnis gegeben.« Schon lange liefen die Männer unmaskiert durch den Saal. Hejda zog sich den Schleier samt Stirnband vom Kopf und hielt beides unschlüssig in den Händen. Die Frau bat sie: »Kann ich mal probieren? Bitte!« Hejda schaute fragend zu Medina, die zuckte mit den Schultern, als wollte sie sagen: Was ist schon dabei? Hejda gab der Frau den Schleier. Sie drehte ihn in den Händen, strich mit den Fingern über das schwarze Stirnband mit der weißen Schrift. »Ist das Arabisch? Was steht da?«

»Es gibt nur einen einzigen Gott – Allah.« Sie zeigte ihr, wie man den Schleier anlegte.

»Gut sehen kann man damit aber nicht. Und wie schwer es sich darunter atmet! Das ist ja richtig beklemmend!« Sie beeilte sich, den Schleier wieder auszuziehen, wurde fast panisch dabei. »Wie haben Sie das nur ausgehalten die ganzen Stunden?«

Noch bevor Medina eine Antwort geben konnte, kam Mowsar mit einem roten russischen Paß in den Saal. »Wo ist hier ein General?« Er wedelte mit dem Paß und einem Klappausweis herum. »Hier muß es einen General geben. Gib dich zu erkennen, du Hund! Wie lange habe ich mich auf diesen Moment gefreut, endlich einen echten russischen General zwischen die Finger zu bekommen! Los zeig dich!!«

Unten im Saal rührte sich niemand. Mowsar ging nach oben, von dort hörten sie ihn wieder nach dem General rufen. Im Saal war es mucksmäuschenstill. Plötzlich meldete sich eine Frau. »Ich bin hier! Ich bin Offizier beim Innenministerium!«

»Quatsch nicht, ich suche einen richtigen General!«

Ein hochgewachsener grauhaariger Mann trat an die Brüstung und ging auf Mowsar zu. »Allah hat dich geschickt!« empfing der den General. »Nun, sag schon, warst du in Tschetschenien? Willst du den Leuten hier berichten, wie ihr dort unser Volk gequält habt?«

»Ich war nicht selbst dort, aber ich gebe zu, daß ich das Kommando geleitet habe, das in Budjonnowsk den Grünen Korridor für den Abzug von Bassajew gesichert hat. Ich hab gesehen, wie Ihr Feldkommandeur das besetzte Krankenhaus verlassen hat.«

»Wie schade, daß du jetzt ein solches Kommando nicht noch einmal zusammenstellen kannst, was? Wirklich schade. Aber wir wollen keinen Korridor, merkt euch das!« schrie er den General an. Der bewahrte Haltung und sagte ruhig: »Ich arbeite schon lange nicht mehr operativ, ich unterrichte an der Militärakademie. Ihr Anführer Bassajew schätzt unsere Lehrbücher sehr.«

Im Saal rührte sich noch immer niemand. Alle rechneten damit, daß Barajew auch den General nicht verschonen würde, so wie er es mit der jungen Frau am ersten Abend und mit dem Mann, der seinen Sohn suchte, getan hatte.

»Wo ist deine Tochter? Wir haben auch ihren Ausweis hier. Sie ist demnach in diesem Saal. Wo ist sie?«

»Auf der Frauenseite. Dort.«

Alle Blicke wanderten zur anderen Seite des Saales. Dort blieb alles still.

Medina und Hejda sahen, wie Sulichan, die dort oben Dienst tat, zu der Frau ging, die sich als General zu erkennen gegeben hatte. Der Platz neben ihr war frei. »Los steh auf!« rief sie in Richtung Boden. Ein Mädchen schraubte sich umständlich nach oben. Sie hatte sich unter dem Sitz verbergen wollen. Sulichan schrie sie an: »Warum hast du dich nicht gemeldet, du feiges Stück?«

»Weil ich mich nicht traute. Ich weiß doch nicht, was Sie mit mir vorhaben.«

Zu dem Rest des Saales gewandt, schrie Sulichan außer sich vor Wut: »Da seht ihr mal, wie es ist, wenn man Angst hat. Wenn jemand in dein Haus stürmt, du dich versteckst und hoffst, daß sie dich nicht finden. So leben wir schon jahrelang. Kapiert ihr?« Sie hatte Mühe, sich zu beruhigen.

Mowsar führte den General auf die Bühne. Dort mußte er sich auf einen Stuhl setzen. Der Kommandeur lief in engen Kreisen um ihn herum. »Es war immer mein Traum, einen General als Geisel zu nehmen, weißt du das?«

»Ich bin nicht General, ich bin Generalmajor.«

»Das macht nichts, das gefällt mir genauso. Was machen wir mit dir? Erschießen?«

Der Saal schrie mit einer Stimme: »Nein!«

»Ich weiß sowieso etwas Besseres«, sagte der Anführer und tippte dem General mit dem Gewehrlauf an das Kinn. »Wir werden dich mit nach Tschetschenien nehmen. Viele unserer

Brüder sitzen dort im Gefängnis. Wir werden sie mit deiner Hilfe freikaufen. Du bist ein wunderbares Tauschobjekt.«

Eine Schwarze Witwe betrat die Bühne und meldete, daß die Journalistin Anna Politkowskaja da sei. Mowsar verließ den Saal.

Wenig später tönte abermals Lärm vom Balkon. Wieder drehten sich alle Köpfe in diese Richtung. Medina und Hejda traten ein Stück zurück, um besser beobachten zu können, was jetzt schon wieder los war. Sie sahen, wie Sinaida eine Frau neben sich herschleifte und ihr die Pistole an die Schläfe drückte. Auch Sinaida hatte den Schleier abgenommen. Man sah ihr wutverzerrtes Gesicht. »Sie hat sich Wodka besorgt, wollte Alkohol trinken. Was seid ihr nur für gottlose Gestalten! Willst du betrunken sein, wenn du vor Allah trittst? Mach das nie wieder, rühr dich nie wieder von deinem Platz, hast du verstanden? Was für ein gewissenloses Pack seid ihr eigentlich?«

Übellaunig kehrte Mowsar in den Saal zurück. Medina und Hejda waren sofort in Habachthaltung. Er brüllte: »Eure Landsleute krümmen keinen Finger dafür, daß ihr freikommt. Keine unserer Forderungen ist bis jetzt erfüllt worden. Es reicht!« Die Kämpfer, die ihm gefolgt waren, rissen ihre Kalaschnikows hoch und entsicherten sie dabei. Sämtliche Geiseln warfen sich unter die Sitze, was Barajew nur noch mehr erzürnte. »Aufstehen und hinsetzen, los, dalli! Hoch, oder soll ich erst mit einer Granate nachhelfen?« Seine Kämpfer fragte er: »Vielleicht sollten wir ein paar Leute erschießen? Was meint ihr? Dann verstehen sie vielleicht endlich, daß es uns ernst ist.«

Sinaida rief von oben: »Dann müsst ihr aber auch uns mitmachen lassen!«

Die Angst im Saal war mit Händen zu greifen. Die Geiseln waren wie gelähmt. Jetzt meldete sich einer der »Brüder« aus der neunten Reihe. Der Kämpfer wies mit der Kalaschnikow auf einen Mann im Unterhemd: »Weißt du nicht, daß man so bei uns nicht herumläuft? Hast du keine Achtung vor unseren Frauen hier? Steh auf, raus mit dir!« Niemand im Saal sagte einen Ton, dieses Mal wagte keiner, sich für das Opfer einzusetzen. Hinter der Saaltür wurde eine Gewehrsalve abgefeuert. Mit schreckgeweiteten Augen sahen die Geiseln in die Richtung, aus der die Schüsse kamen. Auch Hejda und Medina schauten zu der Tür, durch die der Mann abgeführt worden war. Plötzlich öffnete sie sich wieder, und der Mann trat ein. Leichenblaß und wie ein Roboter marschierte er auf seinen Platz zu. Niemand sprach ihn an. Erleichterung wollte auch nicht aufkommen, diese Scheinhinrichtung war fast so schlimm wie eine echte.

In die Stille des Saales klingelte ein Handy, das einer der Kämpfer in der Hand hielt. Er hörte einen Moment zu und rief dann einen Frauennamen aus. »Hier will dich jemand sprechen. Deine vierjährige Tochter. Komm her, rede mit ihr. Und vergiß nicht, dich von ihr zu verabschieden!«

Die Frau sagte ein paar Worte am Telefon, dann gab sie das Telefon zurück. Der Kämpfer lachte gehässig. »Hab keine Angst, bevor wir dich erschießen, sind erst mal die Männer dran.«

Medina wich Hejdas fragendem Blick aus. Was war passiert? Lagen die Nerven so blank? Was sollten diese Gemeinheiten? Konnten sie das den Geiseln wirklich nicht ersparen? Bitte mach, daß es endlich vorbei ist!, wandte sich Hejda stumm an Allah.

Aslan, einer der Kämpfer, mit dem die beiden Schwestern eine Zeitlang zum Theater gefahren waren, brachte einen kleinen Schwarzweiß-Fernseher auf die Bühne. »Hört euch an, was sie für Lügen erzählen! So wie sie es immer machen, wenn von unserem Land die Rede ist. Warum heißt es eigentlich Russische Föderation? Warum wollt ihr uns nicht aus eurem Drecksrußland rauslassen, wenn wir für euch so unerträglich sind?« belferte er in den Saal. Er stellte den Ton laut. Aus der Entfernung konnten Medina und Hejda auf dem kleinen Bildschirm nichts erkennen, aber sie verstanden jedes Wort. Chroniken von Geiselnahmen aus aller Welt wurden gebracht. Wann, wo, wie viele Tote und Überlebende. Dann erklärte ein selbsternannter Experte, auf welchen Wegen man den Kultursaal verlassen konnte. Von diesem Bautyp gäbe es Tausende im Land, die Lüftungsschächte seien so breit, daß man sich dort hindurchzwängen könnte. Als die Kämpfer das hörten, stürmten sie auf Gregori Wassiljew, den Regisseur, zu, der immer noch bei Schura in der neunten Reihe direkt neben der Bombe saß: »Wo ist die Lüftung, los, zeig sie uns!«

Er wies auf eine Stelle an der Wand, und augenblicklich rissen zwei Kämpfer dort die Verkleidungen herunter. »Hier kommen Minen rein, damit ihr Bescheid wißt!« drohten sie den Geiseln.

Hejda schaute um sich. »Wir verwüsten das Theater. Mein Gott, was hinterlassen wir für Spuren«. Jemand hatte den Fernseher lauter gestellt. Hejda mochte gar nicht zuhören. Verbrecher, Mörder, Bestien, Miststücke, Tiere – als was sie nicht alles bezeichnet wurden. Mit solchen wie ihnen müsse man kurzen Prozeß machen.

Nicht alle Kommentatoren redeten so, aber die meisten. Hejda fragte sich, warum Aslan die Nachrichten überhaupt angeschaltet hatte. Sie wurden nur beschimpft, und die Geiseln versetzte jede Äußerung in neue Panik. Aber mancher Satz weckte auch Hoffnung, zum Beispiel als der Präsident versprach, ihr Leben zu retten. Wenig später dagegen erschraken sie zutiefst, als sie von einem Ultimatum hörten. Angeblich sollten am Samstagmorgen um sechs die Erschießungen beginnen.

Endlich stand eine Frau auf und bat laut zur Bühne hinauf: »Können Sie das nicht ausschalten? Wir ertragen diese Reden nicht mehr!« Aslan nickte nur und drückte auf den Knopf. Endlich!

Die Stille währte nicht lange, als Jassir im Saal drei Frauen und einen Mann aus Aserbaidschan suchte. »Ihr – Glaubensschwestern und -brüder sein. Gehen können!« sagte er in gebrochenem Tschetschenisch. Medina wiederholte auf Russisch, was Jassir gesagt hatte. Die drei Frauen guckten sie ungläubig an. »Bitte, worauf warten Sie? Sie dürfen gehen. Sind Sie mit noch jemandem hier? Er sucht noch einen Mann aus Aserbaidschan.« Sie zeigten auf die Männerseite im Saal, riefen etwas Unverständliches, und da erhob sich ein schlanker Mann mit dichtem schwarzen Haar und dunkler Haut. Die vier gingen, und die Geiseln im Saal blickten ihnen sehnsüchtig hinterher.

Medina und Hejda beobachteten, wie sich die entkräfteten Männer und Frauen auf ihre dritte Nacht in ihren Sesseln vorbereiteten. Viele zogen ihre Schuhe aus, rollten Jacken als Kissen zusammen. Manche begannen zu schreiben. Hejda konnte ihre Neugierde nicht bezähmen und fragte eine Frau in ihrer Reihe, was sie da notiere.

»Einen Abschiedsbrief. Falls ich einschlafe und dann die Erstürmung beginnt«, sagte sie müde und traurig.

Fast alle fanden Ruhe, vielen gelang es einzuschlafen.

Bis ein Ruf ertönte: »Mama! Ich halt es nicht mehr aus!« Ein junger Mann, Mitte zwanzig, sprang kreidebleich von einer der letzten Reihen im Parterre über die anderen Geiseln hinweg. Er hüpfte von Lehne zu Lehne direkt auf Schura zu. Die riß die Pistole hoch und schrie: »Zurück! Anhalten! Zurück!« Doch der blasse dünne Mann, dem offensichtlich die Nerven durchgegangen waren, näherte sich ihr und der Bombe, neben der sie stand, gefährlich schnell.

Ein Schuß fiel. Der Mann sprang ungehindert weiter über die Köpfe hinweg. Noch ein Schuß und noch einer und sofort

Schreie. Eine Männerstimme rief: »Mörderin! Sie haben meine Frau getötet!« Eine Geisel auf der Frauenseite krümmte sich vor Schmerzen und preßte sich die Hände auf den Bauch. Fast zugleich kreischte eine andere: »Und der Mann da, Sie haben den Mann angeschossen!« Der hielt sich das Auge, Blut pulste unter seiner Hand hervor und verschmierte in kürzester Zeit Gesicht und Kleidung.

Medina rannte zu dem Verrückten, der fast die Bombe erreicht hatte, und stellte sich ihm in den Weg. »Was machen Sie da? Sind Sie völlig durchgedreht? Wollen Sie, daß der Sturm beginnt? Jetzt denken die Russen doch, daß die Erschießungen begonnen haben! Sie Wahnsinniger!«

Die Geiseln riefen nach einem Arzt. »Holt Roschal, ruft einen Krankenwagen. Ruft den Notdienst an!« Barajew hielt sein Handy ans Ohr, doch er sprach nicht. »Kennt jemand einen Arzt beim Roten Kreuz?« Eine Frau meldete sich. »Mein Mann arbeitet dort. Kann ich ihn anrufen?« Sie gingen aufeinander zu. »Sag mir die Nummer!« Sie diktierte ihm ihre private Telefonnummer. »Eh, Mann! Deine Frau sagt, daß du vom Roten Kreuz bist. Sag denen, daß wir hier im Theater einen Chirurgen brauchen!« Die Frau rief Barajew zu: »Sagen Sie ihm, daß sie einen Neurochirurgen schicken sollen. Der Patient hat eine Schädelverletzung. Sagen Sie ihm, daß es einen Unfall gab. Einen Unfall! Sagen Sie, daß es ein Unfall war!« Sie ging auf ihn zu und nahm ihm einfach das Telefon aus der Hand. »Hörst du, sag, daß es ein Unfall war. Daß sie nicht mit Erschießungen begonnen haben. Sag, daß sie ja nicht mit der Erstürmung anfangen sollen!« Barajew nahm ihr das Telefon wieder weg und schaltete es aus. »Wer kann unterdessen helfen?«

Ein Mann meldete sich. »Ich bin Homöopath. Ich kann es versuchen.«

Der Mann, den Schuras Querschläger am Kopf getroffen hatte, blutete stark. Die Kugel hatte den Hinterkopf erwischt, gerade als er sich nach dem Übergeschnappten umgedreht hatte, und war durch das linke Auge wieder herausgetreten. Medina gab dem Homöopathen ihren Schleier, und gemeinsam versuchten sie, die Blutung zu stoppen.

Die Frau, die Schuras Schuß im Bauch getroffen hatte, wurde wie auch der Mann auf den Gang gebettet und so gut es ging versorgt.

Alle schrien durcheinander. Die Geiseln machten der Sitznachbarin, die von dem Verrücktgewordenen nur durch den Gang getrennt war, schwere Vorwürfe. Wieso sie nicht imstande gewesen sei, ihn zur Ruhe zu bringen. Die verteidigte sich: »Was habe ich denn mit ihm zu tun? Ich kenne ihn doch überhaupt nicht!«

»Wie? Sie kennen ihn nicht? Sie sitzen seit mehr als achtundvierzig Stunden neben ihm, Sie reden die ganze Zeit miteinander, und da sagen Sie, Sie kennen ihn nicht?« Während die Frauen zankten, brüllte Barajew den Regisseur Wassiljew an, daß der gefälligst einen Notarzt rufen solle. Der konterte zornig: »Womit denn? Sie haben mein Handy!«

Aslan rief den Rettungsdienst an und schrie ins Telefon: »Nun schickt schon endlich einen Arzt! Es ist einer von euch. Oder wollt ihr ihn krepieren lassen?«

Es kam kein Arzt. Barajew ließ die Verletzten nach draußen bringen. Auf ihren Stühlen blieben große Blutlachen zurück. Hejda ging in die Küche, holte Eimer und Tücher und säuberte die Sessel so, daß ihr Anblick zumindest etwas von seinem Schrecken verlor.

Barajew griff den Verrücktgewordenen, der völlig unversehrt geblieben war, und führte ihn hinaus.

Aslan sprang auf die Bühne: »Gibt es noch ein paar Helden hier? Los, tretet vor, damit wir euch gleich miterschießen können und hier endlich Ruhe herrscht!« Barajew kehrte ohne den »Helden« in den Saal zurück. Er trat auf die Bühne. Zwei Krankenwagen hätten die Verletzten abgeholt, informierte er knapp. Außerdem habe es Verhandlungen gegeben: »Morgen um zehn Uhr gibt es ein Treffen mit dem Generalgouverneur von Südrußland, Kasanzew. Erscheint der nicht Punkt zehn, erschießen wir die ersten hundert Geiseln. Verhaltet euch ruhig. Wir sind keine Unmenschen, solange ihr friedlich seid.«

Hejda klammerte sich an die winzige Hoffnung: Vielleicht gab es ja tatsächlich Gespräche, und sie durften durch einen Korridor abziehen.

Die Uhr zeigte weit nach zwei Uhr, die dritte Nacht. Die Kämpfer im Saal hatten ihre Kalaschnikows gegen die Wand gelehnt und es sich bequem gemacht, als Larissa alle Schwarzen Witwen nach draußen beorderte. »Laßt uns gemeinsam beten. Sulichan, dort oben bei euch ist der Recorder. Leg diese Kassette hier ein und stell auf volle Lautstärke. Geht jetzt.«

Wie in einer Moschee beim Freitagsgebet ertönten wenig später vom Balkon Gesänge und Gebete, ohrenbetäubend laut. Was wollte Larissa damit bezwecken? Eine neue Quälerei? Die Geiseln hielten sich die Ohren zu. So unauffällig wie möglich, wohl, um die Betenden nicht zu provozieren. Alle lehnten sich erleichtert in den Theaterstühlen zurück, als der Kassettenrecorder wieder ausgeschaltet wurde.

Die Kämpfer verließen zusammen den Saal. Aslan flüsterte Medina zu: »Es gibt eine Videoaufnahme. Sie zeichnen jeden Abend ihre Vorstellung auf. Und dieses Mal sind wir darauf zu sehen.« Er freute sich wie ein kleiner Junge auf die Vorführung.

»Ruh dich aus, schlaf oder setz dich zumindest«, sagte Hejda zu Medina. Die nickte und legte sich widerspruchslos auf die Stufe, das Gesicht zur Wand. »Wie spät ist es?«

»Nach fünf. Und noch fast fünf Stunden, bis Kasanzew

kommt. In frühestens drei Stunden will Mowsar die Ausländer freilassen. Du hast Zeit!«

Hejda blickte in den Saal. Manche Geiseln hatten sich auf dem völlig verschmutzten Boden niedergelassen, Tücher über den Augen, denn das Saallicht blendete sie. Manche Glückliche schliefen. Eine Frau telefonierte. Daß der Akku nicht leer war, grenzte an ein Wunder.

In der Stille fiel Hejdas Blick auf Larissa. Sie ging zu ihr, vielleicht konnte sie ja von ihr erfahren, was es mit ihren Sprengstoffgürteln auf sich hatte.

Hejda wies auf ihren Gürtel. »Hast du auch gemerkt, daß es andere sind?«

Larissa nickte.

»Was hat das zu bedeuten?«

Larissa schaute sie vielsagend an. Die sonst so geradlinige und unkomplizierte Larissa druckste herum.

»Nun sag schon!«

»Bei diesen Gürteln entscheiden nicht wir, wann wir sie zünden.«

Hejda verstand kein Wort.

»Was soll das heißen: ›Daß nicht wir entscheiden, wann wir sie zünden‹? Wir zünden sie überhaupt nicht!«

Larissa ging nicht auf sie ein. »Erinnerst du dich an Sarema? Die mit einem Rucksack voller Sprengstoff eine Polizeistation in Grosny in die Luft jagen sollte? Sie hat den Rucksack abgesetzt, denn sie wollte sich nicht in die Luft sprengen. Sie wollte kein Attentat verüben und schon gar nicht selbst sterben. Sie hatte ja auch keinerlei Grund dafür.«

»Warum erzählst du mir das? Was hat das mit unseren Gürteln zu tun?« Hejda verstand nichts, sah nur Larissas funkelnde Augen und konnte ihren Ausdruck nicht deuten.

»Diese Sarema ist nicht freiwillig in ein Kommando gegangen. Ihr sogenannter Freund hat sie gezwungen. Sie wurde von den Kämpfern, seinen Freunden, reihum vergewaltigt. Danach war sie als Ehefrau unbrauchbar. Sie konnte nicht mehr in ihre Familie zurück. Aber sie wollte trotzdem nicht sterben. Da haben sie sie mit Drogen vollgepumpt. Und auch das hat nichts genützt.«

»Larissa, was willst du mir damit sagen?« Hejda musterte die Freundin argwöhnisch.

»Daß auch wir es nicht in der Hand haben, ob oder wann wir uns töten.«

»Ich will überhaupt nicht sterben.«

»Ich weiß. Du bist nicht die einzige, die das nicht will. Du bist übrigens auch nicht die einzige, die hier in diesem Kommando überhaupt nichts zu suchen hat. Hier gibt es mehrere, denen es so geht wie dir.«

Hejda begriff kein Wort.

»Verträgst du die Wahrheit?« fragte Larissa unumwunden.

»Welche Wahrheit? Mowsar hat gesagt, daß wir nicht sterben werden!«

»Willst du sie hören?« Sie ließ nicht locker. Hejda nickte zögernd.

»Dann laß mich ausreden und unterbrich mich jetzt nicht: Einigen Frauen haben sie gedroht, ihre Kinder umzubringen, wenn sie nicht mitgehen. Einige Mädchen, vor allem aus sehr großen Familien, wurden regelrecht verkauft. Ihren Familien, Vätern oder Brüdern, wurde Geld versprochen, wenn sie ihre Töchter in das Kommando geben. Damit die Familien schneller einwilligten, haben ihnen die Anwerber versichert, daß die Töchter auf jeden Fall wieder nach Hause zurückkommen.«

Hejda sah Larissa fest in die Augen: »War es so bei mir?«

»Ich weiß es nicht hundertprozentig, aber möglich ist es.«

»Und Medina?«

»Medina ist etwas anderes. Bei ihr verhält es sich so wie bei mir. Ich wollte mich rächen, weil ich alles verloren habe, was eine Frau nur verlieren kann. Meinen Mann, meinen Sohn, mein Haus – mein Leben ist ein Haufen Schutt! Verstehst du? Ich kannte nur noch Rache und Haß, genau wie Medina. Aber du? Für dich ist es viel zu früh zu sterben, du bist noch so rein und jung.«

Hejda antwortete nicht, der Kloß im Hals wurde immer dicker. Sie drehte sich weg von der Älteren.

Larissa tat, als bemerkte sie es nicht: »Sarema sah auch keinen Grund, und deshalb hat sie die Bombe nicht gezündet. Ihr Freund hat das anscheinend vorausgesehen und deshalb Vorsorge getroffen. Er hat in den Rucksack eine Fernzündung eingebaut und sie vom Auto aus betätigt.«

»Und was bedeutet das? Daß er sie …?«

Larissa nickte: »Genau, nicht sie hat bestimmt, sondern er. Nicht wir entscheiden, sondern sie. Es wird kein Kommando geben, wann die Klemmen festzustecken sind. Genausowenig kannst du dich im letzten Moment weigern. Sie erledigen das. Wahrscheinlich bei uns allen.«

»Und woher willst du das alles wissen?«

»Weil es mir einer der Männer hier im Kommando gesagt hat. Wir lieben uns. Er vertraut mir. Wir wollen nicht mehr sterben, doch jetzt bleibt uns nichts, als hier gemeinsam in den Tod zu gehen.«

Hejda gab sich keine Mühe mehr, ihre Tränen zu verbergen. Sie sah Larissa fest in die Augen: »Warum habt ihr nicht versucht zu fliehen, zu zweit hättet ihr es vielleicht schaffen können?«

Larissa spürte ihre Aufregung und legte ihr besänftigend ihre Hand auf den Arm. »Überlaufen zu denen, die uns das alles angetan haben? Wie soll das enden? Daß sie uns feiern? Laufen lassen? Sie würden alles, was wir wissen, aus uns herauspressen und uns dann töten. Und wenn sie uns vielleicht sogar am Leben ließen, würden wir für immer unglücklich sein, weil niemand mehr nach soviel Verrat ein ehrliches Leben führen kann.«

Mutlos ließ sich Hejda auf den Stufen nieder. Dicht neben Medina. Sie strich zärtlich über das Haar ihrer Schwester, die fast eingeschlafen war. Medina murmelte kaum verständlich: »Du bist so lieb zu mir.« Wenig später schlief sie fest.

Medinas eben noch bleischwere Mattigkeit ging über in eine unerklärliche Leichtigkeit. Sie träumte. In ihrem Traum schien sie abzuheben, zu schweben. Plötzlich war sie ein Storch. Sie hatte nie mit eigenen Augen einen leibhaftigen Storch gesehen. Aber sie erinnerte sich an einen Naturfilm, in dem ihr die Störche mit ihren anmutigen Bewegungen beim Fliegen so gefallen hatten. Medina bewegte die Arme, als ob sie Flügel wären. Sie hob ab und schwebte gleich darauf. Nicht sehr hoch über der Erde, aber sie konnte die einzelnen Wiesenblumen von hier oben schon nicht mehr auseinanderhalten. Dann entdeckte sie einen zweiten Storch. Malik! Sie rief seinen Namen, und er kam zu ihr. Sie flogen umeinander herum, betrachteten sich neugierig und liebevoll, drehten einen Kreis nach dem anderen umeinander, miteinander. Wie um ihn zu necken, ließ sie sich mal ein wenig fallen, dann schlug sie kurz mit den Flügeln und stieg wieder auf. Malik kam ihr immer hinterher, immer im Kreis herum. »Wir tanzen«, fiel ihr endlich ein. Sie drehten sich voller Übermut. Dann, als hätten sie es sich beide zugleich anders überlegt, flogen sie plötzlich nicht mehr im Kreis, sondern starteten mit ein paar kräftigen Schlägen beinahe senkrecht nach oben. Immer höher und höher und höher. Medina verlor sich selbst aus den Augen. Ein wohliges, friedliches Gefühl umfing sie. Sie ließ sich ganz und gar fallen. »Wie schön es doch ist. Wie schön!«

Hejda war erstaunt, wie schnell ihre Schwester eingeschlafen war. »Bei dieser Tortur kein Wunder«, dachte sie. Auch ihre eigenen Beine fühlten sich an wie Gummi. Sie spürte eine nie gekannte Erschöpfung, konnte ihre Glieder kaum rühren. Ihr Kopf dagegen ließ ihr keine Ruhe. Zu ungeheuerlich war das, was sie soeben von Larissa erfahren hatte. Hejda konnte keinen klaren Gedanken fassen. Immer wieder entschlüpften sie ihr, ließen sich nicht festhalten und zu Ende bringen. Dabei mußte sie so dringend nachdenken! Warum hatte sie so wenig um sich herum begriffen? Warum hatte sie sich zuvor niemals gefragt, was sie selbst wollte? Hejda kam zu keinem Ergebnis. Statt dessen störten immer wieder fremde Worte ihre Überlegungen. Die Frau in ihrer Reihe telefonierte noch immer. Hejda verstand jeden Satz.

»Hier riecht es merkwürdig. Wie verbrannt. Gas? Ja, könnte sein. Ja, ich glaube, es ist Gas … Sie haben anscheinend mit der Erstürmung begonnen.« Die Frau versuchte nicht mehr leise zu sprechen, sie rief jetzt laut: »Laßt uns leben! Hört ihr? Tötet uns nicht … Was? Ja, ich höre noch. Ich spreche durch ein Tuch. Ich atme durch ein Tuch – das Gas, wissen Sie. Ich will das Gas nicht einatmen.«

Hejda verstand nicht, was die Worte der Frau bedeuten sollten. Welches Gas? Was hatte sie damit zu tun? Sie wollte sich nur noch ausruhen. Sie fühlte eine unendliche Müdigkeit und Mattheit. Sie versuchte, die Hand nach Medina auszustrecken. Aber sie konnte sie nicht mehr heben. Auch sich umzudrehen ging nicht mehr. Unmöglich! Sie war gelähmt! Ein weißer Schleier waberte durch den Saal. War das das Gas, von dem die Frau sprach? Hejda sah und hörte alles ganz genau, ihre Gedanken rasten, aber ihr Körper war völlig bewegungsunfähig. Würde Mowsar jetzt die beiden Saalbomben zünden? Würden die Witwen jetzt von den Männern des Kommandos in die Luft gesprengt werden, so wie es Larissa prophezeit hatte? Würde es sehr wehtun? O Gott. Sie wollte nicht sterben. »Ich will nicht sterben!!!« Sie konnte nicht schreien. Nicht nur die Arme und Beine, auch ihr Hals, ihr Gesicht, ihr Mund, ihre Stimme – alles war gelähmt.

Aslan und ein paar andere Kämpfer rannten brüllend umher. »Scheiße! Gas! Die Schweine setzen Gas ein! Hier strömt von irgendwoher Gas rein. Diese russischen Drecksäcke. Macht die Lüftung aus!« Sie schauten an die Decke, als suchten sie das Leck, und schossen wild in die Luft. Irgend jemandem schrie Aslan zu: »Bleibt auf euren Sitzen, wehe, ihr verkriecht euch wieder! Kapiert? Oder soll ich erst eine Granate in eure Reihe schmeißen?«

Vom anderen Ende des Saales wurde ebenfalls geschossen. Hejda konnte sich nicht einmal in Deckung bringen. Kein Muskel gehorchte ihr mehr, dann fielen ihr auch die Lider zu. Ganze Salven wurden aus Kalaschnikows abgefeuert. Glas splitterte. Hejda wollte sich danach umdrehen, doch sie war zu keiner, nicht mal zur kleinsten Regung fähig. Selbst die Augen bekam sie nicht mehr auf.

Sie hörte Männer aufs unflätigste russisch fluchen, Stiefeltritte. Eine ganze Horde schien sich zu nähern. Wieder fielen einzelne Schüsse. »Da ist noch so eine Hure. Nimm die. Ich knall die Schlampe hier ab.« Sie spürte, wie jemand zwischen Medina und sie trat. Ein Stiefel stieß an ihren Kopf. Aber sie fühlte eigenartigerweise keinerlei Schmerz. »Eh, guck dir das an, die Schlampe ist schwanger! Stell sich das mal einer vor. Schwanger, aber Sprengstoffgürtel und Granaten um. Das sind vielleicht Kampfweiber.« Ein Schuß fiel dicht neben ihr. Der Russe mußte Medina erschossen haben! Nein!

Hejda mühte sich mit aller Kraft, die Augen zu öffnen, ihre Pistole zu greifen, doch kein Muskel, nicht die kleinste Faser gehorchte ihr. Ihr Geist war schrecklich wach, aber ihr Körper schien bereits tot zu sein. »Ja, bringt die Geiseln raus. Los, beeilt euch. Die Huren hier erledigen wir. Wir sind gleich fertig.« Eine grobe Hand packte Hejda an den Haaren und riß sie herum. Sie sprach zu Allah. Ihr letztes Gebet. Wenn sie schon sterben mußte, dann wollte sie wenigstens ins Paradies! Sie fühlte einen kalten Pistolenlauf an ihrer Schläfe. Dann spürte sie nichts mehr. Gar nichts.

RAISSA

Die Trauerfeier fällt aus

Raissa hatte die ganze Nacht vor dem Fernseher gesessen. Um sich wach zu halten, hatte sie literweise schwarzen Tee getrunken. Ihren Eltern mußte sie versprechen, daß sie sie dieses Mal wecken würde, wenn etwas passierte. Nicht wie bei dem Interview mit Medina.

Um fünf Uhr dreißig blieb das Fernsehbild stehen. Die ganze Zeit hatte es das Musicaltheater gezeigt, obwohl es außer dem im Wind flatternden, mittlerweile zerfetzten Plakat nicht viel zu sehen gab. Allerdings waren Schüsse zu hören gewesen, Explosionen. Nun stand das Bild still. Der Ton riß ebenfalls ab, es gab keinerlei Erklärung. Raissa starrte auf die Mattscheibe. Sie konnte sich keinen Reim darauf machen. Sie beschloß zu warten.

Als das Bild zurückkehrte, war es weit nach sechs. Samstagmorgen, der 26. Oktober. Dasselbe Betriebskulturhaus, derselbe Eingang, immer noch Schneeregen im orangefarbenen Laternenlicht. Sie sah, wie sich schwarze Gestalten an das Kulturhaus heranpirschten. Von allen Seiten. Schüsse fielen. Wieder und wieder. Drinnen, wie es schien. Schlaffe Gestalten wurden nach draußen geführt. Das mußten die Geiseln sein! Manche konnten selbst gehen, torkelten wie betrunken durch die zersplitterte Tür. Die meisten wurden getragen. Zu viert an Händen und Füßen, zu zweit unter den Achseln geschleift, allein über die

Schulter gelegt. Nicht Rettungshelfer, sondern schwarz gekleidete, kräftige Polizisten oder Soldaten schafften die offensichtlich benommenen oder sogar bewußtlosen Menschen aus dem Theater.

Die ersten wurden auf dem blanken Boden abgesetzt und mit den Oberkörpern an die Hauswand gelehnt. Als dort kein Platz mehr war, legten die Männer ihre Last einfach auf dem offenen Platz nieder. Die Geiseln waren nur dünn bekleidet. Busse fuhren so nah sie konnten an den Theatereingang.

Raissa rief durchs Haus nach ihren Eltern. Mehrere Male, so laut sie konnte. Sie wollte nicht nach oben laufen, um ja nichts zu verpassen. Die Eltern eilten herab, in dem Augenblick, als man sah, wie die Geiseln in die Busse gesetzt wurden. Viele konnten sich nicht halten. Mit verdrehten Augen kippten sie einfach zur Seite, klappten nach vorn zusammen oder rutschten von den Plätzen. Sie boten einen erbärmlichen Anblick: leichenblaß, fast grün, schwarze Ringe unter den Augen, kalten Schweiß im Gesicht.

»Warum setzen sie keine Krankenwagen ein?« fragte die Mutter verwundert.

»Pst, sei still!« flüsterte der Vater, obwohl sie aus den Kommentaren des Moderators nicht mehr erfuhren, als sie sahen. Nur, daß es sich hier um eine Aufzeichnung handelte, die zeitversetzt gesendet wurde. Nicht noch einmal hatten die Geiselnehmer aus dem Fernsehen erfahren sollen, was draußen vor sich ging, damit nichts die Erstürmung gefährdete.

Sie sahen, wie immer mehr Bewußtlose aus dem Theater geschafft wurden. Noch gab es keine Informationen über Opfer. Nur, daß die Spezialkräfte ein Gas eingesetzt hatten, das alle im Gebäude in einen künstlichen Schlaf versetzt hatte.

Das Fernsehen berichtete stundenlang über das heillose Durcheinander vor dem Kultursaal, das sich in den Kliniken fortsetzte. Obwohl seit dem Beginn der Geiselnahme fast sechsundfünfzig Stunden vergangen waren, schien niemand vorbereitet gewesen zu sein. Tragen stapelten sich vor den Notaufnahmen, die Bewußtlosen wurden im strömenden Regen einfach vor dem Krankenhaus abgestellt. Dutzende wachten nicht wieder auf. Verzweifelte Ärzte traten vor die Kameras und berichteten, daß sie den Patienten kein Gegenmittel zu dem Gas verabreichen konnten, weil sich das Einsatzkommando weigerte, ihnen die Zusammensetzung des Kampfgases mitzuteilen. Staatsgeheimnis. Die Zahl der Toten stieg mit jeder Stunde. Die Einsatzleitung gab den Wirkstoff trotzdem nicht preis.

Raissa war aufgebracht auf den Sessel gesprungen, mit den Füßen auf der Sitzfläche verharrte sie in der Hocke. In ihr kroch kalte Wut hoch. Die Geheimhaltung hatte Vorrang vor dem Leben der Menschen!

Ihre Mutter hielt die Spannung nicht aus. Sie ging Tee kochen. Gerade als sie mit dem Tablett ins Wohnzimmer zurückkehrte, zeigte das Fernsehen Bilder aus dem Inneren des Saales. Er war leer und völlig verschmutzt. In den Gängen und auf den Sesseln lag Müll, der Boden war verschmiert. Verloren in dem großen Raum saßen einige wenige Gestalten auf den Sitzen.

Als die Kamera heranfuhr, erkannte man, daß die Personen mehr lagen als saßen. In grotesken Verrenkungen. Mit weit nach hinten hängenden Köpfen. Jemand auch weit nach vorn gebeugt, als würde er auf der Vorderlehne schlafen, den Kopf mit einer Kapuze bedeckt. Eine unbekannte Hand riß an der Kapuze samt Haaren und kippte so den ganzen Körper nach hinten. Ein Frauenkopf kam zum Vorschein. Er baumelte hin und her, aus dem Mund hing die Zunge. Die Augen mit dem erstorbenen Blick schauten geradewegs in die Kamera.

Raissas Mutter schrie auf. Sie begriff als erste, was das zu bedeuten hatte. »Die sind tot!«

»Schura! Das ist Schura! O mein Gott!« preßte Raissa fast tonlos hervor. Die Kamera fuhr jetzt ganz nah von einem Gesicht zum nächsten. Fast alle Schwarzen Witwen hatten die Schleier abgelegt. Einige hingen völlig verdreht in ihren Sesseln, andere schienen friedlich zu schlafen. Männerhände kappten mit kurzen Schnitten die Drähte der Sprengstoffpakete. Raissa und ihre Eltern waren starr vor Angst. Sie ahnten, was sie als nächstes zu erwarten hatten. Und da geschah es auch schon. »Medina!« schrie die Mutter. »Mein Kind, mein armes Kind!« Sie jammerte: »Sie haben sie erschossen! Einfach totgeschossen! Mein armes Mädchen! Es ist tot, mein Kind, meine Tochter.« Medina war nur von der Seite gefilmt worden, doch man sah die Blutspur an ihrer Schläfe.

Raissa liefen die Tränen übers Gesicht. Sie wischte sie ärgerlich beiseite. Sie sah Larissa. Ihr hatten sie in den Nacken geschossen. Dann kehrte die Kamera zu Medina zurück und glitt über Hejda hinweg. Hejda wirkte ganz und gar, als schlummere sie friedlich, den Kopf bequem zu Seite gelehnt, den Mund ein wenig offen, ein kaum sichtbares Lächeln auf dem Gesicht. Wenn da nicht der Fleck an der Schläfe gewesen wäre.

»Hejda! Oh, Hejda!« Raissa hatte keine Stimme mehr. Sie krächzte nur noch.

»Meine Mädchen! Hätte ich euch nur nicht fortgelassen!« Die Mutter sah nicht mehr auf den Bildschirm. Sie hatte sich in die Kissen fallen lassen. Weinkrämpfe ließen ihren mächtigen Körper erzittern. Ihr Mann strich ihr unbeholfen über den Rücken und schwieg. Er starrte über das Sofa zum Fenster hinaus, als stünde dort irgendeine Erklärung. Derweil strömten die Tränen über das runzelige Gesicht; er schien es nicht zu merken.

Schließlich konnte das Fernsehen auch Raissa nicht länger ablenken. So lange hatte sie sich versucht zu beherrschen. Es ging nicht mehr.

»Sie haben alle erschossen! Alle! Medina, Hejda, Schura, Larissa, Marina, alle! Abgeknallt wie räudige Hunde. Diese verdammten Schweine!«

Die Kamera fuhr weiter, aber keiner von ihnen schaute mehr zu. Raissa sprang auf und rannte die Treppe zum Mädchenzimmer hinauf. Sie ließ sich auf ihr Bett fallen, in dem sie schon zwei Nächte lang nicht mehr geschlafen hatte. Sie weinte und weinte und weinte. Um ihre Schwestern, ihre Freundinnen, ihr Schicksal, das ihr so sinnlos erschien. Bis sie keine Tränen mehr hatte und endlich einschlief.

Es mußten Stunden vergangen sein. Als Raissa wieder aufwachte, war es dunkel. Demnach hatte sie den ganzen Tag verschlafen. Sie zog sich ihren frischen Trainingsanzug an und ging nach unten. Das Haus lag da wie ausgestorben. Nirgendwo brannte Licht, nur die Katze saß vor der geschlossenen Küchentür und miaute. Als sie Raissa entdeckte, sprang sie freudig auf und strich ihr um die Füße, so daß Raissa bei jedem Schritt zur Küche fast über ihre eigenen Beine und die Katze stolperte. Immer wieder stubste das aufgeregte Tier sie mit dem Kopf am Bein an und vollführte kleine Bocksprünge neben ihr. Die Katze mußte entsetzlich hungrig sein. »Ist ja gut, Kiska! Du kriegst ja was! Nun warte doch«, sprach sie leise, während sie ihr etwas Milch auf eine Untertasse goß. Die Katze schleckte gierig das Schälchen leer und sah sie gleich darauf wieder erwartungsvoll an. »Ich hab nichts mehr!« Sie konnte ihr kein Futter geben. Es war nichts da. Seit Tagen hatten sie nicht gekocht, also gab es auch keine Essensreste. »Geh raus und such dir selbst etwas!« In einer plötzlichen Wut riß Raissa die Haustür auf und versetzte der Katze einen Tritt, der sie in die Dunkelheit schleuderte.

Die Eltern fand sie im Wohnzimmer. Immer noch, schien es. Beide schliefen auf dem Sofa. In dem dunklen Raum flackerte nur der Fernseher. Der Ton war leiser gestellt, aber zu verstehen.

Raissa kamen sofort wieder die Tränen. Alles, was der Schlaf für ein paar Stunden von ihr ferngehalten hatte, drängte sich mit Macht zurück in ihr Bewußtsein. Medina, Hejda – ihr Tod. Sie bereitete sich darauf vor, gleich wieder ihre Schwestern vorgeführt zu bekommen. Aber zunächst wurde das Waffen- und Munitionsarsenal des Geiselkommandos präsentiert, auf rotem Fahnentuch lagen der Größe nach aneinandergereiht Sprengstoffpakete, Revolver, Pistolen, Kalaschnikows und Handgranaten. Die Kamera wurde von unsichtbarer Hand, aber unter Begleitung klackender Absätze durch das unbeleuchtete Foyer getragen, vorbei an eingeschlagenen Spiegeln und zersplitterten Türrahmen. Dann verweilte sie auf einer Leiche. Raissa rückte dichter an den Apparat heran.

»Mowsar Barajew!« flüsterte Raissa verächtlich. »Du Mistvieh bist schuld!« Er lag inmitten von Trümmern und Glasscherben tot auf dem Rücken, Gesicht und Körper blutverschmiert, den Bauch von Schußverletzungen zerfleischt. Die Kamera fuhr um ihn herum. Fein säuberlich neben seiner rechten Hand stand eine Flasche. Die Kamera verweilte auf dem Etikett. Armenischer Kognak. Die Flasche war verstaubt. »Na, das haben sie ja gut arrangiert«, dachte Raissa bitter. »Sieh sich das einer an! Sie kommen und schießen alles kurz und klein, nur diese Flasche bleibt heil und landet genau neben ihm. Die trägt er ja auch ständig bei sich! Verschlossen natürlich, denn er hebt sie sich für bessere Stunden auf! Die halten uns wohl für völlig bescheuert!« Raissa schimpfte vor sich hin, bemüht, nicht laut zu werden.

Der Vater wurde wach. »Was ist los?«

Raissa faßte knapp zusammen, was sie so empört hatte.

Der Vater sagte: »Ja, das ist jetzt die Stunde der Propagandisten. Jetzt können sie erzählen, was sie wollen. Sie werden ihnen alle Greueltaten dieser Welt andichten, sogar, daß sie Alkohol trinken. Die Menschen glauben jetzt alles.« Er fuhr sich über die Augen.

Die Mutter erwachte mit einem Seufzer. Bevor sie überhaupt zu sich kam, rollten ihr schon wieder die Tränen übers Gesicht. Der Schmerz erfaßte erneut ihren Körper. Als sei sie unfähig, all dem Leid standzuhalten, wiegte sie sich schwer von einer Seite zur anderen. »Meine armen Mädchen. Wie viele Kinder soll ich denn noch verlieren? Hört das denn nie auf?«

Immer wieder rieb sie sich mit dem Taschentuch die Augen. Raissa wollte nicht weinen, aber wie sollte sie das schaffen, wenn sie ihre Mutter so sah! Sie ging zu ihr, nahm sie in den Arm und legte ihr den Kopf auf die Schulter. Die Mutter strich ihr übers Haar, drückte ihre einzige Tochter an sich, und Raissa weinte sich an ihrer Brust aus.

Sie merkten nicht, daß der Vater hinausgegangen war. Sie sollten seine Tränen nicht sehen. Als Mann durfte er nicht weinen, der Tod war keine Tragödie!

Die Nachrichten zeigten Bilder aus den Krankenhäusern. Als sie hörten, daß seit der Erstürmung am Morgen fast siebzig Menschen gestorben waren, erschraken sie. »Oh, mein Gott!« stöhnte die Mutter. Es stellte sich heraus, daß einige Geiseln doch ein Gegenmittel gespritzt bekommen hatten. Aber manchen war es gleich mehrmals verabreicht worden, anderen dafür gar nicht. Niemand hatte in dem heillosen Durcheinander die bereits Geimpften gekennzeichnet.

Raissa und ihre Mutter sahen Frauen und Männer, die im strömenden Regen vor Moskauer Kliniken standen und verzweifelt nach ihren Angehörigen suchten. Wenn sich überhaupt jemand aus dem Krankenhaus dazu herabließ, mit den Wartenden zu sprechen, dann nur, um sie kurz abzufertigen. Es würden demnächst Listen ausgehängt werden, dann könnten sie nachsehen. Bis dahin könne ihnen niemand helfen. Nicht einmal ein »leider« fügten die barschen Klinikärzte hinzu.

»Wie sie mit den Leuten umgehen!« empörte sich die Mutter. Plötzlich sprudelte es aus ihr heraus. »Aber sie können ja noch viel mehr! Sie können sogar meine Töchter erschießen. Alle beide. Sie können auch Bomben auf uns werfen! Wir sind ja nur Tschetschenen. Und vor dem Leben ihrer eigenen Leute haben sie genausowenig Respekt. Diese Gottlosen! Was ist das nur für eine Welt?« Sie sank matt auf die Lehne.

Alle drei schauten die Sendungen an und sahen sie doch nicht, denn auf ihre wichtigste Frage, was nun mit Medina und Hejda geschehen würde, erhielten sie über Stunden keine Antwort. Irgendwann gab es einen ersten Hinweis. Die Leichen der »liquidierten Terroristen« würden den Familien nicht ausgehändigt werden, kündigte ein Politiker an. Ohne jede weitere Begründung.

»Was soll das heißen? Was meinen sie damit, daß die Familien die Leichen nicht bekommen? Was wollen sie denn mit den Leichen?« fragte die Mutter aufgeregt den Vater.

Auch Raissa begriff nicht: »Was haben sie davon?«

»Daß wir sie nicht begraben können«, sagte der Vater. »Daß wir unsere Töchter nicht hier bei uns beerdigen können. Daß sie wer weiß was mit ihren Leichnamen anstellen. Sie wollen uns alle mitbestrafen! Für die sind wir alle Terroristen, deshalb lassen sie uns noch nicht einmal die heiligste unserer Pflichten erfüllen. Oh, Allah hilf! Die Seelen meiner Töchter werden keine Ruhe finden. Sie müssen in der Fremde bleiben. Wie kann man nur so grausam sein?!«

»Das kann nicht sein. Ich glaube das nicht«, sagte die Mutter mit unerwarteter Entschlossenheit. »Ich frag' die Nachbarn, vielleicht wissen die etwas.« Der Vater erkannte, daß er sie nicht bremsen konnte.

»Geh mit!« bat er Raissa.

Die Frauen warfen sich Wolltücher über und schlüpften in Galoschen. Der tagelange Regen hatte die ungepflasterte Dorfstraße völlig aufgeweicht. Sie steuerten auf Schuras Haus zu. Sie klopften und drückten die Klinke nieder. Die Tür stand offen. Sie riefen in das leere Haus. Keine Antwort. Sie hörten den Fernseher und riefen noch einmal. Dann kam Schuras Mutter ihnen schließlich entgegen.

Raissa stand unbeholfen daneben, als sich die beiden Mütter in die Arme schlossen. Sie hielten sich lange fest. Schuras Mutter streckte ihre Hand nach Raissa aus und zog sie zu sich heran. Sie drückte sie an sich. Raissa war die Nähe zu Schuras Mutter unangenehm. Schura hatte kein besonders gutes Verhältnis zu ihrer Mutter gehabt, was sich Raissa nie so recht erklären konnte. Sie machte sich sacht los. Die Frauen setzten sich.

»Hast du die Bilder gesehen?« fing Raissas Mutter an.

Schuras Mutter nickte. Raissa fragte vorsichtig, ob sie auch davon gehört habe, daß es ihnen verwehrt werden solle, ihre Töchter zu Hause zu beerdigen. Schuras Mutter nickte wieder. »Sie werden sie wahrscheinlich irgendwo gemeinsam verscharren. Ob sie uns wenigstens sagen werden, wo?«

Raissa hatte das Gefühl, daß Schuras Mutter dieser Umstand nicht so zu schaffen machte wie ihren Eltern. Ob das daran lag, daß sie eben keine Tschetschenin, sondern Ukrainerin war? Oder täuschte sie sich?

»Ich werde fortziehen. Was soll ich jetzt noch hier? Ich habe meine ganze Familie verloren, ich gehe zurück in meine Heimat. Hier will mich ohnehin keiner haben. Ich bin keine von euch. Das lassen sie mich doch immer mehr spüren.«

»Wie kommen Sie denn darauf?« fragte Raissa Schuras Mutter.

»Seid ihr heute schon mal draußen gewesen? Habt ihr die anderen gehört? Sie reden nicht einmal mehr mit mir. Meine

Tochter hätte Schande über unser Dorf gebracht, das sagen sie mir. Einer Mutter, die gerade ihr Kind verloren hat! Mein armes Mädchen! Kein Wort des Mitleids. Wart ihr auf der Straße? Noch nicht? Dann steht euch das noch bevor!«

Raissa wurde kalt bei dem Gedanken, daß das Dorf sie schneiden würde.

Schuras Mutter behielt recht. Gab es einen Todesfall, kamen normalerweise die Trauergäste zu den Hinterbliebenen. Es bedurfte keiner Einladung, und es war auch nicht wichtig, wann genau die Beisetzung stattfand. Sobald man vom Tod erfuhr, machte man sich auf, sein Beileid zu bekunden.

Zu Raissas Eltern kam niemand. Die Mutter wollte es nicht wahrhaben. Sie schüttete große Mengen Mehl auf den Küchentisch, grub eine Mulde in den puderigen Haufen und schlug zwei Eier hinein. Mit finsterem Gesicht knetete sie den Teig durch, gab mechanisch Salz, Wasser, Hefe dazu – jahrzehntelange Küchenroutine. Erst als die Masse Ruhe brauchte, damit die Hefe aufgehen konnte, ließ sie von dem Klumpen ab. Ihr Mann schüttelte nur den Kopf: »Was soll das? Es gibt keine Beisetzung und damit keine Trauerfeier. Laß das!«

Die Mutter beharrte: »Aber es gibt Tote! Deine beiden Töchter sind nicht mehr am Leben. Das ist doch kein Geheimnis. Das weiß nicht nur das ganze Land, sondern auch jeder hier im Dorf, und deshalb werden Gäste kommen, und ich muß ihnen etwas vorsetzen können.«

Raissa stimmt dem Vater insgeheim zu: Die Mutter machte sich etwas vor. Doch wie unsagbar schwer war es, dieser Tatsache ins Auge zu sehen! Die Russen hatten es wieder einmal geschafft, sie dort zu treffen, wo es ihnen am meisten wehtat. Das übliche Kommen und Gehen in einem Trauerhaus, die Anteilnahme ihrer Nachbarn blieben aus. Die Dorfgemeinschaft hatte sich von ihnen abgewendet.

Die Mutter gab noch immer nicht auf. Sie wollte es anscheinend wissen. Sie schickte sich an, in den Dorfladen zu gehen. Natürlich benötigten sie das eine oder andere, aber sie hätten genausogut zum Markt fahren und dort im allgemeinen Getümmel untertauchen können. Aber die Mutter bestand auf dem kleinen Lebensmittelgeschäft im Ort. Und so begleitete Raissa sie dorthin.

Als sie den Laden betraten, verstummten sämtliche Frauen und drehten sich weg. Raissas Mutter schaute in die Runde. »Was ist los? Wollt ihr uns nicht wenigstens euer Beileid bekunden?«

Die Frauen blickten an ihnen vorbei. Eine hielt die Stille nicht aus: »Wißt ihr, daß es inzwischen über hundert Tote gibt?«

»Seit wann bedauern Tschetschenen Russen?« konterte Raissas Mutter. Raissa hatte sie nie zuvor so aggressiv erlebt.

»Erst haben eure Söhne uns ins Verderben geschickt, dann eure Töchter!« warf die nächste Raissas Mutter vor.

Das war zuviel! Raissa wies diese Anschuldigung zurück. »Nicht Medina und Hejda sind zuerst ins Witwenkommando gegangen. Ihr wißt, daß es andere waren. Und daß eure Söhne in den Bergen kämpfen, hat ja wohl weniger mit Achmed und Aslan als vielmehr mit den Säuberungen der Russen zu tun! Eure Söhne wollten sich für die Razzien an den Russen genauso rächen wie meine Brüder.«

»Soweit ist es gekommen: Tschetschenen zerstreiten sich wegen Russen!« sprang die Mutter Raissa bei.

»Wegen euch gibt es bei uns die Säuberungen. Eure Söhne werden laufend gesucht. Jedesmal müssen wir mitbluten!« keifte eine Nachbarin zurück.

»Deine Töchter sind Mördertöchter! Deine Söhne holen unsere Mädchen ins Witwenkommando! Schäm dich!« kreischte ein altes Weiblein. Sie hatte keine Zähne mehr im Mund. Wer sie sah, hätte sie für gebrechlich halten können. Wer sie hörte, wurde eines Besseren belehrt.

Raissa fasste ihre Mutter am Arm und wollte sie aus dem Laden ziehen. Doch sie bestand darauf, den Einkauf zu erledigen. Nur eine einzige Frau inmitten der keifenden Schar hatte den Mut, Partei für sie zu ergreifen.

»Ich möchte dir mein Beileid ausdrücken. Und dir auch, Raissa.« Und zu den anderen: »Sie haben Medina und Hejda verloren. Laßt ihnen wenigstens die Trauer, für Vorwürfe habt ihr später noch Zeit.« Die Frauen schwiegen feindselig.

Im Visier der Russen

Jeder Lebensmut, jegliches Interesse an ihrer Umwelt schienen die Eltern verlassen zu haben. Daß ihnen der Abschied von ihren Töchtern verwehrt worden war, ließ sie nicht zur Ruhe kommen. Schuras Mutter zog fort. Zu Larissas Eltern hatten sie nie Kontakt gehabt, niemand im Dorf wollte mehr mit ihnen zu tun haben. Selbst die Geheimdienst-Polizisten, die sie kurz nach dem Geiseldrama mehrere Male zum Verhör mitgenommen hatten, schienen einzusehen, daß sie die beiden Alten nicht länger zu befragen brauchten. Der einzige Kontakt der Eltern zur Außenwelt war Raissa, die die Einkäufe erledigte. Sie mied fortan den Dorfladen, fuhr lieber mit dem Bus nach Grosny zum Markt, der immer auch eine Nachrichtenbörse war. Nach den einsamen Stunden in ihrem Elternhaus brauchte sie Menschen. Das Gewühl konnte ihr gar nicht dicht genug sein. Sie wollte Stimmen, Gerüche, unterschiedliche Gesichter horten, sich damit vollpumpen, um die Grabesstille zu Hause zu ertragen.

Raissas Mutter stand zwar wie gewohnt früh auf, kleidete sich an, saß dann aber in der dunklen Küche neben dem ungeheizten Ofen. Raissa nahm ihr das Feuerholz aus der Hand und setzte den Brotteig an. Sie hielt das Haus sauber, kochte für ihre Eltern und sah zu, daß sie etwas zu sich nahmen. Sie holte sie vor den Fernseher, denn immer länger zogen sich beide in unterschiedlichen Winkeln des Hauses zurück. Musiksendungen schalteten sie nicht mehr ein, zu sehr erinnerten sie sie an Hejda, und das tat weh.

An den goldenen Tagen, die ihnen der Herbst noch einmal schenkte, lockte Raissa die Eltern hinaus in die Sommerküche. Sie alle liebten die Sommerküche, hatten sie in diesem Jahr aber nur selten genutzt. An kühleren Tagen saß man wie auf einer überdachten Veranda, windgeschützt, aber doch im Freien. Bei Hitze bot sie kühlenden Schatten, und die Frauen konnten ihrer Arbeit nachgehen, ohne sich im Haus eingesperrt zu fühlen. Das ganze häusliche Leben hatte sich in den Sommern zuvor immer an diesem Ort abgespielt. Hier wurde gebacken, gekocht, eingeweckt, gegessen, geschwatzt. Für ein Nickerchen standen Sofas bereit, selbst den Fernseher hatten sie hier draußen angeschlossen. Kamen Gäste, die man nicht unbedingt ins Haus bitten wollte, war es nicht unhöflich, sie in der Sommerküche mit Tee zu bewirten. Von der Sommerküche aus hatten sie den ganzen Hof im Blick.

Sie hatten gerade zu Abend gegessen, und Raissa stand am Abwaschtisch. Ihre Eltern sahen die Nachrichten an, und Raissa bemühte sich, sowenig wie möglich mit dem Geschirr zu klappern, denn sie wollte auch zuhören. Trotzdem verstand sie kein Wort. Von irgendwoher kam Lärm. Wie Motorengeräusch, immer lauter. Ein Hubschrauber näherte sich! Raissa fluchte vor sich hin, daß sie jetzt schon nachts und noch dazu so tief flogen. Sie drehten den Fernsehton lauter, doch gegen den Lärm kam er noch immer nicht an. Raissa trat einen Schritt aus der Sommerküche heraus und blickte zum Himmel. Der Hubschrauber flog direkt auf sie zu. »Sie kommen zu uns!« schrie sie. »Runter! Runter, in Deckung!« Da knallte es fürchterlich.

Die Druckwelle schleuderte Raissa weit in die Küche hinein.

Der Hubschrauber drehte ab.

Raissa war die erste, die sich besann und aufrappelte. Vorsichtig kroch sie hervor und lugte in den Hof. Die zweite Etage ihres Hauses war zerstört. »Die Schweine wollten uns umbringen!« Sie horchten alle drei in den Himmel, doch der Hubschrauber kam nicht wieder. Die Eltern wagten einen Schritt in den Hof hinaus und blieben entsetzt stehen. Ihrem zweistöckigen Haus, das sie einst mit eigenen Händen, mit der Hilfe ihrer Söhne, Cousins und Onkel gebaut hatten, fehlten das Mädchen- und das Schlafzimmer. Nur die Koran-Suren, die Hejda bei ihrem letzten Besuch im Elternhaus wie ein Fries an zwei Wände ihres Zimmers gemalt hatte, waren unversehrt. Wohnraum und Küche im Erdgeschoß hatten keine Decken mehr.

Aus den Trümmern schlugen Flammen. Nachbarn rannten herbei. Jemand schrie: »Holt Wasser!« Eimer wurden herangeschleppt. Alle bildeten eine Kette und halfen, den Brand zu löschen. Raissa rechnete ihnen diesen Einsatz, nach allem was vorgefallen war, hoch an. Sie bedankten sich bei den Nachbarn.

»Wo werdet ihr jetzt wohnen?« fragte jemand.

Der Vater antwortete: »In der Sommerküche. Sie hat uns heute das Leben gerettet, dort werden wir auch die Nacht überstehen. Und dann«, fuhr er fort, um der nächsten Frage zuvorzukommen, »werden wir sehen. Es wird sich schon was finden. Unsere Familie ist ja groß.«

Der Nachbar nickte. Die Frauen zogen ihre Wolltücher über die Schultern und wandten sich zum Gehen. »Sagt, wenn ihr was braucht!« Die alte Solidarität wie in den schlimmsten Bombennächten des Krieges war wieder da.

»Allah sei mit euch!«

Als die Nachbarn gegangen waren, brach es aus der Mutter heraus. Sie schluchzte. »Wo sollen wir jetzt wohnen, wo sollen wir hin?«

Auch der Vater mußte sich setzen, der Brand und der Anblick der verkohlten Ruine waren zuviel. Doch seiner Frau zuliebe gab er sich einen Ruck: »Ich werde zu Ibrahim fahren. Sein Haus ist fast fertig, vielleicht überläßt er es uns eine Zeitlang und zieht selbst etwas später ein, wenn wir das hier wieder aufgebaut haben.«

»Wie sollen wir es wiederaufbauen? Deine Söhne sind weg!« klagte die Mutter weiter.

»Vielleicht helfen uns Ibrahims Söhne. Wann, wenn nicht jetzt, muß eine Familie füreinander da sein? Beruhige dich, alles wird gut, alles wird sich finden.« Er stand hinter seiner Frau und strich ihr kurz über die Schultern. Dann gab er Raissa mit einem Blick zu verstehen, daß sie sich um die Mutter kümmern sollte, er wollte sich zu seinem Schwager aufmachen.

Der wohnte im Nachbardorf in einem winzigen Häuschen, das für seine insgesamt dreizehnköpfige Familie, einschließlich der Urgroßmutter und Großeltern sowie acht Kindern, viel zu eng war. Längst hatten sie umziehen wollen, doch das neue Heim wurde und wurde nicht fertig. Der Krieg warf sie immer wieder zurück. Nun mußte der Vater um Aufnahme bitten. Raissa konnte sich vorstellen, wie schwer ihm dieser Gang fiel.

Raissa hatte aus der Ruine ihres Hauses Decken und Kleider geholt. Vieles war verbrannt, doch einiges konnten sie noch verwenden, wenngleich an allem der Geruch von Verkohltem haftete. Sie richteten sich für die Nacht ein. Raissa würde mit ihrer Mutter auf der einen Couch übernachten, die andere war für den Vater. Sie bereitete ihm sein Bett, damit er sich nur noch hinzulegen brauchte, wenn er später kommen würde. Dann gingen die beiden Frauen schlafen. Es war empfindlich kalt. Die Sommerküche taugte mehr schlecht als recht als Notquartier.

Raissa hatte die Rückkehr des Vaters in der Nacht nicht bemerkt. Duft von frischem Brot kitzelte ihre Nase, wohlige Wärme strahlte von einer Seite. Die Mutter, die als erste am Morgen wach geworden war, hatte den Herd geheizt und Brot gebacken. Was für eine Freude, welch ein Fortschritt! Leben und Kampfgeist waren in sie zurückgekehrt. Jedes Unglück war also doch für etwas gut, konstatierte Raissa still für sich.

Auch wenn es den beiden Frauen schwer fiel, ließen sie den Vater schlafen. Als er wach wurde, schauten sie ihn fragend an.

»Kein Problem, wir können einziehen. In die beiden unteren Räume.«

»Ibrahim schickt der Himmel«, seufzte erleichtert die Mutter.

»Und sie bleiben weiter in ihrem Haus wohnen, alle dreizehn?« wollte Raissa wissen.

»Ja, sie sagten, daß es nun auf diese paar Monate auch nicht mehr ankäme. Ibrahims Söhne wollen mir helfen, alles winterfest abzudichten, und im Frühjahr fangen wir mit den Reparaturen an. Die Frauen gehen euch zur Hand, wenn ihr den Hausrat hinübertragt.«

»Wie können wir das nur wiedergutmachen?« fragte die Mutter.

»Ach, da mach dir mal keine Gedanken. Sie freuen sich, daß die Russen uns mit ihrer Strafaktion nicht erwischt haben. Und wir sollten auch einfach nur froh darüber sein. Wollt ihr das frische Brot an die Hühner verfüttern, oder gibt es hier vielleicht doch noch Frühstück?« rief er aufgekratzt.

Raissa hatte ihn lange nicht mehr so munter gesehen. Sie waren bei dem Angriff unversehrt geblieben, und als die Not für sie am größten war, standen ihnen Nachbarn und Familie zur

Seite. Es war, als hätten sie ein neues Leben geschenkt bekommen!

Sie richteten sich in dem neuen Haus ein, das zwar noch keinen fertigen Fußboden hatte, aber ein Dach sowie Fenster und Türen. In einem Zimmer und in der Küche gab es einen Ofen, die Sommertoilette war schon während des Baus benutzt worden.

In ihrem neuen Heim konnten sie es gut aushalten. Raissa schlug der Mutter vor, der Schwägerin Gardinen für das neue Haus zu nähen. Ihrer Mutter gefiel die Idee. So konnten sie sich ihren Wohltätern zumindest ein wenig erkenntlich zeigen.

Nichts hatte ihr Kommen angekündigt, wieder waren die schwarz maskierten Milizionäre lautlos in ihr Haus eingedrungen und standen eines Nachts, kurz vor Jahreswechsel, mitten in ihrem Schlafzimmer. Weder die Mutter noch Raissa hatte sie bemerkt, wieder fuhr ihnen der Schrecken in sämtliche Glieder. »Woher wissen die, daß wir jetzt hier wohnen?« schoß es Raissa durch den Kopf.

Sie hatte sich die Decke bis ans Kinn gezogen und saß in ihrem Bett.

Die Mutter empörte sich: »Wollen Sie uns nicht wenigsten etwas anziehen lassen? Oder reißen Sie uns gleich auch noch die Bettdecken weg? Das Haus haben Sie uns ja schon genommen!«

»Was regst du dich so auf, Alte, schließlich wart ihr doch nicht drin, was hast du also? Bei deinen Wahhabiten-Söhnen stellst du dich doch auch nicht so an, und deine Töchter brauchen nicht einmal unsere Bomben, sie hätten sich mit ihrem Sprengstoff auch selbst in die Luft gejagt!«

Die Mutter griff zitternd nach ihrem Wolltuch am Bettende. Als sie es umlegte, wischte sie sich mit einem Zipfel über die Augen.

»Heul nicht rum, Alte! Von dir wollen wir gar nichts. Wir wollen uns mit diesem Früchtchen hier unterhalten. Anziehen, mitkommen!« bellte der Anführer in Raissas Richtung. Sie verfluchte sich, nicht angekleidet schlafen gegangen zu sein. Das hatten sie in den Bombennächten doch auch immer getan. Wie konnte sie nur so leichtfertig sein! Nun stand sie da und wußte nicht, wie sie vor diesen Kerlen hier aus dem Nachthemd in ihren Rock und Pulli kommen sollte. Wie um Zeit zu schinden, begann sie mit dem Tuch, machte dann mit den Strümpfen weiter.

Die Mutter sagte mit lauter fester Stimme, die Raissa völlig überraschte: »Vielleicht können Sie sich wenigstens umdrehen, wenn Sie schon nicht rausgehen!« Da bewegten sie sich.

Raissa zog sich einen warmen langen Samtrock an, dazu einen schwarzen Pullover und statt der Strümpfe warme wollene Strumpfhosen. »Nimm die Weste mit, damit du nicht frierst«, flüsterte die Mutter ihr zu. Raissa war gerade fertig, als die Tür aufflog. »Raus jetzt, dalli!« schnauzte der Anführer sie an. Hinter den vier Männern im Flur sah Raissa ihren Vater. »Was ist los, wohin soll sie, was werfen Sie ihr vor?«

»Das wird sie uns schon erzählen!«

»Wohin bringen Sie sie? Wo können wir sie abholen?« fragte die Mutter.

»Ihr fragt zuviel! Wir stellen hier die Fragen!«

Raissa konnte sich ausmalen, was sie erwartete. Sie hatte Angst. Angst, daß sie sie vergewaltigen würden. Dann wäre alles vorbei.

Sie brachten sie nach Grosny. Nicht in die alte Wache vom letzten Mal, denn die existierte ja nicht mehr. Es war ein Gebäude in der Nähe des Zentralmarktes, also in der Stadtmitte. Sie fuhren in einem Militär-Jeep. Raissa saß auf der Rückbank, eingequetscht zwischen zwei breitschultrigen Omon-Milizionären. Die anderen beiden saßen vorn. Der Anführer dreht sich zu ihr um und begann noch im Auto mit seiner Vernehmung.

»Wußtest du, daß deine Schwestern bei den Schwarzen Witwen waren?«

»Erst, als ich sie tot im Fernsehen gesehen habe.«

»Wann haben sie sich dem Kommando angeschlossen?«

»Das weiß ich nicht.«

»Du mußt doch wissen, wann sie euer Haus verlassen haben!?«

»Im Sommer, aber da sagten sie, daß sie unsere Großmutter in Chasawjurt pflegen wollten.«

»Eure Nachbarn haben erzählt, daß sie sie seit dem Frühjahr nicht mehr gesehen haben.«

»Sie sind im Sommer weggegangen.«

»Wer hat sie rekrutiert, deine Brüder?«

»Ich weiß nicht, wer sie rekrutiert hat. Als sie weggingen, sagten sie, sie wollten unsere Großmutter in Chasawjurt pflegen.«

»Ihr habt überhaupt keine Großmutter in Chasawjurt!«

»Haben wir wohl! In Osmanjurt, das ist ein kleines Dorf, keine fünf Kilometer von Chasawjurt entfernt.«

»Wo sind deine Brüder?«

Das Verhör ging Stunden. Die Schwestern, die Brüder, die Feldkommandeure, der Wahhabismus, Mowsar Barajew – sie fragten die ganze bekannte Palette. Auch das Attentat auf die Polizeiwache von Staropromyslowskij und selbst Dmitris Geiselnahme fehlten nicht. Sie blätterten das gesamte Sündenregister ihrer Brüder durch. Doch Raissa hütete sich, irgend etwas, was sie nicht ohnehin schon wußten, preiszugeben.

Sie sperrten sie wieder für mehrere Tage ein, holten sie wieder und wieder zum Verhör, pöbelten sie mit unflätigen Ausdrücken an, doch dabei blieb es. Ungewaschen und übernächtigt fand sie sich eines Morgens auf der Straße vor der Wache wieder und wußte nicht, wie sie nach Hause kommen sollte. Den Bus konnte sie nicht nehmen, denn sie hatte nicht einen Rubel bei sich. Sie fror, denn eine Jacke hatten ihr die Omon-Leute nicht erlaubt mitzunehmen, obendrein war sie hungrig. Das Essen, das ihr in der Wache vorgesetzt wurde, war ungenießbar gewesen. Als sie am dritten Tag um etwas anderes als den undefinierbaren Brei gebeten hatte, schrie sie ein Wärter an: »Ich kann dir ja Scheiße servieren!«

Raissa ging zum Zentralmarkt. Dort, das wußte sie, hielt der Bus, der von Grosny über die Dörfer fuhr. Vielleicht kannte sie jemanden, der ihr Geld für den Fahrschein leihen würde. Sie hatte sich erst wenige Schritte von der Wache entfernt, da hielt ein Lada neben ihr. Ein älterer Tschetschene saß darin und sagte: »Komm, ich nehm' dich mit. Oder mußt du nicht nach Hause?«

Raissa hatte den Mann zunächst nicht erkannt, aber in der Tat, es war jemand aus Assinowskaja.

»Ich will sowieso grade zurück, steig ein, ich bring dich hin.«

Er hätte ihr Vater sein können.

»Warst du dort?« Er meinte die Wache. Raissa antwortete nicht.

»Schon gut.«

Sie fuhren schweigend durch die Trümmerlandschaft von Grosny, vorbei an den Blockposten an jeder größeren Kreuzung. Sie bogen auf die Trasse. An den Kontrollpunkten stoppten sie kurz, doch der Alte und seine Tochter, für die sie Raissa wohl hielten, erregten keinerlei Aufmerksamkeit. Die Soldaten winkten sie durch. Eine russische Kolonne war unterwegs, das machte alle nervös. Sie fuhren dem Schlußfahrzeug hinterher.

Auch der alte Tschetschene war unruhig. Hubschrauber kreisten dicht über den Panzern und Mannschaftswagen. Er rutschte auf seinem Sitz hin und her, beugte sich weit nach vorn über das Lenkrad, als hätte er so einen besseren Überblick. Sobald er konnte, wechselte er auf die Überholspur, der Gegenverkehr mußte ihnen ausweichen. Raissa saß angespannt auf dem Beifahrersitz, denn die Straße war schmal. Ein Zurückweichen hinter die Kolonne war völlig ausgeschlossen, denn jetzt galt das oberste Gebot, keinesfalls auf der rechten Spur zu fahren. Sie mußten sie meiden, koste es, was es wolle. Auf der rechten Spur und am Straßenrand lagen mit großer Wahrscheinlichkeit Sprengsätze, mit denen die Kämpfer die russischen Truppentransporte in die Luft zu jagen versuchten. Die allermeisten Anschläge auf die verhaßten »Föderalen«, wie Moskaus Einsatzkräfte allgemein genannt wurden, geschahen auf diese Weise.

Der Fahrer hatte keine Wahl. Er mußte sich links an der Kolonne vorbeiquetschen und konnte nur darauf hoffen, daß die Fahrer in den ihnen entgegenkommenden Fahrzeugen wußten, warum er so weit auf ihrer Seite fuhr.

Die lauten Motoren der niedrig kreisenden Hubschrauber verunsicherten ihn zusätzlich, er fluchte. Als sie endlich das Führungsfahrzeug sahen, atmete Raissa erleichtert auf. Zweiundsiebzig Fahrzeuge hatte sie gezählt, Panzer, auf denen Trauben von Soldaten hockten, Lastwagen voller Uniformierter. Auf dem Führungsfahrzeug flatterte eine riesige weiß-blau-rote Rußlandfahne – die pure Provokation. Kein Wunder, daß gerade diese Truppenbewegungen die Separatisten herausforderten.

Endlich nahte die Abzweigung nach Assinowskaja, und sie konnten die Trasse verlassen. Das Dorf lag da wie ausgestorben, kein Mensch war auf der Straße zu sehen. Der Alte fuhr in Raissas Straße. Sie wußte, daß er woanders wohnte.

»Setzen Sie mich ruhig hier ab, ich geh den Rest zu Fuß.«

»Damit sie dich gleich wieder mitnehmen? Wenn sie dich jetzt hier draußen entdecken, denken sie doch gleich, daß du zum Minenlegen unterwegs warst. Schneller als wir gucken können, beordern sie die Kolonne hierher, und ruckzuck ist das Dorf umzingelt. Nichts da. Ich bring dich nach Hause.«

Raissa wies ihm den Weg zum Haus des Onkels. Sie bedankte sich, und er fuhr davon.

Nachts, wenn die Brüder kommen

Das Jahr schleppte sich seinem Ende entgegen. Die Sonne strahlte, als wollte sie auch den letzten Winkel von Raissas kläglichem Dasein ausleuchten. Der Himmel öffnete sich in diesen Tagen besonders hoch und weit, als ob er sagen wollte: Nehmt euch ein Beispiel an mir, ihr Kleinmütigen! Die Wolken, die rasch vorbeizogen, als würden sie an einer Stange vorwärts geschoben, schienen ihnen zuzurufen: Bewegt euch, oder wollt ihr ewig untätig herumsitzen?

Doch Raissa und ihre Eltern hätten sich am liebsten in einer Erdhöhle verkrochen. Sie gingen sich aus dem Wege, wieder blieb jeder mit sich, dem Leid, der Trauer und seinen Gedanken allein. Sobald die Sonne warm genug schien, flüchtete der Vater aus dem Haus. Dann saß er stundenlang an einer windgeschützten Stelle im Hof auf einem Bänkchen und starrte einfach vor sich hin. Die Mutter besuchte Fatimas Grab, als hoffte sie, dort endlich auch Medina und Hejda zu treffen. Und Raissa wußte nicht, wohin mit sich. Sie fühlte sich verloren und vergessen. Das neue Haus lag am Rande des Dorfes. Kein Nachbar kam hier vorbei, selbst die Kinder spielten am anderen Ende des Ortes. Sie versorgte die wenigen Hühner, erledigte die Einkäufe, backte Brot und kochte. Mit dem dreiköpfigen Haushalt war sie natürlich nicht ausgelastet. So verbrachte sie die meiste Zeit vor dem Fernseher.

Raissa schlief immer schlechter. Kaum eine Nacht verging, in der sie nicht mehrere Male von Alpträumen geplagt aufwachte. Schon wieder träumte sie von Flammen, vor denen sie fliehen mußte. Bomben waren neben ihr eingeschlagen, dann brannte es, sie mußte sich beeilen, hinauszukommen aus dem brennenden Haus. Sie stieg über lodernde Balken, dann aber spürte sie, daß sie nicht selbst ihren Weg suchte, sondern jemand sie führte. Zwei Männer ohne Gesichter hatten sie rechts und links an den Handgelenken gepackt.

Raissa wollte die fremden Hände abschütteln, doch die faßten nur noch kräftiger zu. Dann gelang es ihr, die eine Hand freizubekommen. Sie versuchte, die zweite loszuwerden, und spürte plötzlich einen Schmerz. Sie wachte auf, rieb sich die Hand, mit der sie auf die Wand eingeschlagen hatte. Sie versuchte, ihre Gedanken zu ordnen: Sie befand sich in der Küche im Hause ihres Onkels. Das Sofa stand neben dem lauwarmen Ofen, gegenüber dem Fenster, wo sie es hingeschoben hatte, um nicht länger mit der Mutter in einem Raum schlafen zu müssen.

Es war tiefe Nacht. Nur der Mond schien ins Küchenfenster. Nebenan schnarchte der Vater. Raissa war hellwach. Sie stand auf, trat ans Fenster und sah hinaus in die stille Weite. Ein feines, hauchdünnes weißes Tuch aus erstem graupeligem Schnee hatte sich über die Erde gebreitet. Wie durch ein dünnes Nachthemd zeichneten sich die Konturen darunter ab, die gesamte Fläche schimmerte silbrig. Nichts störte diese reine weiße Ebene, die so sauber und unberührt im Mondlicht lag.

»Wie schön«, dachte Raissa, und ihr fiel auf, wie lange es zurücklag, daß sie einen solchen Gedanken gehabt hatte. Schön hatte sie seit Ewigkeiten nichts gefunden. Eine tiefe Ruhe breitete sich in ihr aus. Sie ging zu Bett und schlief noch einmal ein.

In den nächsten Tagen schneite es heftiger. Eine dicke Dekke lag jetzt auf den Feldern, nur die Dorfstraße versank im

Schlamm, wie immer, wenn noch kein strenger Frost herrschte. Eines Nachts, Raissa hatte sich gerade hingelegt, polterte etwas dumpf an das Küchenfenster. Schneereste klebten an der Scheibe. Sie wartete. Da flog der nächste Schneeball gegen das Glas. Sie zog sich die Trainingsjacke über das Nachthemd und öffnete das Fenster.

Sie horchte in die Nacht hinaus.

»Raissa, mach auf, aber leise!«

Sie erkannte die Stimme von Achmed. Ihre Brüder waren gekommen.

Raissa stopfte sich das Nachthemd in die Trainingshose und eilte zur Haustür. Sie begrüßte beide mit der seitlichen Umarmung.

»Laß das Licht aus, niemand darf mitkriegen, daß wir hier sind.«

»Wollt ihr was essen?«

Sie nickten und nahmen am Tisch Platz. Raissa machte sich vorsichtig in der Küche zu schaffen, sorgsam bemüht, jedes überflüssige Geräusch zu vermeiden. Sie setzte als erstes den Kessel auf. Das Wasser kochte schnell. Die Brüder tranken gierig den stark gesüßten heißen Tee und wärmten ihre Hände an den Tassen.

»Wie geht es ihnen?« fragte Achmed und blickte dabei zur Tür, hinter der er die Eltern vermutete.

»Schlecht, sie verwinden nicht, daß sie den beiden nicht einmal ein Grab geben konnten.«

»Ja, diese Russenschweine wissen, wo es uns weh tut. Du mußt die beiden rächen!«

»Ich? Jetzt auf einmal? Als du sie geholt hast, sollte ich doch noch bei den Eltern bleiben. Gilt das jetzt nicht mehr?«

»Jetzt haben wir keinen Gast. Überleg es dir.«

»Gibt es ein neues Witwenkommando?«

»Es ist immer noch das alte, es füllt sich ständig neu auf.«

»Was planen sie als nächstes?«

»Das erfährst du, wenn du dich ihnen anschließt. Ich weiß nur, daß schon bald eine große Sache stattfindet. Wenn du deine Schwestern rächen willst, kommst du mit.«

»Ich weiß nicht.« Raissa zögerte. Medina und Hejda hatten sie versichert, daß sie zurückkehren würden. Und was war passiert? Sie waren tot! Wären sie gegangen, wenn sie gewußt hätten, daß ihre Mission so enden würde? Medina vielleicht, ihr Zorn auf die Russen war so groß, daß sie sich möglicherweise nicht geschont hätte. Aber Hejda? Warum? Bei aller Liebe: Sterben wollte Hejda doch ganz sicher noch nicht. Wieso auch? Und sie selbst? Sollte, wollte sie ihre Schwestern rächen? Was erreichten sie denn mit diesem ewigen Töten und Sterben?

»Du zögerst?«

»Was wird aus den Eltern? Wir können sie doch nicht allein lassen.«

»Vergiß es, du feiges Stück!« raunzte Achmed sie an.

Er schob ruckartig den Stuhl zurück und sprang auf. Aslan bemühte sich, weniger Lärm zu machen. Kurz vor der Tür drehte sich Achmed um und warf einen verächtlichen Blick auf seine Schwester. »Hast du wenigstens die Waffen aus dem Garten geholt?«

»Es ging nicht. Sie beobachten mich. Alle liegen genau dort, wo du sie vergraben hast.«

»Gut. Gut, daß die Bombe nur ins Haus gefallen ist, wir werden sie irgendwann holen.«

»Achmed, unsere Eltern – dein Vater – wäre um ein Haar tot gewesen! Es war ein reiner Zufall, daß wir uns in der Sommerküche und nicht im Haus aufgehalten haben!«

»Was regst du dich auf? Ihr lebt, oder nicht? Stell dich nicht so an, schließlich ist doch nichts passiert!«

Sie gingen. Aslan hatte weder ein Wort gesagt noch ihr ein einziges Mal in die Augen gesehen. Immer wich er ihrem Blick aus. Ob er genauso skrupellos wie Achmed mit dem Leben anderer umsprang?

Raissa war kalt. Die Gefühllosigkeit, mit der ihre Brüder ihre eigene Familie verheizten, ließ sie frösteln.

Das alte Jahr ging mit einem neuerlichen Anschlag zu Ende. Ein Lastwagen voller Sprengstoff raste in das mehrfach umzäunte Regierungsgebäude in Grosny. Zwei Tore hatte der Lkw passieren müssen. Beobachtungskameras zeigten, wie die Wachposten den Laster jeweils durchwinkten. Entweder hatten sie die Insassen in dem Führerhaus gekannt, oder an ihren Passierscheinen war absolut nichts zu beanstanden gewesen. Als der Lkw durch das letzte Tor rollte, gab der Fahrer Vollgas und raste geradewegs auf das Gebäude zu, als wollte er es rammen. Die Bombe explodierte mit einer solchen Wucht, daß sie das gesamte mehrstöckige Gebäude in die Luft riß. Über siebzig Menschen starben, unter ihnen tschetschenische Beamte, die die Seiten gewechselt hatten und jetzt Moskau dienten. Aber einmal mehr auch unschuldige Zivilisten.

Raissa fragte sich, ob das der Coup war, von dem Achmed gesprochen hatte. Was wäre ihr Auftrag gewesen? Den Lkw zu stehlen und die Sprengstoffsäcke aufzuladen war ja wohl eher Männerarbeit. Sich mit dem Selbstmordattentäter in das Führerhaus zu setzen und damit die Wachen zu täuschen? Die schienen sich noch immer von Frauen beruhigen zu lassen. Frauen und Anschläge paßten für sie einfach nicht zusammen. Weshalb eigentlich nicht? Wieviele Beispiele benötigten sie noch, um endlich zu begreifen?

Welche Schwarze Witwe hatte dieses Mal die Drähte verbunden und damit die gewaltige zerstörerische Kraft losgetreten?

Oder war das gar nicht nötig gewesen? Löste einzig der Aufprall die Explosion aus? Welche Frau hatte eingewilligt, sich von einer ganzen Lastwagenladung Sprengstoff in so viele Stücke fetzen zu lassen, daß nicht einmal festzustellen war, wer da so stramm auf das Paradies zuraste? Kam man in so viele Teile zerrissen, verkohlt und verstümmelt überhaupt dorthin? Wie konnte Allah wissen, wer da Einlaß begehrte?

Wäre Raissa jetzt tatsächlich tot, wenn sie mit Achmed mitgegangen wäre? Hätten ihre Eltern auch sie nicht begraben können, weil nichts von ihr übriggeblieben wäre? Hatte Achmed sie tatsächlich für ein paar hundert Dollar an seinen Feldkommandeur verschachern wollen, um selbst besser dazustehen, vielleicht befördert zu werden? Hätte er sie, ohne mit der Wimper zu zucken, dem Tod in die Arme gelegt? Ja, ja, ja, leider ja.

Raissa bekam eine unbändige Wut auf diesen Schlächter, den der Tod seiner beiden Schwestern so gleichgültig ließ, daß er auch noch die dritte ans Messer liefern wollte. Wenn es nach ihm gegangen wäre, hätte das neue Jahr ohne sie begonnen. Wer kam als nächstes an die Reihe? Seine Ehefrau? War ihm ein Menschenleben, selbst das seiner Nächsten, überhaupt nichts wert?

Raissa fragte sich, was aus dem Jungen geworden war, den der Tod seiner ersten Schwester so sehr aus der Bahn geworfen hatte, daß er selbst loszog, sie zu rächen. Mit Fatimas Tod schien jede menschliche Regung in Achmed gestorben zu sein. Das Lagerleben bei den bewaffneten Banden hatte aus ihm ein wildes Tier gemacht. Für die Feldkommandeure war er mit seiner Skrupellosigkeit ein nützlicher Idiot, der ihnen ständig neues Kanonenfutter zuführte. Er rekrutierte es direkt in seiner eigenen Familie und wählte damit den Weg des geringsten Widerstandes. Erst Aslan, dann die Zwillinge und schließlich, als keine

Männer mehr verfügbar waren, verhökerte er die Frauen an das Kamikazebataillon.

Raissa überlegte, ob es wirklich einen Unterscheid machte, ob die Russen sie umbrachten oder der eigene Bruder sie in den Tod schickte. War für sie denn wirklich nichts anderes vorgesehen, als zu sterben? Warum war sie tot anscheinend soviel wertvoller als lebend?

Der Tod lauerte offenbar überall. Mal schwebte er in der Luft über ihr mit seiner Bombenfracht, mal trug er russische Uniformen, mal kam er ihr in Gestalt des eigenen Bruders ins Haus spaziert. Überall hatte er seine Helfer.

Es schneite kaum noch, dafür füllte Dauerregen die Pfützen der Dorfstraße. Die Tage wurden länger, aber noch nicht heller. Raissa rechnete nach. Vor ziemlich genau einem Jahr hatte Medina geheiratet, das Wetter war damals genauso widerlich gewesen wie jetzt, sie hatte noch den völlig mit Schlamm bespritzten Hochzeitswagen vor Augen.

Raissa eilte durch das Dorf zum Elternhaus. Es goß, als wollte die Welt untergehen. Sie hatte das Haus des Onkels absichtlich im Regen verlassen, um niemandem zu begegnen. Sie spähte durch die Zäune in die Gärten, etliche waren bereits umgegraben. Raissa öffnete das Tor zu ihrem Hof gerade so weit, daß sie hindurchschlüpfen konnte. An den großen blauen Plastikplanen, die das zerbombte Dach ihres Hauses ersetzen sollten, zerrte der Wind. In manchen Planen stand Wasser. Mengen, die Wannen füllen konnten.

Doch Raissas Interesse galt jetzt nicht dem Haus. Sie lief an der Sommerküche vorbei nach hinten in den Garten. Er war umgegraben! Gott sei Dank. So schwarz und fettig, wie die Erde glänzte, konnte Achmed noch nicht lange weg sein. Er hatte demnach die Waffen geholt. Hoffentlich alle, dachte Raissa.

»Allah, mach, daß er sämtliche mitgenommen hat!« Raissa hatte sich zu Hause stets wie auf einem Pulverfaß gefühlt.

Ihr hatte es nie behagt, daß sie und ihre Eltern das Risiko trugen, jederzeit aufzufliegen. Wenn die russischen Soldaten nur ein einziges Mal angefangen hätten zu graben, wären die Eltern und sie geliefert gewesen.

Sie hoffte inständig, daß Achmed und Aslan nichts mehr hiergelassen hatten. Dann konnten sie, sobald der Regen aufhörte, in Ruhe das Elternhaus reparieren, ohne von den Brüdern überrascht zu werden. Dem Onkel würde der Vater erzählen, daß er die Zeit vor Baubeginn genutzt habe, um den Garten für die Aussaat vorzubereiten. Mitten im Wiederaufbau würde man sich wundern, wenn sich jemand mit dem Garten statt mit dem Haus beschäftigte.

Raissa suchte in der Sommerküche Schutz vor dem strömenden Regen. Sie setzte sich auf einen niedrigen Schemel und vernahm nach einer Weile ein leises Miauen. »Kiska! Da bist du ja! Du Ausreißerin! Na, hier gefällt es dir wohl doch am besten?« Sie nahm die vom Regen feuchte Katze auf ihren Schoß und streichelte sie. Mehrmals hatte sie sie in ihr jetziges Notquartier umsiedeln wollen, doch die Katze war immer sofort wieder weggelaufen. Jetzt schnurrte sie und trat mit den Vorderpfoten auf ein- und dieselbe Stelle. Sie grub die Krallen in Raissas Rock und zog dabei etliche Fäden aus dem groben Stoff. »He, du machst mir ja alles kaputt, hock dich hin und gib Ruhe!« Die Katze drehte sich ein paarmal um ihre eigene Achse und setzte sich schließlich. Sie schnurrte wie ein kleiner Motor.

Der Regen hörte auf, und nun wagte sich sogar die Sonne hervor. Für einen absehbar kurzen Moment. Raissa schloß trotzdem die Augen und genoß die Wärme und das Licht, das sie so lange vermißt hatte. Doch im nächsten Augenblick schob sich schon wieder eine dicke Wolke vor die Sonne, und aus war es mit der Behaglichkeit. Der Tag sackte zurück in sein graues Bett.

Raissas Stimmung fiel auf Null. Übellaunig stand sie mit einem Ruck auf und riß dabei die Katze mit in die Höhe. Die ergriff mit einem Satz die Flucht und drehte sich erst in sicherer Entfernung noch einmal um. Raissa bedauerte, die Katze so erschreckt zu haben. »Wir kommen bald zurück. Und dann wohnen wir alle wieder zusammen«, versprach sie ihr. Die Katze sah sie teilnahmslos an und trollte sich davon, Raissa eilte mit weit ausholenden Schritten in Richtung Hoftor. Ihre viel zu weiten Galoschen schlappten bei jedem Schritt und klatschten ihr laut gegen die Fußsohlen.

Ein Fernsehinterview für die Freiheit

Den Beginn des Wiederaufbaus ihres Elternhauses erlebte Raissa nicht mehr zu Hause in ihrem Dorf. Nachts waren ihre Brüder ein zweites Mal im Haus des Onkels aufgetaucht. Die Mutter hatte ihnen Essen zubereitet, das sie hastig hinunterschlangen. Nicht eine Sekunde ließ die Mutter ihre Söhne mit Raissa allein. Sie ahnte, daß ihr Kommen kein Zufall war. Die Rechnung der Mutter ging auf. In ihrer Anwesenheit wagten die Brüder nicht, Raissa zu fragen, ob sie jetzt bereit wäre für das Witwenkommando. Achmed war mißgelaunt abgezogen. Raissa sah ihre Mutter nicht an, sie zog es vor, so zu tun, als hätte sie deren Manöver nicht bemerkt.

Am Morgen nach jener Nacht waren die Russen in ihr Haus eingefallen und hatten Raissa in Schutzhaft genommen. Seitdem saß sie in der Kaserne. Jeder Tag, den sie bei den Russen verbrachte, schien ihr einer zuviel. Doch auch wenn sie es nie zugegeben hätte, hier war sie in der Tat vor den Brüdern sicher.

Der Sommer zog sich zäh dahin. Die wenigen Bücher, die ihr Schabalkin, der russische Presseoffizier, mitgebracht hatte, hatte sie im Nu gelesen. In der sengenden Hitze heizte sich die Baracke derart auf, daß sie es drinnen vor dem Fernseher kaum aushielt. Selbst die Computerspiele hatten ihren Reiz verloren.

Raissas quälende Langeweile wurde durch zwei kurz aufeinanderfolgende Nachrichten, beide aus Moskau, jäh unterbrochen. Auf einem Rockfestival hatten sich zwei Selbstmordattentäterinnen in die Luft gejagt und dabei sechzehn Menschen getötet. Bei der einen hatte der Zünder nicht den gesamten Sprengsatz zur Explosion gebracht. Sie war schwer verletzt, aber nicht sofort tot. Beide hatten Pässe bei sich, beide waren nicht viel älter als Raissa.

Nicht einmal eine Woche später hatte eine dritte Schwarze Witwe namens Sarema offenbar die Nerven verloren, als sie ein Café in die Luft sprengen sollte. Wenn die Nachrichten stimmten und es wirklich Sarema M. war, dann kannte Raissa sie. Diese Sarema stammte aus ihrem Ort, aus Assinowskaja! Sie mußte sich äußerst auffällig verhalten haben. Immer wieder war sie auf die Straße gelaufen, hatte Ausschau nach jemandem gehalten, der nicht erschien. Der Wachmann hatte sie mitfühlend gefragt, ob sie versetzt worden sei. Sarema fuhr ihn an: »Kümmern Sie sich um Ihren Mist!« Der junge Mann wunderte sich über diese grobe Antwort. Als ihm auffiel, daß sie bei jedem Gang auf die Straße ihren Rucksack mitnahm, fragte er sie, was der denn so Wertvolles enthalte, daß sie ihn keinen Augenblick im Café stehen lassen könne. Da sagte Sarema: »Eine Bombe.« An ihrem Ausdruck erkannte er, daß das kein Scherz war, und rief die Polizei.

Die ganze Nacht über hatte ein Sprengstoffroboter Saremas Rucksack mit Druckluftpatronen beschossen, ergebnislos. Als schließlich ein Minenexperte, eingepackt wie ein Astronaut für einen Mondspaziergang, den Rucksack untersuchte, ging die Ladung hoch. Jemand in unmittelbarer Nähe mußte das Schauspiel die ganze Zeit beobachtet und schließlich den Zünder betätigt haben.

Raissa erschauerte bei dem Gedanken, daß Sarema offenbar lediglich als Transportmittel für die Bombe gedient hatte. Hatten sie ihr nicht getraut? Raissa hatte Sarema nie sonderlich gemocht, aber jetzt hoffte sie, daß das Gericht Milde walten ließ. Immerhin hatte sie das Attentat nicht ausgeführt! Und sie sagte aus. Aber die Chancen, daß die Russen das honorierten, waren gering.

Wie Sarema im Moskauer Gefängnis, so saß Raissa in dieser verfluchten Kaserne fest. Inmitten der Feinde, die ihr Land im Griff hielten. Verurteilt zur Untätigkeit. Nicht einmal in der Küche arbeiten durfte sie. Das war Soldatensache.

Der Mutter erlaubten sie, Raissa hin und wieder zu besuchen. Dann brachte sie ihr Gemüse aus dem Garten mit. Beim ersten Mal hatte Raissa um den Koran und ihr Arabisch-Lehrbuch gebeten. Die Mutter berichtete von den Arbeiten am Haus, von der Wut Achmeds, als er erfuhr, wo seine Schwester war.

Die Fahrten in die Kaserne waren anstrengend für die alte Frau. Sie roch nach Medikamenten und konnte sich immer schlechter bewegen. So sehr sich Raissa über ihre Besuche freute, so wenig bedrängte sie sie, bald wieder zu kommen. Zumal sie sich ihr ohnehin nicht anvertrauen konnte. Zudem spürte Raissa die mißtrauischen Blicke der Mutter, ohne daß sie sich diese erklären konnte.

»Inmitten all dieser russischen Männer bist du die einzige Frau?« Sie betrachtete ihre Tochter. Aus ihre grauen, nie sonderlich lebhaften Augen fiel ein stählerner Blick. Raissa verstand nicht, woher diese Kälte rührte. Endlich ging ihr ein Licht auf.

»Ja, aber sie tun mir nichts, sie lassen mich in Ruhe.«

»Fußballspielen nennst du in Ruhe lassen?«

Raissa biß sich auf die Lippen, so ärgerte sie sich, daß sie der Mutter in einem Anflug von guter Laune erzählt hatte, daß sie manchmal abends mit den Soldaten spielte. »Mutter, es ist Fußball, mit einundzwanzig Männern, was ist denn schon dabei?«

»Ein tschetschenisches Mädchen tut so etwas nicht!«

»Nein, es stirbt lieber vor Langeweile! Wahrscheinlich wäre es sowieso das Beste, wenn ich endlich tot wäre. Achmed will es, und den Russen wäre es wahrscheinlich auch das liebste.«

»Was erlaubst du dir, so vom Tod zu reden! Hast du denn keinerlei Gottesfurcht mehr? Außerdem: Erzähl nicht solchen Unsinn! Wenn die Russen deinen Tod gewollt hätten, wärst du schließlich nicht hier.«

»Aber was soll ich hier? Hier kann ich doch nicht ewig bleiben!«

»Das stimmt. Aber zurück kannst du auch nicht mehr«, sagte die Mutter leise, fast zaghaft.

»Was soll das heißen?« Raissa zog sie in den Schatten auf die Rückseite der Baracke, um sicherzugehen, daß niemand ihr Gespräch belauschte.

»Verstehst du denn nicht? Du bist seit Monaten hier bei den Russen. Du, eine junge Frau von neunzehn Jahren. Allein unter Männern, mit denen du sogar Fußball spielst.«

»Ja und? Dafür kann ich doch nichts!«

»Du begreifst es nicht! Welcher tschetschenische Mann kann dich jetzt noch zur Frau nehmen?«

Raissa starrte ihre Mutter an. Sie glaubte nicht, was sie soeben gehört hatte. Sie rang nach Luft. »Was? Was sagst du da? Ich hätte mich unanständig verhalten? Meine Ehre soll beschmutzt sein? Wovon denn? Weil meine Sandale einen Ball berührt hat?«

»Du kennst unsere Sitten.«

»Aber was hätte ich denn tun sollen, als sie mich hierher brachten?«

Sie drehte sich um und grub ihre Fäuste in die Taschen der Trainingshose. Sie hätte schreien mögen! Plötzlich drehte sie sich um und schleuderte ihrer Mutter entgegen: »Hätte ich mir das Leben nehmen sollen, oder wäre es besser, wenn das die Russen gleich erledigt hätten, damit ich wenigstens als heldenhafte Märtyrerin unseres Volkes in die Geschichte eingehe?! Warum bin ich allen nur tot am liebsten? Selbst dir?«

»Was ist das für ein Unsinn?«

»Kein Unsinn! Wenn ich lebe, sie mir hier nichts tun, mich lediglich vor meinen Brüdern abschirmen, die mich lieber heute als morgen ins Witwenkommando stecken wollen, dann ist das nicht recht. Was ist also richtig? Doch wohl nur, daß ich endlich tot bin.«

Die Mutter öffnete den Mund, doch ihr fiel keine Antwort ein. Ratlos stand sie vor ihrer Tochter und hatte keine Idee, wie sie ihr helfen konnte.

»Geh jetzt lieber und komm auch nicht mehr her«, sagte Raissa leise zu ihr. Sie ging einen Schritt auf sie zu, um sie kurz zu umarmen, löste sich aber sofort wieder von ihr.

»Ich möchte keine Schande über unsere Familie bringen.« Die Mutter nickte kaum merklich. Raissa hatte ihr gerade ihren Bruch mit der Familie angekündigt, und von der Mutter kam kein Wort des Widerspruchs, nicht der kleinste Versuch einer Versöhnung!

Sie begleitete die Mutter zum Kasernentor. Der wachhabende Soldat öffnete die graublaue Blechtür für Fußgänger. Raissa trat einen Schritt von der Tür zurück – Begrüßungen und Verabschiedungen im Türrahmen bringen Unglück. »Auf Wiedersehen, grüß Vater«, sagte sie kurz auf Tschetschenisch. Die Mutter sah sie an: »Allah beschütze dich, mein Kind.« Raissa drehte sich um und ging wieder in die Kaserne zurück.

Wie sie in ihr Zimmer fand, hätte sie später nicht zu sagen gewußt. Sie warf sich auf ihr Bett und weinte. Jetzt war sie wirklich allein auf der weiten Welt: Keine Schwestern mehr. Brüder, für die sie nur gut war, wenn sie sich für das Witwenkommando in die Luft jagen ließ. Eine Mutter, der die Ehre wichtiger war als ihre Tochter. Was für einen Sinn sollte das alles haben? Hatte sie wirklich nichts als den Tod zu erwarten? Aber sie wollte nicht sterben! Sie war jung, wollte leben, verdammt noch mal!

»Raissa! Raissa, komm, es geht los, die anderen sind schon da!« Aljoscha ließ den Ball auf seiner Fußspitze tanzen und näherte sich Raissas Fenster. Der junge Soldat, der ihr in den Wochen hier in der Kaserne ein guter Kamerad geworden war, griff durch das Gitter und klopfte mit dem Fingernagel an die Scheibe.

Das Fenster stand sperrangelweit offen. Raissa rappelte sich vom Bett hoch, sorgfältig bemüht, Aljoscha nicht anzusehen. Der begriff, daß irgend etwas nicht stimmte.

»Was ist los? Bist du krank?«

Raissa schüttelte den Kopf.

»Ist es besser, wenn ich dich in Ruhe lasse?«

Raissa sagte nichts. Aljoscha, der nicht älter war als sie, ging. Er war ein gutherziger Junge, arglos und ehrlich um ihre Freundschaft bemüht.

Ein paar Stunden später hörte sie Schritte auf dem Flur, die vor ihrer Tür Halt machten. Jemand klopfte. Raissa rührte sich nicht.

»Raissa, mach auf, hier kommt dein Abendessen. Du warst nicht im Speisesaal, deshalb bring ich es dir.«

Aljoscha, der Gute.

Sie gab keinen Laut von sich.

»Gut. Wenn du jetzt nicht aufmachst, hol es dir später. Ich stell es dir hier hin.«

Es war ihr absolut unmöglich, sich zu erheben. Bleischwer lagen ihre Arme und Beine auf dem Bett, als gehörten sie nicht zu ihrem Körper. Ihr Kopf war leer. Keine Träne, kein Gedanke. Sie schlief ein.

Wieder war es Aljoscha, der sie am nächsten Tag weckte. »Raissa, mach auf. Ich muß mit dir sprechen. Sie reden schon. Wenn du nicht willst, daß Schabalkin dich ausfragt, dann komm jetzt.«

Sie ging zur Tür und strich sich dabei den Rock glatt. Dann fiel ihr ein, daß sie kein Kopftuch umgebunden hatte. Sie holte es, fuhr sich mit den Fingern durchs Haar, band es mit einem Gummi zusammen. Jetzt noch das Tuch. Fertig.

Aljoscha hielt ein Tablett in der Hand. Das Abendessen hatte er mit dem Stiefel vorsichtig zur Seite geschoben. Er drückte ihr das Frühstück in die Hand, bückte sich und griff nach dem Tablett vom Vorabend.

»Hier, nimm das rein, das sollten nicht allzu viele sehen.«

Raissa setzte das Frühstückstablett auf dem Tischchen ab und holte das andere rein.

»Was reden sie?«

»Daß du nicht zum Spiel gekommen bist. Und auch nicht zum Essen. Gestern abend nicht und heute morgen auch nicht. Erzählst du mir, was los ist? Schlechte Nachrichten von zu Hause?«

»Nichts ist los. Ich hatte keine Lust zu spielen und keinen Hunger. Das ist alles.«

Der blonde Soldat mit den großen Kinderaugen sah, daß er nichts ausrichten konnte. Seine Wangen und die Nase leuchteten, denn er hatte sich einen Sonnenbrand geholt.

»Aljoscha, es ist nichts. Nimm die Tabletts mit. Ich komme

selbst rüber in den Speisesaal. Vielleicht leistest du mir Gesellschaft, oder hast du schon gefrühstückt?«

»Hab ich, aber ich komm noch mal mit, mein Kommandeur will noch nicht los, ich hab noch nichts zu tun.«

Sie gingen durch den Vorraum des Speisesaals mit den langen Waschbeckenreihen. Kaum ein Tisch im Saal war noch besetzt. Ein junger Soldat eilte zu ihnen und stellte vor Raissa ein Glas Saft und einen Teller mit geschnittenem Brot hin. »Fleisch oder Fisch?« fragte er sie und kam gleich darauf mit einer Blechschüssel zurück, die gefüllt war mit Graupen und Fleisch. Der Brei glänzte ölig.

Raissa aß eine Scheibe Brot, stocherte in den faden Graupen herum.

»Wo ist Schabalkin?« fragte sie unvermittelt Aljoscha.

»Ich weiß nicht. Warum?«

»Ist er hier? Ich will ihn sprechen.«

»Soll ich ihn suchen gehen?«

Raissa nickte, und Aljoscha sprang auf, froh, ihr endlich behilflich sein zu können.

Der Küchendienst brachte ihr Tee. Sie rührte lange den Zucker in dem Glas um und wartete auf Aljoscha.

»Er ist da, aber beschäftigt. Ich sag ihm nachher, daß du ihn sprechen willst.«

»Danke, du bist schwer in Ordnung. Hat dir das schon mal jemand gesagt?«

Sie grinste ihn an und wußte genau, was als nächstes kommen würde. Sein Gesicht flammte feuerrot.

»Warum macht es dir nur solchen Spaß, mich zu ärgern?« Er stand auf. Raissa folgte ihm wenig später. In ihrem Zimmer wollte sie ihren Plan noch einmal durchgehen.

Als Schabalkin sie holen ließ, war sie sich ihrer Sache sicher.

»Was gibt es? Hast du Probleme? Dir soll es gestern schlecht gegangen sein. Hatte deine Mutter schlimme Nachrichten für dich?«

Er gab sich väterlich besorgt, wie stets. Genau das wollte Raissa nutzen.

»Nein, nichts Besonderes. Warum bin ich hier?«

»Weil du nur hier vor deinen Brüdern sicher bist. Ist das alles, was du fragen wolltest?«

»Aber ich kann doch nicht ewig hierbleiben!«

»Zumindest so lange, bis wir deine Brüder gefaßt und die Bande liquidiert haben, die immer wieder Frauen für das Witwenkommando gefangennimmt. Du kannst die Sache beschleunigen, wenn du uns sagst, wo sie stecken.«

»Ich weiß es nicht. Ich kann Ihnen nicht helfen. Aber ich wollte Sie etwas fragen.«

Er schaute sie erstaunt an. Sie nahm all ihren Mut zusammen.

»Könnte ich mich nicht woanders vor meinen Brüdern verstecken?«

»Und wo, bitte schön?«

»Ich habe einen Bruder in Ussinsk. Wissen Sie, wo das liegt? In der Komi-Republik, noch vor dem Ural.«

»Meinst du das Ussinsk am Nordpolarkreis?«

»Genau. Er ist dort Ölarbeiter. Seit vielen Jahren schon. Dort könnte ich doch hin. Wer kommt schon auf die Idee, mich im hohen Norden zu suchen?«

»Raissa, das ist der Nordpolarkreis! Du bist im Süden aufgewachsen!«

»Genau wie mein Bruder.«

Er zögerte: »Nenn mir einen Grund, warum ich dir helfen sollte?«

»Weil Sie wissen, daß das hier auch keine Lösung ist.«

»Findest du? Von mir aus kann es so bleiben, wie es ist, du störst mich hier nicht.«

Das Gespräch war beendet, sie ging. In ihrem Zimmer ließ sie sich auf ihr Bett fallen und starrte an die Decke. Ihre ganze Hoffnung war zerstoben. In der Tat: Warum hätte er ihr helfen sollen, ihr, einer Tschetschenin?

Wenige Tage später rief Aljoscha sie zu Schabalkin. Was konnte er noch von ihr wollen? Der dicke Presseoffizier wartete vor seiner Bürobaracke auf sie. Er hatte seine grüne Schirmmütze in den Nacken geschoben.

»Komm rein!«

Sie gingen in sein Büro, er schloß sorgfältig die Tür.

»Setz dich!«

Raissa nahm vor seinem Schreibtisch Platz.

»Ich bin bereit, dir zu helfen. Aber nur, wenn du kooperierst.«

Sie wußte nicht, was er meinte.

Er fing an zu erklären: »Du willst, daß ich dir helfe, eine neue Identität zu bekommen, richtig?«

Raissa hatte nie darüber nachgedacht, daß sie eine neue Identität benötigte, sie wollte einfach nur weg aus der Kaserne und sich zugleich vor ihren Brüdern verstecken. Verstand Schabalkin das darunter?

Er wartete ihre Antwort wie immer nicht ab: »Gut. Dann fordere ich von dir eine Gegenleistung. Du mußt etwas dafür tun!«

Jetzt begriff Raissa gar nichts mehr. »Was soll ich denn für Sie tun können?«

»Du wirst in Fernsehen auftreten!«

»Ich? Im Fernsehen? Und weshalb, bitte schön?«

»Wir werden zeigen, daß unsere russischen Streitkräfte nicht nur gegen die tschetschenischen Banditen kämpfen, sondern auch die tschetschenische Zivilbevölkerung schützen. Abgemacht?«

»Und was soll ich dabei tun?«

»Du antwortest auf die Journalistenfragen, und wenn du nicht weiter weißt, überläßt du einfach mir das Reden.«

»Was werden Sie denn sagen?«

»Daß wir dich vor deinen Brüdern schützen!«

»Und wenn ich nicht will?«

Schabalkin sah ihr fest in die Augen. »Vergiß nicht: *Du* hast um etwas gebeten.«

Die Interviews waren quälend. Die Journalisten stellten die immer gleichen Fragen: Ob es stimmte, daß ihre eigenen Brüder sie für die Schwarzen Witwen rekrutieren wollten. Ob sie gewußt habe, daß ihre Schwestern in das Kommando gehen würden. Ob sie sich auch habe anschließen wollen. Wie sie den Tod ihrer Schwestern aufgenommen habe. Besonders interessant schienen sie zu finden, daß sie ab und an in der Kaserne mit den russischen Soldaten Fußball spielte. Das mußte Schabalkin ihnen erzählt haben! Daß sie von etlichen als Tschetschenenhure beschimpft wurde, der man es noch besorgen werde, verschwieg er. Das paßte nicht in sein Bild der allseits hilfsbereiten russischen Armee.

Auf Fragen zu den Brüdern und Schwestern antwortete Raissa nicht, sondern gab ein undefinierbares Gestammel vor sich. Nachfragen beantwortete sie mit demonstrativem Schweigen. So weit würde es noch kommen, daß sie ihre Familie verriet!

War Raissa zu einsilbig, was ihr Schabalkin erstaunlicherweise nie übelnahm, sprang er selbst ein und gab an ihrer Stelle Auskunft. Sollte er ruhig antworten, und sollten die Journalisten von ihr aus fragen, bis sie schwarz wurden! Die meisten hörten sich ohnehin am liebsten selbst reden.

Der Presseoffizier liebte es, sich vor den Kameras zu produzieren. Sie dagegen atmete tief durch, wenn die Reporter endlich von ihr abließen, was meist schon nach wenigen ihrer kargen Antworten der Fall war. Ihr konnte es nur recht sein!

Die Interviews hörten auf. Raissa fiel es erst auf, als sich die alte Langeweile des Kasernenlebens wieder ausbreitete. Schabalkin war ein paar Tage lang fast vor Zufriedenheit geplatzt, trat er doch in fast jeder Nachrichtensendung auf. Er hatte sie wie eine Trophäe präsentiert, nie, ohne sich selbst als ihr persönlicher Beschützer ins rechte Licht zu rücken. Sie hatte ihre Schuldigkeit getan und er sie vergessen.

»Willst du immer noch nach Ussinsk?« Ohne überhaupt angeklopft zu haben, stand Schabalkin Wochen später in ihrem Zimmer. Sein dicker Körper füllte den gesamten Türrahmen aus, er hatte seine Schirmmütze in den Nacken geschoben, seine blauen Augen leuchteten schelmisch.

Er war einverstanden mit Raissas Vorschlag und hatte sogar schon grünes Licht von seinen Vorgesetzten bekommen! Raissa würde nach Moskau fliegen und von dort aus weiter nach Ussinsk, wo ihr ältester Bruder sie schon erwartete. Demnach war Ramsan offenbar bereit, sie bei sich aufzunehmen. Anderenfalls hätten sie sich doch nicht auf Raissas Vorschlag eingelassen. Sie würde zunächst unter Hausarrest stehen, erläuterte ihr Schabalkin weiter. Kontakte zu anderen Personen, außer Familienangehörigen, waren so lange untersagt, bis sie ihre neue Identität hätte.

Die zweite Bedingung: Sie durfte weder ihrer Mutter noch sonst jemandem in Tschetschenien davon erzählen. Schließlich sollte sie für die Brüder unauffindbar bleiben.

»Wirst du das durchstehen?«

Raissa nickte. Nie zuvor war sie sich einer Sache so sicher gewesen wie in diesem Augenblick. Sie freute sich, daß es für sie endlich eine Perspektive gab, wenngleich sie noch nicht wußte, wie die genau aussehen würde. Und auch wenn sie dafür die Wärme des Südens mit dem Leben im Ewigen Eis tauschen mußte: Alles war besser, als weiter in dieser Untätigkeit, diesem Nichtstun zu verharren.

Der Sommer ging seinem Ende entgegen. Die Tage waren noch heiß, die Nächte aber schon empfindlich kühl. Die Erde im Kaukasus sah rötlich staubig aus um diese Zeit, das Land dürstete nach Regen. Wie sie sich Ussinsk wohl vorzustellen hatte?

Reise an den Polarkreis

Raissa ließ sich seit ihrem Gespräch mit dem Presseoffizier keinen Wetterbericht im Fernsehen mehr entgehen. Ussinsk lag in der Nähe von Workuta. Ein Ort, mit dem sie bislang nur Gulag, Straflager und politische Häftlinge verband. Raissa wußte, daß es keine mehr gab, dennoch verlor der Name nicht seinen Schrecken für sie. In Workuta, das sah sie auf der Wetterkarte im Fernsehen, lagen die Temperaturen nur noch knapp über null Grad. Wenn es nur endlich losginge!

»Ich fahr dich morgen früh nach Mineralnyje Wody. Sei um sechs abfahrtbereit!« Aljoscha hatte kurz vor Beginn der Nachtruhe an ihre Tür geklopft. Mineralnyje Wody? War dort nicht der Zug nach Jessentuki gestartet? Sie schob die Gedanken beiseite, schließlich kam jetzt endlich der ersehnte Aufbruch. Nun würde sie all das hinter sich lassen. Ihre wenigen Sachen hatte sie im Nu in der Sporttasche verstaut.

Raissa konnte kaum einschlafen.

Sie verließen Tschetschenien in Richtung Norden. Von jetzt an würde es immer nur Richtung Norden gehen, dachte Raissa in

Aljoschas Militärjeep. Die erste erfreuliche Fahrt in einem russischen Armeefahrzeug! Der Weg führte über Straßen voller Schlaglöcher. Aljoscha mußte ständig ausweichen, sie kamen nur langsam voran.

Wie ein Begleiter schlängelte sich der Terek neben der Straße her. Im Sonnenschein glich das Wasser einem dünnen Quecksilberband, das sich zwischen den fast weißen Steinen im Flußbett ergoß.

Von den Felder ringsherum lagen die meisten brach, nur auf einigen stand Getreide oder Mais. Die sanften Hügel trugen ab und an ein kleines Dorf. Eines davon hieß Tolstoje zu Ehren des Dichters. Die Ortschaften wirkten friedlich. Wenn die Blockposten an den Kreuzungen und vor den Brücken nicht gewesen wären, hätte man kaum glauben mögen, daß dieses freundliche Fleckchen Erde zum Kriegsgebiet gehörte. In der Ferne leuchteten die Fackeln der Bohrstationen. Wie reich ihr kleines Land war: Öl gab es hier, fruchtbare Erde. Woanders mußten Menschen mit weit weniger auskommen.

Raissa verabschiedete sich von ihrer Heimat: Machs gut. Machs besser, viel schlechter kann es ja nicht werden! Bis hoffentlich bald. Allah sei mit dir, mein geliebtes Tschetschenien.

Die größte Kontrollstation ließen sie an der Grenze zu Nordossetien hinter sich. Direkt dahinter lag Mosdok, der bedeutendste Vorposten der russischen Armee im Nordkaukasus. Raissa erinnerte sich, daß hier vor wenigen Wochen eine Schwarze Witwe in einen Linienbus eingestiegen war, den hauptsächlich russische Militärpiloten benutzten. Mit ihrer Sprengladung hatte sie neunzehn Menschen mit in den Tod gerissen. Nicht alle waren Armeeangehörige. Die fünfzig Männer, die zuvor beim Anschlag auf das hiesige Militärkrankenhaus ums Leben kamen, waren dagegen allesamt Soldaten. Leichen pflasterten die Wege!

Dank Aljoscha und dem Militärjeep wurden sie an jeder Kontrolle sofort durchgewinkt. Um die Mittagszeit erreichten sie Mineralnyje Wody. Der Flughafen kam Raissa riesig vor. Noch nie hatte sie eine so große Halle gesehen. Am Ticketschalter stellte Aljoscha ihr ihren nächsten Begleiter vor. Es war eine Frau. Nicht viel älter als sie. Russin. Freundlich und sympathisch. Mit ihr sollte sie nach Moskau fliegen.

»Bist du schon mal geflogen?«

Raissa schüttelte den Kopf. Sie hatte aber keine Angst. Wenn so viele Leute jeden Tag in ein Flugzeug stiegen, konnte es schließlich nicht so schlimm sein.

Als die Tupolew 134 die holprige Startbahn entlangraste, klapperte es in der Maschine so laut, daß ihr doch mulmig wurde. Raissa wurde in ihren Sessel gedrückt. Von einem Augenblick zum nächsten brach das Rattern ab, und sie hörte nur noch die Flugzeugmotoren. Raissa wunderte sich, daß ihr trotz der Höhe überhaupt nicht schwindlig wurde. Aus dem Fenster sah sie, wie sie immer mehr Abstand von der Erde bekamen. Der felsige Tafelberg unmittelbar am Stadtrand, der wie aus Versehen in diese Ebene gestellt wirkte, war das letzte, was sie vom Kaukasus sah.

Noch nie hatte sie sich allein so weit von zu Hause weggewagt, und dies würde erst der Anfang sein! Doch sie zweifelte nicht an ihrem Entschluß. Alles, was jetzt kam, würde besser werden als das, was hinter ihr lag. Dessen war sie sicher.

In Moskau wechselten sie nur die Flughäfen. Nach den rund drei Stunden von Mineralnyje Wody bis Moskau saßen sie wenig später schon wieder in einer Tupolew.

Raissa flog über die Hauptstadt hinweg und blickte wehmütig nach unten. Anfangs versuchte sie, einzelne Gebäude auszumachen. Doch statt Kreml, Lomonossow-Universität oder Fernsehturm sah sie nur die blinkenden Aluminiumdächer der

Datschen und die Schlafstädte in Moskaus Außenbezirken. Schließlich verschwamm alles in einem grauen Betonmeer. Wie oft hatte sie sich ausgemalt, in Moskau zu studieren und Englischlehrerin zu werden. Wie gern hätte sie wenigstens einen Blick auf die Universität geworfen.

Sie schaute weiter hinaus und wartete, bis die TU 134 die Wolkendecke durchstoßen hatte. Sie freute sich auf den Augenblick. Sie wollte noch einmal von oben diese flauschige weiße Decke sehen, in die sie sich am liebsten hätte hineinplumpsen lassen. Unvorstellbar, daß man auf diesen Wolkenbergen nicht laufen können sollte! Das allerschönste aber war die Sonne, deren Strahlen sich am klaren blauen Himmel nichts mehr in den Weg stellte.

Raissa war froh, daß ihre Begleiterin sie mit ihren Gedanken allein ließ. Als das Essen serviert wurde, tauschten sie ein paar Belanglosigkeiten aus. Freundlich, aber unverbindlich, denn ihre Zweckgemeinschaft würde in wenigen Stunden für immer zu Ende sein.

Die Wolken hatten sich verzogen, sie sah das Land, über das sie flogen, klar unter sich. Endlose Wälder, ab und an kleine Siedlungen, die immer seltener wurden. Dafür schien es gegen Norden mehr Flüsse zu geben. Oder war es nur einer, der sich in der flachen und eintönigen Landschaft in ein Delta verzweigte? Niedrige Nadelwälder, nicht eine Siedlung, keine Straßen, dafür unzählige Wasseradern. All das gehörte zu dem Land, das laut Paß ihre Heimat war: Rußland.

Und was sah sie dort? Schnee? Tatsächlich. Im September! Nicht viel, aber hier und da schloß sich schon eine dünne Decke.

Der Flughafen von Ussinsk ähnelte einer Scheune. Etliche verrostete und anscheinend ausgemusterte Flugzeuge standen abseits der Rollbahn. Nebenan lag ein Hubschrauberfriedhof.

Aber einige Maschinen waren anscheinend noch zu gebrauchen und auch dringend nötig in diesem Land ohne Straßen.

Raissa hatte es plötzlich eilig. Sie konnte es kaum erwarten, ihren Bruder zu sehen. Zunächst mußten sie sich durch ein unerträgliches Gewühl am Gepäckband kämpfen, das anscheinend schon vor Jahren seinen Geist aufgegeben hatte. Die Menge staute sich vor einem großen Berg Koffer und Taschen. Zwei Männer auf einem Traktoranhänger warfen den Passagieren ihr Gepäck direkt vor die Füße, und die Fluggäste suchten sich aus dem Haufen heraus, was ihnen gehörte. Am Ausgang, durch den alle Passagiere, ob mit oder ohne Gepäck, gehen mußten, verglich eine dicke Matrone mit toupierter Turmfrisur die Paketscheine mit den Anhängern an den Taschen. Sie ließ sich alle Zeit der Welt.

Raissa fror. Sie begann sich Sorgen zu machen, denn in ihrer Sporttasche war nichts, was sie bei dieser Kälte wirklich wärmen konnte. Was hatte sie sich nur dabei gedacht? Noch nicht einmal Winterkleidung hatte sie mitgenommen. Aber wie auch? Ob ihr Bruder ihr helfen würde? Ob er sie abholte?

Ihre Begleiterin schien Gedanken lesen zu können. »Er wird nicht da sein. Sie dürfen zunächst nicht zusammen gesehen werden. Aber Sie sind bald bei ihm. Keine Bange.«

Endlich gelangten sie ins Freie. Sie wühlten sich durch das enge Spalier der Taxifahrer. »Taxi! Fräulein, brauchen Sie ein Taxi? Taxi, nicht teuer!« Die Fahrer waren aufdringlich und stellten sich denen, die nicht antworteten, frech in den Weg. Die beiden Frauen mußten sie grob beiseite schieben.

Ein älterer, drahtiger Mann in schwarzer Lederjacke sprach Raissas Begleiterin mit ihrem Namen und Vatersnamen an. Ihr Kollege vom hiesigen Geheimdienst. Erst als sie zu dritt auf den Parkplatz zusteuerten, ließen die Taxifahrer von ihnen ab.

Der Wagen war von der Herfahrt noch warm. Raissas Begleiterin, die auf die Kälte genausowenig vorbereitet war wie sie, erkundigte sich, ob der Schnee in diesem Jahr ungewöhnlich früh eingesetzt hatte. Da lachte ihr Kollege nur und sagte: »Früh? Wir haben September, da ist Schnee normal.«

Die Landschaft war trostlos. Kleine Gruppen von Nadelbäumen, Wiesen, darauf fleckig der frühe Schnee. Die Flughafenstraße führte schnurgerade auf die Stadt zu. Die Begleiterin wollte wissen, wie alt Ussinsk sei. Als hätte er nur auf sein Lieblingsthema gewartet, sprudelte ihr Kollege los. Er sei beim Baubeginn Mitte der siebziger Jahre selbst dabei gewesen. »Wir waren Enthusiasten. Es herrschte eine solche Aufbruchstimmung! Wir fühlten uns wie Pioniere. Wir trotzten der Tundra Land für unsere Stadt ab. Anfangs wohnten wir in Eisenbahnwaggons, später dann in Baracken. Acht Jahre lang. Aber was machte es schon! Ich erinnere mich an ein Plakat am Stadteingang: ›Nicht jedem ist es heut' gegeben, in einer so schönen Stadt zu leben‹ stand darauf. Naja, wir waren verflucht stolz auf das, was wir – und nur wir – mit unseren eigenen Händen geschaffen hatten.«

»Waren Sie damals Bauarbeiter?« fragte Raissa erstaunt. Vielleicht hatte er ja tatsächlich erst später beim Geheimdienst angefangen. Er antwortete nicht. Also war er schon damals beim KGB. In Raissa stieg Ärger auf. Wie konnte er sich mit der Aufbauleistung der Komsomolzen schmücken?! Sie war drauf und dran, ihn zu provozieren. Ob es nicht vielmehr die Gulag-Häftlinge gewesen seien, die als Pioniere in der Tundra schuften mußten? Sie verkniff sich die Frage, er hätte sie für eine Frechheit gehalten, und sie brauchte ihn noch.

Der Mann schwärmte weiter wie ein Hauptdarsteller in einem sowjetischen Propagandafilm. »Wir waren Freiwillige, die dem Aufruf des Komsomol gefolgt waren. Was war das für ein Leben! Was haben wir für Feste gefeiert! Und wie gut sich alle verstanden haben. Nicht wie heute, wo es Arbeitslose gibt, wo die Menschen neidisch aufeinander sind. Wo gestohlen und betrogen wird. So etwas wäre damals undenkbar gewesen.«

»Klar«, diskutierte Raissa stumm mit ihm: »Damals habt ihr jeden, der auch nur schief guckte, eingesperrt.« Sie hielt alles, was der FSB-Mann von sich gab, für verklärte Jugenderinnerungen. »Früher war alles besser« – typisch Alte. Hoffentlich würde sie mal nicht so werden.

Sie erreichten die Stadt, die ausschließlich aus unverputzten Plattenbauten zu bestehen schien. Fünfstöckige Blocks, denen man ansah, wie eilig sie zusammengeschustert worden waren. Der einzige Luxus waren schäbige winzige Balkone. Auf den Dächern tummelte sich ein ganzer Wald von Antennen Marke Eigenbau. Schwarz und ungelenk ragten sie in alle Richtungen in den Himmel. Ein häßlicher Ort. Ganz anders als in ihrem Dorf zu Hause, wo die Zäune und Tore der Gehöfte mit Zinnen verziert wurden. Keine Fassade, kein Dach sah derart vernachlässigt aus. Selbst im Krieg bemühten sich die Familien, Schäden schnell zu reparieren. Aber kein Wunder: Die Häuser waren Familieneigentum.

»Gibt es hier keine Geschäfte?« wollte Raissa wissen.

»Doch natürlich. Warum sollte es sie nicht geben?«

»Wo denn?«

Der Fahrer wies auf ein Schild in einem Kellerfenster, auf dem »Produkty« – »Lebensmittel« – stand. »Dort zum Beispiel.«

»Im Keller?«

»Ja, die meisten Läden befinden sich in Kellern, aber es gibt jetzt auch einige neue teure Geschäfte in ganz modernen Gebäuden. Als man in den siebziger Jahren das Öl entdeckt hat, ging es nur um die Produktion. Die Stadt ist so schnell hochgezogen worden, und Wohnungen waren das wichtigste, so daß man sich für den Bau von Läden keine Zeit genommen hat. Es war eine ungeheure Aufbruchstimmung. Die Komsomolzen haben wirklich wie Pioniere wahre Heldentaten vollbracht. Vor allem diejenigen, die als erste hierherkamen.« Als hätte er Raissas stummes Stöhnen gehört, stoppte er sein Loblied. »Naja, und als die erste Hochstimmung vorüber war, die ersten Bohrtürme standen, hat das Geld nur noch für eine Schule, ein Kulturhaus und eine Turnhalle gereicht. Von Geschäften war keine Rede mehr, und so ist es meist bei den Provisorien in den Kellern geblieben.«

»Gibt es denn wenigstens Restaurants, ein Hotel, Kino?« fragte seine Geheimdienstkollegin.

»Haben wir alles! Dort drüben ist das Hotel!«

Er wies auf einen Block, der sich in nichts von den anderen unterschied. »Das ist ein Wohnheim. Die meisten Zimmer bewohnen Leute, die noch immer auf eine Wohnung warten, denn seit Jahren wird in der Stadt nicht mehr gebaut. Aber eine Etage ist für Gäste reserviert. Dort werden Sie wohnen«, sagte er Raissas Begleiterin. Die war noch immer sehr skeptisch. »In einem richtigen Hotelzimmer?«

»Wenn Sie Glück haben, ja. Aber wahrscheinlich müssen Sie es sich mit drei weiteren Gästen teilen, denn es gibt nur Vierbettzimmer.«

Die Begleiterin schluckte, sie stammte aus Moskau und war mehr Komfort gewöhnt.

Raissa fragte nichts mehr. Sie wollte die Stadt allein erkunden, sobald ihr Hausarrest aufgehoben war.

Der Wagen hielt vor dem »Hotel«. Nachdem sich die beiden Geheimdienstkollegen für später verabredet hatten, half er Raissas Begleiterin aus dem Wagen und fuhr dann weiter.

»Ich bringe dich jetzt zu deinem Bruder. Du weißt, daß du die nächsten Tage die Wohnung nicht verlassen darfst? Halte dich daran, ansonsten schicke ich dich wieder zurück.«

Er stoppte vor einem Block und hieß sie, noch mit dem Aussteigen zu warten. Der Lada hatte getönte Scheiben. Von außen war nicht zu erkennen, ob oder gar wer im Wagen saß. Als er zurückkam, öffnete er ihr die Tür und informierte sie knapp: »In der fünften Etage links. Es ist jemand zu Hause. Alles Gute.«

Er fuhr davon.

Raissa zog die Eingangstür auf, die kein Schloß hatte. Das Treppenhaus war dunkel und schmutzig, es stank nach Urin. Sie suchte den Lichtschalter, fand ihn nicht und stieg vorsichtig nach oben. Als sich ihre Augen an das Halbdunkel gewöhnt hatten, nahm sie zwei Stufen auf einmal, denn die Treppen waren flach. Sie rannte. Sie brannte jetzt vor Ungeduld, ihren Bruder zu sehen. Ob sie ihn erkennen würde? Und er? Hielt er sie nicht für eine Fremde?

Die Wohnungstür war angelehnt. Raissa wollte gerade anklopfen, als sie aufging und eine blonde Frau erschien. »Wie schön, daß du da bist! Komm rein! Ich bin Lisa.«

Lisa umarmte sie, aber nicht auf tschetschenische Weise Seite an Seite, sondern russisch. Sie drückte ihr links, rechts und dann noch einmal links knallende Küsse auf die Wange, faßte sie bei den Händen und schob sie ein wenig von sich weg.

»Wie schön, dich endlich kennenzulernen. Wie schön, überhaupt endlich jemandem von Ramsans Familie zu begegnen. Du bist also Raissa!«

»Sie sagen Ramsan zu ihm?«

Lisa sah Raissa erstaunt an. Sie verstand ihre Frage nicht. »Heißt er nicht so?«

Raissa antwortete nicht. Wahrscheinlich kannte Lisa nicht die tschetschenische Tradition, allen Mitgliedern ihrer angeheirateten Familie, einschließlich ihres Mannes, einen schmeichelnden Kosenamen zu geben. »Wo ist er?«

»Er müßte bald hier sein. Heute ist seine Schicht zu Ende, jetzt ist er für zwei Wochen zu Hause. Nach vierzehn Tagen arbeitet er wieder für zwei Wochen auf dem Ölfeld. Aber laß uns doch nicht im Korridor herumstehen. Komm mit, trinken wir erst einmal Tee.«

Raissa zog die Schuhe aus, schlüpfte in die Schlappen, die ihr Lisa hingestellt hatte, und folgte der Schwägerin in die Küche, wo der Tisch bereits reichlich gedeckt war. Sie erfuhr, daß die Kinder vor ihrer Ankunft zu Lisas Mutter gebracht worden waren und dort bleiben sollten, bis Raissas Identität geklärt war.

Die Schwägerin kam nicht zur Ruhe. Kaum saß sie, sprang sie gleich wieder auf und warf einen Blick in den Flur, als befürchtete sie, daß Ramsan dort stehen könnte, ohne daß sie sein Kommen bemerkt hätte.

Raissa rührte nichts an.

Als sich der Schlüssel im Schloß drehte, stand Lisa schon an der Tür. Endlich war er da!

Raissa wollte nicht stören, wenn der Bruder seine Frau begrüßte, und blieb deshalb in der Küche. In Raissas Gegenwart hätte er Lisa vielleicht nicht zu küssen gewagt. Aber da rief Ramsan schon nach ihr. »Wo ist denn mein Schwesterlein? Raissa, traust du dich etwa nicht hervor? So kurz da und schon wieder weg?« Seine Stimme war warm und heiter.

Sie trat aus der Küche in den Flur, wo ein hochgewachsener, kräftiger Mann mit Bauchansatz stand. Seine blauen Augen funkelten lustig, in seinem kurzgeschnittenen schwarzen Haar zeigten sich erste silberne Strähnen. Ramsan zog sie mit dem linken Arm an seine Seite, sie begrüßten sich auf tschetschenische Art.

»Was für ein großes Mädchen! Und wie hübsch!«

»Was heißt hier Mädchen, Raissa ist eine junge Frau«, tadelte ihn Lisa.

»Stimmt, an den Gedanken werde ich mich erst noch gewöhnen müssen. Weißt du, als ich dich zum letzten Mal gesehen habe, warst du gerade in die Schule gekommen. Eine kleine Göre mit zwei wunderschönen langen Zöpfen. Hast du die noch?«

Raissa zog das Kopftuch herunter, das sie auf der Reise nicht hatte tragen dürfen. Sie hatte es sich erst in der Wohnung umgebunden, weil sie nicht wußte, wie ihr ältester Bruder reagieren würde, wenn er sie ohne Tuch sähe. Seine Frau trug kein Kopftuch, aber sie war ja auch keine Tschetschenin.

Ramsan strich seiner Schwester übers Haar.

Seine Frau bat sie zu Tisch. Die Stimmung war fröhlich, fast feierlich. Raissa hatte das gute Gefühl, wirklich willkommen zu sein. Doch jeder vermied sorgfältig, das Gespräch auf das schmerzhafteste aller Themen zu bringen, auf ihre Familie in Assinowskaja.

Ramsan berichtete von seiner Arbeit auf dem Ölfeld. Er versprach ihr, sie mitzunehmen, sobald das möglich war. Lisa erzählte von ihrer Familie, die zum Urvolk der Komi gehörte.

Raissa gestand ihr, daß sie sich früher die Komi-Menschen wie Eskimos vorgestellt hatte und wie erstaunt sie war, als sie das erste Bild von Lisa gesehen hatte. Blond, blauäugig.

»Aber noch nicht so dick wie jetzt«, lachte Lisa.

Ramsan wurde ernst. »Erzähl von Mutter. Wie geht es ihr? Und wie fühlt sich Vater, jetzt, wo er nicht mehr auf Montage ist?«

Raissa schaut unmerklich zu Lisa hinüber. Ramsan verstand ihren Blick schneller, als sie selbst wußte, was sie damit eigentlich meinte.

»Lisa weiß alles, wir haben voreinander keine Geheimnisse, du kannst offen reden.«

Raissa berichtete von dem Angriff auf ihr Elternhaus, von der Hilfe des Onkels, vom Tod der beiden Schwestern. Ramsan wollte wissen, wie die Eltern davon erfahren hatten. Er hatte, wie sich herausstellte, die Tragödie genau verfolgt.

»Weiß man hier, daß du ihr Bruder bist?«, fragte Raissa. Er

schüttelte den Kopf. »Hier sind es einfach irgendwelche Tschetschenen, ihnen sagen die Namen ohnehin nichts.«

Raissa war erleichtert. »Das macht vieles einfacher. Dann bringen sie auch mich nicht so leicht mit ihnen in Verbindung, wahrscheinlich ist es schon deshalb gut, daß ich hier bin.«

»Ich bin so froh, daß sie dich haben gehen lassen. Ich möchte nicht meine ganze Familie in diesen unseligen Kriegen verlieren.«

Ramsan und Lisa wollten alles ganz genau wissen. Wie die Schwestern in das Witwenkommando gelangen konnten, wann sie sich ihm angeschlossen hatten. Von irgendwoher wußte er, daß Achmed und Aslan sie rekrutiert hatten, doch Raissa mußte jenen Abend vor nunmehr anderthalb Jahren, an dem Achmed und Aslan die beiden Schwestern mitnahmen, minutiös schildern. Sie sah, wie Ramsan der Zorn packte.

»Achmed! Dieser Schnösel! Was spielt der sich eigentlich auf? Warum bin ich nur nicht dagewesen? Bei mir hätte er das nicht gewagt! Ich hätte sie nicht fortgelassen, und sie wären noch am Leben.«

»Weil du, wenn du in deiner Heimat geblieben wärst, vermutlich längst tot wärst. Das weißt du doch genau!« rief Lisa aufgebracht.

Ramsan beruhigte sich und fragte Raissa, warum die Schwestern überhaupt bereit gewesen waren, sich dem Kommando anzuschließen. »Unsere Eltern sind doch keine Wahhabiten, niemand ist bei uns ein religiöser Fanatiker.«

»Die Eltern nicht«, pflichtete Raissa ihm bei. »Aber Achmed und Aslan. Und Medina wollte Malik rächen. Sie fühlte sich wohl verpflichtet dazu.«

»Ich denke, Blutrache üben nur Männer, Verwandte? Warum übernimmt das die Witwe?« fragte Lisa voller Unverständnis in Ramsans Richtung.

»Weil anscheinend nichts mehr so ist, wie es einmal war. Unsere Traditionen sind durcheinandergeraten. Daß eine Frau Rache nimmt, war früher die große Ausnahme. Das kam nur dann in Frage, wenn kein Mann der Familie mehr in der Lage dazu war. Achmed hat die Situation ausgenutzt. Ist doch so, oder?« vergewisserte sich der Bruder jetzt bei Raissa. Sie nickte.

»Wie sind die Eltern damit fertig geworden, daß sie die beiden nicht beerdigen durften?«

»Gar nicht. Mutter geht jetzt viel öfter als früher zu Fatimas Grab. Es ist, als ob sie dort auch Medina und Hejda besuchen wollte.«

Raissa tat das ehrliche Interesse der beiden wohl. Sie hatten die Ereignisse genau beobachtet, so gut sie dazu aus der Ferne imstande waren. Sie nahmen Anteil. Anders als das Achmed immer so abfällig behauptet hatte, war dem ältesten Bruder in der Ferne seine Familie keineswegs gleichgültig geworden.

Worüber auch immer sie sprachen, nichts als schlechte Nachrichten. Raissa überlegte, ob es tatsächlich nichts Positives zu berichten gäbe, doch mehr als die Renten, die die Eltern nun regelmäßig ausgezahlt bekamen, fiel ihr nicht ein. Von Selimchan konnte sie nur bestätigen, daß er noch immer im Gefängnis saß, die Zwillinge waren nach ihrer Geiselhaft in Dagestan zu ihren bewaffneten Einheiten in den Bergen zurückgekehrt, Achmed und Aslan rekrutierten wahrscheinlich weiter Nachwuchs für das Witwenkommando oder hielten mit der Videokamera ihre Überfälle auf die russischen Soldaten fest.

Lisa faßte ihre Hand. »Was hast du in deinem jungen Leben schon alles ertragen müssen. Wie stark du bist!«

Raissa kamen die Tränen. Sie wischte sie mit dem Handrücken fort. »Da siehst du, wie stark ich bin.« Alle drei wurden still.

Dann lachte Ramsan plötzlich auf: »Und jetzt auch noch der Polarwinter!«

Raissa sah ihren Bruder an. »Was wird hier aus mir werden?«

»Der FSB-Mann meint, daß du eine neue Identität bekommst. Dann bist du erst mal vor Achmed sicher. Dieses Großmaul, was der sich einbildet! Ausgerechnet dieser Dummkopf, der nicht einmal richtig lesen und schreiben kann, maßt sich an, meinen Platz in der Familie einzunehmen!« Er hielt einen Moment inne, besann sich und redete ruhiger weiter. »Du brauchst die neue Identität, denn wie der Teufel es will, erfährt irgend jemand, daß du hier bist, und schon weiß es zu Hause jeder. In der Ölbranche gibt es viele Landsleute, und letztlich kennt doch jeder jeden, zumindest dem Namen nach. Aber jetzt ruh dich erst einmal aus, du hast ja eine echte Weltreise hinter dir.«

Raissa war tatsächlich müde. Und das mit der Weltreise stimmte auch. Sie war im Hochsommer losgefahren und im Winter angekommen.

Lisa hatte ihr im Kinderzimmer der kleinen Wohnung ein Bett bereitet, das ganze Heerscharen von Plüschtieren und Puppen bevölkerten. Raissa fiel ein, daß sie sich kein einziges Mal nach den Kleinen erkundigt hatte. Als sie ansetzte, winkte ihre Schwägerin ab. Dafür hätten sie morgen und übermorgen und nächste Woche, nächsten Monat und nächstes Jahr noch viel Zeit. Jetzt sollte sie sich vor allem erst einmal ausschlafen.

Niemand fragte in den nächsten Tagen nach Raissa. Ihr war es recht. Sie schaute aus dem Fenster. Auf die grauen Plattenbauten ringsherum. Auf deren rosafarbenen Sockel. Ein schmutziger Ton, der an den Stellen heller war, an denen der Putz bröckelte. Schwamm zerfraß die Gebäude und warf Blasen im Stein. Alle Hauseingänge sahen aus wie der, durch den sie zur Wohnung ihres Bruders gegangen war. Bretter anstelle von Türen, von denen die Farbe vor so langer Zeit abgeblättert war, daß niemand mehr sagen konnte, in welchem Ton sie einst gestrichen waren. Keine Tür hatte eine Klinke, keine ließ sich fest schließen. Hier oben im Norden konnten die Temperaturen auf minus fünfzig Grad oder tiefer fallen. Machte dann immer noch niemand die Türen zu? Es sah so aus.

Im Hof standen zwei alte Ladas, selbst in ihrem Dorf hatte es mehr Autos gegeben. Aber klar, Fahrzeuge hier hoch in den Norden zu bringen war aufwendig, man mußte sie mit der Bahn und das letzte Stück per Schiff anliefern. Und wer brauchte schon ein Auto in dieser kleinen Stadt, die ausschließlich von der Tundra umgeben war? Dünne Birken reckten sich in Richtung Sonnenlicht. Grünflächen gab es nicht. Vielleicht sollten sie einmal angelegt werden, doch bis auf die Grasbüschel zwischen den Trampelpfaden lugte kein noch so kleines Pflänzchen aus dem festgestampften Boden hervor.

Einziger Farbtupfer im Hof war ein Schild der Ussinsker Bankfiliale neben dem ersten Eingang des Nachbarblocks. Ab und an kam ein Kunde. Ansonsten zeigte sich kaum eine Menschenseele auf der Straße. Alles wie ausgestorben.

Raissa wunderte sich, wo all die Bewohner steckten. In diesen wenigen Häuserblöcken in ihrem Hof lebten wahrscheinlich so viele Menschen wie in ganz Assinowskaja, doch niemand war zu sehen. Saßen sie in ihren Wohnungen? Waren sie auf der Arbeit. In den Schulen?

Für Raissa war es ungewohnt, nicht hinaus in den Hof treten zu können. Ihr fehlte der Garten, die Sommerküche, die frische Luft. Um nichts in der Welt wäre sie in Assinowskaja an einem so wolkenlosen klaren Tag im Haus geblieben. Aber hier? Sie fühlte sich eingesperrt.

»Ratsch«, machte das Klebeband, wenn Raissa es von der Rolle riß. Das Ende des Streifens zwischen die Zähne geklemmt, zog sie das Band lang ab. Sie legte die Schere beiseite und bückte sich vorsichtig, um das untere Ende des Klebestreifens zu fassen zu kriegen. Behutsam jonglierte sie das Band in Richtung Fenster. Mit einem Fuß stand sie auf dem Brett, mit dem anderen auf dem Küchenstuhl. Sie zirkulierte genau, damit der Streifen exakt auf der Ritze zwischen Fensterrahmen und Mauerwerk zu liegen kam, dann strich sie mit dem Handballen darüber und drückte es fest. Lisa hatte ihr die Technik erklärt. Nun klebte Raissa reihum alle Fenster der Wohnung ab. Wintervorbereitungen. Durch die undichten Doppelrahmen würde schon bald der Wind pfeifen.

Sie schnappte sich den Küchenstuhl und zog zum nächsten Fenster, als plötzlich das Telefon klingelte.

»Hallo?«

»Raissa?«

»Wer spricht da?«

»Gut, daß du zu Hause bist, ich komme vorbei.«

Schon hatte der Anrufer aufgelegt.

Sie versuchte sich an die Stimme zu erinnern. War es der FSB-Mann? Raissa beschloß, vorläufig aufzuhören. Sie trug den Stuhl in die Küche, zog die Gardinen vor die Fenster und betrachtete sich im Spiegel. Sie schlüpfte aus dem Trainingsanzug in ein Kleid. Ihr Haar band sie zum Pferdeschwanz, den sie mit Klemmen zu einem Dutt feststeckte.

Sie wartete. Als es klingelte, spähte Raissa durch den Türspion. Im Treppenhaus stand der Geheimdienstmitarbeiter. Raissa öffnete.

»Seda Umarowa?«

Raissa schaute ihn verständnislos an.

»Seda Umarowa. Das bist du. So heißt du ab sofort.«

Bei Tee und Gebäck erklärte er ihr in der Küche ihre neue Identität. Sie sei eine dagestanische Tschetschenin aus Chasawjurt, Tochter einer Studienfreundin von Lisas Mutter. Ihr Vater – seit dem ersten Tschetschenienkrieg tot. Ihre Mutter – vor kurzem an einer Krankheit gestorben. Die Mutter hätte ihrer Freundin aus dem Norden vor Jahren das Versprechen abgenommen, dafür zu sorgen, daß »Seda« eine Berufsausbildung bekomme, sollte ihr einmal etwas zustoßen. Und umgekehrt hätte sie es Lisas Mutter gegeben. Ihre Töchter sollten keinesfalls nur Hausfrauen werden. Jetzt hatte Lisas Mutter »Seda« zu sich geholt, damit die hier im hohen Norden einen Beruf lernen und sie damit ihr Versprechen an die Freundin einlösen konnte.

»Und was soll ich werden?«

»Was willst du denn werden?«

»Englischlehrerin.«

»Hier in Ussinsk kannst du nicht studieren. Dazu müßtest du nach Syktyfkar, in die Hauptstadt. Die Republik Komi ist zwar flächenmäßig sehr groß, aber hier leben nur wenige Menschen. Zu wenig, um noch eine Universität oder Hochschule zu eröffnen. Dazu muß man in die Hauptstadt.«

»Und nach Syktyfkar lassen sie mich nicht. Richtig?«

»Du weißt, kostenlose Studienplätze sind knapp.«

»Schon gut.«

Raissa war nicht wirklich enttäuscht. Denn daß der russische Geheimdienst einer Tschetschenin einen Studienplatz verschaffte, wäre dann doch zuviel erwartet. Oder sie hätte Gegenleistungen erbringen müssen, als Schnüfflerin oder, wie sie es nannten: Informantin. Das kam für sie nicht in Frage.

»Was kann ich statt dessen tun?«

»Ich weiß es nicht. Versuch, eine Arbeit zu finden. Das ist schwer genug. Seitdem die Ölfirmen moderner geworden sind und es auf Effizienz ankommt, haben viele ihre Stelle verloren. Nur jeder dritte hat Arbeit. Aber du bist jung, du wirst schon was bekommen. Und denk daran: Bleib bei deiner Identität. Verplappere dich nicht. Sei vor allem bei den Ölarbeitern vorsichtig. Unter ihnen gibt es Tschetschenen. Glücklicherweise haben wir nicht viele hier.«

Vor dem Gehen gab er ihr seine Visitenkarte, auf der nur sein Name und seine Telefonnummer standen. »Falls du in Schwierigkeiten gerätst.«

Seda. Seda Umarowa. Seda. Ob die Russen daraus Sedotschka machen würden? Seda… Raissa versuchte sich an ihren neuen Namen zu gewöhnen. Sie kannte keine Seda. Obwohl der Name nicht selten war. Seda. Seda also.

Ihrer Schwägerin und ihrem Bruder eröffnete sie die Neuigkeit, als sie vom Einkaufen zurückkamen. Sie besprachen, was Raissas neue Identität für sie bedeutete, und machten sich klar, daß nicht mehr Ramsan Sedas Anknüpfungspunkt war, sondern die Fäden über Lisa und vor allem Lisas Mutter liefen. Ihre Schwägerin rief aufgeregt: »Jetzt mußt du vor allem meine Mutter kennenlernen! So schnell es geht, denn schließlich nimmt sie dich doch hier auf.«

»Aber erst soll Raissa einmal wissen, wo sie eigentlich hingeraten ist. Und vor allem muß sie mal wieder an die Luft. Deine Mutter hat bis heute abend Zeit.«

»Seda! Sie heißt Seda!« verbesserte Lisa ihren Mann.

Sie trafen eine Vereinbarung: Jeder, der Raissa noch einmal Raissa nannte, mußte zehn Rubel in eine gemeinsame Kasse einzahlen.

Die drei beschlossen, den sonnigen Tag für eine Fahrt raus zu den Ölfeldern zu nutzen. Lisa griff zum Telefon und bat kurz darauf Ramsan loszulaufen, um ihren Dienstwagen vom Büro zu holen. Dann rief sie ihre Mutter an, und wenig später fuhren alle drei los.

Gleich hinter der Stadtgrenze tat sich die Weite des hohen Nordens auf. Nur noch Natur. Verkrüppelte Nadelbäumchen auf sandigem Boden. Außer der Straße keinerlei Zivilisation. »Tucktuck, tucktuck, tucktuck, tucktuck«, klopften die Reifen den Takt auf die Fahrbahn, die aus aneinandergelegten Betonplatten mit grob verkitteten Rillen bestand.

Schließlich sahen sie einen klapprigen hölzernen Bohrturm, dann noch einen und auch die Erdölleitung, die etwa einen Meter über dem Boden von Stelzen in der Luft gehalten wurde. Links und rechts der Straße verklebten dicke Öllachen den sandigen Boden, es schien, als blute die Erde aus unzähligen Wunden. Das Öl hing schwarz an den Pflanzen. »Wie eingetrocknetes Blut an Haaren«, dachte Raissa.

»Die Leitung ist undicht, sie verliert Öl, aber das kümmert niemanden! Wir haben Milliardensummen aus dem Ausland bekommen, damit wir die Lecks und die Verschmutzungen beseitigen. Das Geld ist verschwunden, aber du siehst ja selbst, wie es hier noch immer aussieht. Eine einzige Sauerei.«

»Lisa ist unsere Umweltdetektivin. Solange kein Schnee liegt, schleicht sie an den Erdölleitung entlang, immer auf der Suche nach Lecks. Und dann werden die verantwortlichen Direktoren zur Rechenschaft gezogen«, erklärte Ramsan in Richtung Rücksitz, wo Raissa saß.

»Und was hat das mit dem Schnee zu tun?«

»Der Schnee deckt alles zu. Die Öllachen und die Lecks. Wenn Schnee liegt, scheint die Welt in Ordnung zu sein. Aber der Frühling bringt die Wahrheit an den Tag. Was ich bis zum Herbst nicht entdeckt habe, sehe ich erst im nächsten Jahr. Im Winter habe ich Zeit, den Umweltsündern ihre Strafen aufzubrummen und sie, wenn sie nicht zahlen, vor Gericht zu stellen.«

Raissa war überrascht. Ihre Schwägerin legte sich offen mit Männern an, wie mutig!

Als neben der Straße ein etwa zwei Meter hoher Damm auftauchte, bat Lisa ihren Mann anzuhalten. »Laß uns aussteigen. Ich möchte Seda etwas zeigen.« Lisa kletterte mit flinken kleinen Schritten den Damm hinauf. Mit einer Handbewegung holte sie Raissa nach. Die verstand nicht warum, folgte aber der Schwägerin bis auf den Kamm.

Von oben hatten sie einen weiten Blick auf einen ölig braunen See, der sich vor ihnen ausbreitete. Ab und an ragte eine abgestorbene Kiefer aus der klebrigen Masse. Ein kläglicher Anblick.

»Diese Dämme haben sie aufgeschüttet, damit sich die Ölseen nicht in die Flußbetten ergießen. Aber ehe die Dämme standen, war die Katastrophe längst geschehen. In der Kolwa und der Ussa können die Fischer schon lange nicht mehr ihre Netze auswerfen. Jedenfalls nicht in der Nähe der Siedlungen. Sie müssen mit ihren Booten weit in den Norden rudern, hin zum Eismeer, dorthin, wo sich der Ölteppich noch nicht ausgebreitet hat. Als das Hochwasser im Frühjahr über die Ufer trat, überschwemmte die ölverseuchte Brühe sämtliche Felder und Weiden. Das Öl hatte auch das Grundwasser erreicht, denn der Torfboden hier saugt es auf wie ein Schwamm. Als der Frost vorbei war, schwemmte das Tauwasser das Öl erneut an die Oberfläche. Das bedeutete, daß es wieder keine Ernte und nicht einmal Futter fürs Vieh geben würde. Aber hier wohnen ja nur die Komi, und damit war es denen da oben ohnehin egal.«

Raissa verstand nicht, woher all das Öl kam. In Tschetschenien gab es auch Öl, auch Unfälle, aber von Katastrophen solchen Ausmaßes hatte sie zuvor nicht gehört. Geschweige denn, daß sie sie mit eigenen Augen gesehen hätte. Lisa erklärte ihr, daß das Öl hier im Norden viel Wasser enthielt, das die Rohre von innen rosten ließ, und daß sie auf diese Weise porös wurden. Bis ein Rohr dann breche, sei es nur noch eine Frage der Zeit. Die Firmen seien zu geizig, Techniken einzusetzen, die dem Öl das Wasser vor dem Transport entzögen.

Raissa war beeindruckt, wieviel ihre Schwägerin wußte. Sie war für sie die erste Frau, die sich in technischen Details auskannte. Wahrscheinlich war sie ihrem Bruder auch in dieser Hinsicht eine echte Partnerin. Sie wollte mehr erfahren. »Und was ist dann mit den Menschen geschehen, als sie ihre Tiere nicht mehr füttern konnten?«

»Die Tiere wurden geschlachtet, denn sie drohten zu verhungern. Als die Komi-Leute endlich Alarm schlugen und vor allem das Ausland die Schweinerei mitbekam, schafften sie Lebensmittel heran. Lastwagenweise wurden Konserven verteilt. Als wäre das hier ein Kriegsgebiet. Naja, so was kennst du ja.«

Sie stiegen den Damm hinunter.

Im Auto redete Lisa immer weiter. Daß sie der Katastrophe letztlich ihren Arbeitsplatz verdankte, denn ab sofort sollte das Fördergebiet regelmäßig auf Umweltschäden untergesucht werden. Und daß sie davon überzeugt war, daß die Ölfirmen die Dämme auch aufgeschüttet hätten, damit die Öffentlichkeit das Ausmaß der Verschmutzung nicht sähe. »Du kennst ja unsere Leute: Was ich nicht weiß, macht mich nicht heiß.«

Nach einigen Kilometern stoppte Ramsan erneut. Obwohl es außer einem niedrigen Wald und der Straße nichts zu sehen gab, stiegen sie aus. Raissa blickte ratlos in die Landschaft. Da faßte der Bruder seiner Schwester sanft unter das Kinn und hob ihren Kopf hoch. Über ihr, in etwa zwei Meter fünfzig Höhe, erschien ein kreisrundes Schild. »Nordpolarkreis« stand auf der oben Hälfte in kyrillischen Buchstaben. Und im Halbkreis darunter in lateinischer Schrift: »Arctic Circle«. In der Mitte weiß auf schwarzem Grund ein Eisbär und ein Rentier, eine Kiefer sowie Eisberge, dazu ein sternenbedeckter Himmel. Der Eisbär und das Rentier waren durchlöchert. Hier hatten Jäger geübt.

Raissa starrte auf das Schild, als könnte sie nur glauben, wo sie sich befand, weil es dort geschrieben stand: »Der Nordpolarkreis! Das nimmt mir kein Mensch ab!« Sie lachte, zog ihre Baseballkappe und drehte sich ganz langsam um sich selbst. Sie blinzelte in alle Richtungen, als müsse sie sich genau einprägen, wie es hier am Polarkreis aussah. Nicht viel anders als auf dem Weg hierher, aber erst hier fing der Polarkreis wirklich an. Raissa bückte sich und schaufelte sich ein wenig Sand in die Hand. Sie schüttete ihn in ihr Taschentuch, das sie zu einem Säckchen verschnürte.

»Als ewiges Andenken?« Ramsan lachte.

Raissa nickte. Sie wußte zwar noch nicht, für wen dieses Souvenir sein sollte, aber sie wollte etwas von diesem Ort mitnehmen, um diesen bedeutungsvollen Moment in Erinnerung zu bewahren.

Auf der Weiterfahrt erzählte ihr der Bruder, daß Ussinsk vom Polarkreis rund einhundert Kilometer entfernt lag. Daß man die Stadt so weit südlich angelegt hatte, war Absicht der Behörden. Denn erst im Polarkreis waren die hohen Lohnzuschläge Pflicht. Auch die Unternehmen, die im Laufe der Jahrzehnte mit ihren Türmen weit in den Polarkreis vorgerückt waren, verwiesen auf ihren Firmensitz in Ussinsk und brachten die Arbeiter mit dieser Spitzfindigkeit um ihre Zuschläge.

In der Nähe eines verlassenen Bohrturmes bremste Ramsan erneut.

»Von dort hast du eine schöne Aussicht.«

Sie stiegen auf die Plattform und konnten weit über die Ebene blicken. Wie von einem unsichtbaren Zaun begrenzt, hörte der flache Nadelwald in der Ferne an einer schnurgeraden Linie auf, und dahinter öffnete sich nichts als endlose Tundra. Ein samtener rötlichbrauner Teppich aus Moosen und Flechten, den glitzernde Wasserflächen durchbrachen.

»Und irgendwo dahinten beginnt das Eismeer.« Mit ausgestrecktem Arm wies Ramsan in Richtung Norden.

Wie Flaggen auf einer Generalstabskarte standen die Bohrtürme auf der Ebene verteilt.

»Sieh dir das an!« schimpfte Lisa. »Sie sind fertig, haben ihr Öl rausgeholt. Und dann: nach ihnen die Sintflut! Es ist unglaublich, daß sie die Türme nicht abbauen, sondern einfach vor sich hingammeln lassen, bis sie zusammenbrechen. Wohin du schaust: überall diese Schrotthaufen!«

Ramsan protestierte. »Die Türme sind doch nun wirklich egal! Selbst wenn mal ein bißchen Öl ausläuft, stirbt auch keiner, vorausgesetzt, es nimmt nicht wieder solche Ausmaße an. Wer sieht die hier schon? Schau dich um, die Tundra ist riesig, und hier kommt außer uns sowieso keiner hin.«

Lisa widersprach heftig: »Aber wir Menschen verschandeln und verschmutzen die Natur! Das kann dir doch nicht egal sein.«

»Was hast du? Natur haben wir ja nun wirklich genug. Und außerdem reinigt die sich auch ohne uns ganz gut von selbst.«

Lisa wandte sich an Raissa. »Es ist zum Verzweifeln! So wie er denken hier die meisten. Erst verschmutzen sie alles, und wenn sie dann ein schönes unberührtes Fleckchen suchen, fahren sie einfach ein Stückchen weiter. Und das verdrecken sie dann als nächstes.«

Sie kletterten den ausgedienten Turm hinunter, stiegen ins Auto und fuhren weiter. Bei der nächsten Gelegenheit bog Ramsan von der Betonplattenstraße in einen Feldweg ein, der direkt zu einem Bohrturm führte.

Große rostige Fässer lagen leer in der Landschaft herum. Zwei

Bauwagen kamen in Sicht. Und schließlich in voller Größe der neue Turm. In seinem Windschatten hatte ein himmelblau gestrichener Autokran seinen Ausleger ausgefahren. Vier Männer neben dem Baufahrzeug schauten neugierig in ihre Richtung.

Als sie Ramsan erkannten, gab es ein großes Hallo.

»Und zwei Frauen hat er mitgebracht. Ein echter Prachtkerl!«

Sie strahlten. Lisa begrüßte alle kurz und stapfte sofort davon, um die Technik unter die Lupe zu nehmen.

Ramsan stellte Raissa vor. Dann wandte er sich an den Ältesten, dessen dicke Brillengläser mit Öl verschmiert waren. »Ich will Lisas Freundin zeigen, was beim Ölbohren passiert.«

»Geh ruhig rauf und zeig's ihr, wir sind gerade mit der Montage fertig«, sagte der Vorarbeiter, der Älteste von allen. »Aber Lisa behalten wir bei uns, dann können wir ihr die neuesten Umweltschweinereien erzählen.«

Bis auf den Vorarbeiter, den Raissa auf Mitte fünfzig schätzte, waren die Männer jung. Allerhöchstens dreißig. Ihre Arbeitskleidung starrte vor Dreck. Ein dicker schwarzer Film hatte sich über Jacken, Hosen, Wollmützen gelegt. Einer trug eine Art Fliegerkappe. Der dunkelblaue Baumwollstoff wirkte wie Leder, so ölig glänzte er. Das Öl saß in den Rillen ihrer Hände, in ihren Poren, überall. Sie rauchten, selbst ihre Zigaretten waren schwarz.

Raissa und Ramsan erklommen den Turm, den ein schwerer Dieselmotor in gleichmäßige Vibration versetzte. Sie kamen dem Motor immer näher und mußten lauter sprechen. »Siehst du genauso aus bei der Arbeit?« Raissa war nicht erpicht auf einen Technikvortrag, sie interessierte viel mehr, wie es dem Bruder hier erging.

»Du meinst so schmutzig?«

Raissa nickte.

»Weißt du, was das für ein Gefühl ist, am Morgen in diese

Klamotten zu steigen? Du bist schon bedient, bevor der Tag auch nur begonnen hat. Und wenn du ein paar Kilometer weiter siehst, wie es auch zugehen kann, erst recht.«

Raissa schaute ihn fragend an.

»Mich hat einmal ein Bekannter mitgenommen, der bei einer ausländischen Firma arbeitet. Gar nicht weit von hier. Die wechseln jeden Tag komplett die Arbeitskleidung! Wer nicht seine Schuhe mit den Stahlkappen trägt oder gar den Helm vergißt, bekommt einen Anpfiff. Die haben reißfeste Handschuhe, mit denen du gefahrlos jedes Stahlseil anfassen kannst. Und erst die Unterkünfte, die müßtest du sehen! Duschen, Toiletten, Sporträume. Jeder hat im Wohncontainer ein eigenes Zimmer mit Fernseher. Von ihrem Verdienst ganz zu schweigen!«

»Aber wahrscheinlich braucht man gute Beziehungen, um dort eingestellt zu werden?«

Ramsan lachte: »Diese Stellen werden vererbt! Aber vielleicht ist es mit der ganzen Herrlichkeit auch schneller vorbei, als diese Glückspilze gucken können, denn die Ausländer verderben mit diesen Standards die Preise, und jetzt ist nur noch eine Frage der Zeit, wann sie aus dem Land geekelt werden.

»Und wo ist dein Bohrturm?«

»Da hinten, in Richtung Eismeer.« Ramsan lachte. »Dort lenkt uns nichts ab, denn außer der sumpfigen Tundra gibt es rein gar nichts.«

Sie stiegen die Metallstufen hinab. Der Turm erzitterte unter ihren Tritten. Unten wurden sie in einen der winzigen Bauwagen zum Tee gebeten. Der enge Raum war düster und so schwarz wie seine Bewohner. Auch hier schien alles mit einem Ölschleier überzogen zu sein. Zwei Doppelstockbetten standen rechts und links neben dem Fenster, gleich an der Tür ein Tisch und vier Stühle, in einer Ecke eine einfache Kochplatte. Die Teegläser waren so verschmiert, daß Raissa ihres kaum an den

Mund zu setzen wagte. Lisa kam im nächsten Moment in den Bauwagen gepoltert: »Ihr müßt euren Vorgesetzten das Leck melden. Sie müssen etwas unternehmen, noch ist eine Reparatur nicht teuer.«

»Damit sie uns die Prämien kürzen? Nichts da!«

»Wenn ihr es nicht meldet, tue ich es. Und wenn sie euch die Prämien kürzen, sagt es mir, das ist verboten.« Die Männer brummten.

»Ist sie bei dir auch so hartnäckig?« wollte der Vorarbeiter wissen.

Ramsan schaute Lisa an und lachte: »Da seht ihr mal, was ich zu Hause zu erleiden habe!«

Raissa bemerkte, daß Lisa unter Ramsans Blick ein wenig rot geworden war, und freute sich, daß ihr Bruder seine Frau offenbar nicht nur sehr liebte, sondern auch stolz auf sie war, obwohl sie es ihm für seinen Geschmack mit der Umwelt etwas zu genau nahm.

Der Vorarbeiter wandte sich an Raissa. »Aus Dagestan kommst du? Da habt ihr hohe Berge...«

»Aber das Schöne an der Tundra ist, daß nichts den Blick verstellt. Sie ist einmalig«, lobte Raissa, denn sie fühlte, daß sie Schmeicheleien hören wollten. Und sie meinte es auch so.

»Ruslan, unser Kollege aus der anderen Schicht, kommt aus der Nähe von Grosny«, erzählte der Vorarbeiter. Er wandte sich jetzt mehr an Ramsan als an Raissa. »Seit er letzten Dezember seinen Sohn verloren hat, ist er ein ganz anderer geworden. Er macht sich Vorwürfe, daß er ihn nicht längst hierher geholt hatte. Der war doch fast fertig mit dem Studium.«

»Kenne ich Ruslan, wie heißt er mit Nachnamen?« Der Name sagte Ramsan nichts.

»Sein Junge hieß Dschamil, er hat ständig von ihm gesprochen.«

Raissa zuckte zusammen. Das konnte kein Zufall sein! Dschamil, der Student. Er hatte ihr doch auf Medinas Hochzeit noch von seinem Vater auf dem Ölfeld im hohen Norden erzählt. Dann war Dschamil also tot. Sie begann, an ihren Fingernägeln zu kauen, die einzige Möglichkeit, nicht loszuschreien.

Als Ramsan zum Aufbruch drängte, war sie die erste, die aufsprang. Im Auto hielt sie die Tränen nicht mehr zurück. Lisa wollte den Arm um sie legen und sie streicheln, aber Raissa schüttelte sie mit einer kurzen Bewegung ab. Sie wollte weder Mitleid noch Trost. Die alte ohnmächtige Wut stieg in ihr hoch. Immer nur Tod, nichts als Sterben!

Sie fuhren die Betonstraße weiter in Richtung Norden. Vorbei an vier blanken Öltanks und einigen modernen Gebäuden. Mit den verfallenen Baracken, aus denen sie gerade kamen, hatte diese neue Förderstation nichts mehr gemein. Sie wirkte wie ein Raumschiff von einem anderen Planeten. Die Straße führte noch einige Meter weiter ins Moos hinein, dann war sie zu Ende. Baggerschaufeln, bewehrt mit scharfen Zähnen, verharrten in Habachtstellung, jederzeit bereit, sich weiter in die Tundra vorzufressen.

Raissa hatte sich wieder gefaßt. Sie fragte Ramsan, warum die Trasse im Nichts endete, und der Bruder erklärte ihr, den Blick in die nördliche Ferne gerichtet, daß die Straße weitergebaut und schon bald zu Öl- und Flüssig-gasterminals in einem modernen Hafen führen würde, keine zweihundert Kilometer von ihrem Standort entfernt.

Alle drei hatten Mühe, sich dies beim Anblick dieser völlig unberührten Natur vorzustellen. Raissa ging bis ganz an den Rand der Straße. Sie stellte sich so hin, daß sie die Straße, die Fahrzeuge und ihre Begleiter im Rücken hatte. Kein Zeichen menschlicher Zivilisation sollte sich in ihr Blickfeld drängen. Dann sah sie nur noch die unendliche Weite der rötlichbraunen

Tundra vor sich. Nichts als kleine, nicht einmal kniehohe Pflanzen. Ringsherum kein Mensch, kein Tier. Nur Natur. Natur, die einem erbarmungslosen Überlebenskampf ausgesetzt war. Die monatelang erdrückt wurde von Massen aus Eis und Schnee, von Frösten um die fünfzig Grad unter Null. Und die es doch jedes Frühjahr wieder schaffte, durch das Eis zu brechen und zu erblühen. Was für ein Wunder!

Und das alles ohne menschliches Zutun. Vielleicht lag darin das Geheimnis? Raissa schien es so. Von den Menschen ging soviel Böses aus. Wußten sie nichts besseres, als einander umzubringen? Gut, daß sie nicht überall waren. Wie weit hatte sie fliehen müssen, um ihnen zu entgehen.

Andererseits: Ein Mensch allein in dieser Einöde, die selbst jetzt ohne Schnee abweisend und unwirtlich wirkte, wäre hoffnungslos verloren. Wenn sie hier überleben wollten, mußten die Menschen zusammenhalten und sich gegenseitig helfen. Vielleicht machte das ja die Bewohner des hohen Nordens zu besseren Geschöpfen?

Raissa sah sich um. Ramsan und Lisa standen dicht nebeneinander, eine unzerstörbare Einheit. Undenkbar, daß Ramsan Lisa jemals einfach verstoßen würde, wie das so viele Männer zu Hause taten. Wenn sie mit ihren Frauen unzufrieden oder ihrer überdrüssig waren, jagten die Männer sie einfach vom Hof. Zuvor entrissen sie ihnen die Kinder. Söhne wie Töchter blieben bei den Vätern, weil angeblich der nächste Ehemann diese fremden Kinder nicht lieben würde. Aber was hatten die Männer überhaupt mit den Kindern zu tun? Ihre Erziehungsarbeit bestand darin, ihnen regelmäßig eine Tracht Prügel zu verabreichen, mit oder ohne Anlaß. Ansonsten kümmerten sich ausnahmslos die Frauen um die Kinder, eigene wie angenommene. Ob die je ihre leibliche Mutter wiedersahen, lag einzig im Ermessen des Vaters. Er konnte, aber er mußte es nicht erlauben. Ramsan würde Lisa garantiert nie so unglücklich machen!

Sie war froh, die beiden so nah bei sich zu wissen. Sie waren das Beste, was ihr seit Jahren begegnet war. Was wäre ohne sie aus ihr geworden? schoß es Raissa plötzlich durch den Kopf. Was, wenn Ramsan nicht so fern der Heimat gelebt hätte? Wenn seine Familie nicht bereit gewesen wäre, sie aufzunehmen? Raissa seufzte.

Zum ersten Mal seit einer Ewigkeit fühlte sie sich sicher und geborgen, und das verdankte sie einzig ihrem Bruder und dessen Frau. Wieder versöhnlicher gestimmt, ging Raissa mit einem Lächeln auf die beiden zu.

»Danke!«

Die beiden verzogen verblüfft die Gesichter. »Wofür?«

»Für alles.«

Ramsan fuhr die Straße zurück. Denselben schnurgeraden Weg. »Tucktuck, tucktuck, tucktuck«, klopften die Reifen wieder auf die Teerrillen. Raissa schlief ein und wachte erst auf, als Ramsan vor einem Wohnblock in Ussinsk den Zündschlüssel abzog.

Die Haustür war verschlossen. Lisa drückte mit beiden Händen zugleich drei Nummern auf einem Zahlenblock an der Blechtür, und nach einem kurzen Summen sprang die Tür auf.

Von oben kam Kinderlärm.

»Mama, Mamotschka!«

Lisa rief ins Treppenhaus hinauf: »Ja, wo sind denn meine Häschen?« und eilte nach oben.

Ein kleines Mädchen hüpfte ihr entgegen. Hinter ihr ein größerer und ein kleinerer Junge. Lisas Mutter wartete in der Wohnungstür. Eine ausgedehnte Begrüßung fand statt. Ramsan nahm seine Kinder, die aufgeregt durcheinanderplapperten, einzeln in die Höhe und küßte sie. Er umarmte seine Schwiegermutter auf tschetschenische Art. Raissa hielt sich im Hintergrund. Plötzlich faßte Lisa sie am Arm.

»Schau Mutter, wen wir dir mitgebracht haben. Das ist ›Seda‹ aus Chasawjurt. Jetzt hast du sie endlich hier.«

»Seda! Wie schön, daß ich dich endlich kennenlerne.«

Lisa und Ramsan mußten sich abgesprochen haben, denn wie selbstverständlich verschwand Ramsan mit den Kindern im Wohnzimmer, während sich die drei Frauen in die Küche begaben.

Lisa weihte ihre Mutter in knappen Sätzen in Raissas Geschichte ein. Raissa fiel auf, daß sie nie Raissas richtigen Namen nannte, sondern stets von Ramsans jüngster Schwester oder Seda sprach. Die Mutter erfuhr, welche Rolle ihr zugedacht worden war, und akzeptierte sie sofort. Seitdem sie ihren Mann verloren hatte, lebte sie allein, was der energischen, klugen Frau schwerfiel.

»Seda, wenn du einverstanden bist, ist das jetzt dein Zuhause. Du kannst bei mir wohnen, solange du willst. Aber jetzt trinken wir erst einmal Tee, macht euch schnell frisch!«

In der Küche roch es nach gebratenem Fleisch. Lisas Mutter setzte allen Teller mit einer Art Gulasch vor. Kartoffeln, Gemüse oder Brot, jede Art von Beilage, fehlte. Raissa wunderte sich. Wollten sie nicht Tee trinken? Raissa probierte das Fleisch. »Glückwunsch, Seda«, lachte Ramsan. »Jetzt bist du nicht nur im Nordpolarkreis gewesen, sondern hast auch das erste Mal Rentierfleisch gegessen. Schmeckt es dir?«

»Sehr gut.«

»Frisch aus der Tundra«, erklärte Ramsans Schwiegermutter. »Das erste dieses Jahr auf dem Markt. Die Tiere dürfen jetzt wieder geschlachtet werden. Sie haben den Sommer über genug Fleisch angesetzt.«

Das Rentierfleisch war eine Delikatesse, für die die Stadtbewohner lange Wege in Kauf nahmen, denn obwohl es ringsherum zahlreiche Herden gab, gelangte das Fleisch selten bis in die Geschäfte.

Die Kinder hatten noch kein Wort an Raissa gerichtet. Sie freuten sich auf das Eis, das Lisa ihnen zum Nachtisch versprochen hatte, und schlürften geräuschvoll den Tee von den Untertassen, die ständig überschwappten. Raissa sah zu Ramsan hinüber. Der reagierte nicht. Ein solches Benehmen wäre bei ihnen zu Hause undenkbar gewesen. Aber offenbar bemühte sich ihr Bruder in keiner Weise, ein strenger Vater zu sein. Auch als sich die Kinder mit ihrem Eis bekleckerten, griff niemand ein. Warum nicht? War es ihm etwa egal, daß aus seinen Kindern ungezogene, verwöhnte Bälger wurden? Raissa mißfiel die Gleichgültigkeit ihres Bruders, obwohl sie natürlich verstand, daß er nicht hier vor allen ein strenges Erziehungsritual inszenieren wollte.

Raissa schaute sich in der Küche um. Der Tisch war lieblos gedeckt, auf dem Wachstuch stand das Fleisch in dem Topf, in dem es gegart worden war. Es in eine Servierschale umzufüllen war der Mutter in der Eile zuviel Aufwand gewesen. Lieber unterhielt sie sich mit ihrer Tochter, ihrem Schwiegersohn und richtete auch an »Seda« viele Fragen. Selbst beim Abräumen und beim anschließenden Abwasch verstummten die drei keinen Augenblick. Den Kindern wurden die Erwachsenengespräche schon bald langweilig, sie wollten fernsehen und quengelten so lange, bis die Eltern schließlich nachgaben.

Die vier Erwachsenen blieben in der Küche sitzen und redeten, bis der gemütliche Abend zur Neige ging. Raissa hatte zwar nicht viel gesagt, sich aber auch keinen Augenblick fremd gefühlt.

In den nächsten Tagen lernte sie Ussinsk kennen. Lisas Mutter führte sie durch die Stadt. An der Art, wie die Leute sie grüßten, erkannte Raissa, daß sie in diesem Ort eine geachtete Person sein mußte. Sie wurde häufig angesprochen, freundlich und zugleich außerordentlich höflich. Wenn sie »Seda« vorstellte, schien sich die Achtung der Gesprächspartner auf sie zu übertragen.

Nach dem Rundgang kannte Raissa die Lebensmittelgeschäfte und die Bäckerei, in der sich zur nachmittäglichen Backzeit eine kleine Schlange gebildet hatte. Raissa staunte, daß Lisas Mutter einfach an den Wartenden vorbei hinter den Ladentisch trat und weiter bis in die Backstube marschierte. Niemand protestierte, aber Raissa war dieses Sonderrecht, das sich Lisas Mutter herausnahm, unangenehm. In der Backstube balancierte gerade ein junger Mann fünf Kastenbrotformen auf einmal vom Ofen zum Tisch.

»Da kommen wir ja gerade richtig«, begrüßte die Mutter forsch die Anwesenden. Jemand in Handschuhen reichte ihr, noch bevor sie darum gebeten hatte, ein heißes Brot. Lisas Mutter ließ es in ihre Tasche gleiten. Sie bedankte sich nicht, und niemand schien darauf zu warten. War es eine Ehre, ihr, der Schuldirektorin, diesen Gefallen zu erweisen? Lisas Mutter brach eine kleine Ecke von dem Brot ab. Als sie sich dabei die Finger verbrannte, keimte in Raissa kurz ein Gefühl von Schadenfreude auf, für das sie sich aber sofort selbst rügte. Was fiel ihr eigentlich ein? Schließlich war Lisas Mutter doch bereit, so viel für sie zu tun!

»Soll ich dir zeigen, wo ich arbeite?« Raissa nickte. Sie gingen zum Schulgebäude, neben dem der Kindergarten lag. Die Kleinen tummelten sich auf dem Hof.

»Kann ich mir den Kindergarten auch noch ansehen?«

»Gleich jetzt oder nach der Schule?« Lisas Mutter wartete die Antwort nicht ab. Sie sah, wie gern Raissa zuerst die Kleineren besuchen wollte.

Sie bat eine der Kindergärtnerinnen, Raissa durch die Gruppen- und Schlafräume zu führen. Die Angestellte erfüllte eilfertig den Auftrag ihrer Chefin und zeigte Zimmer, die zu einer Zwergenschule zu gehören schienen. Ministühle und -tische im Eß- und Gruppenraum. Lange Reihen von niedrigen Bettchen im Schlafsaal, und im Waschraum waren die Becken nur so knapp über dem Boden angebracht, daß Raissa im ersten Moment dachte, es seien Fußwaschbecken. Alles war blitzsauber und mustergültig aufgeräumt. Ein wenig Kasernenatmosphäre, aber kindgerecht und freundlich.

Sie gingen zur Schule hinüber. Der Unterricht war vorüber, manche Kinder aßen noch im Speisesaal, aber der meiste Krach drang aus der zweiten Etage, wo die Zimmer der Internatsschüler lagen.

»Für die Kinder, deren Eltern Rentierzüchter sind. Weil ihre Kinder zur Schule müssen, haben sie sie nur in den Ferien bei sich. Im Frühling und Sommer ziehen die Familien gemeinsam mit ihren Herden umher. Aber den Herbst und Winter verbringen die Mädchen und Jungen bei uns im Internat.«

Raissa stellte es sich schwierig vor, als Kind so lange von den Eltern getrennt zu sein. Lisas Mutter sprach weiter, als hätte sie Raissas Gedanken erraten. »Die Kleinen haben furchtbares Heimweh. Sie sind in Zelten aufgewachsen, immer draußen, an der frischen Luft, selbst wenn es noch so kalt ist. Und sobald sie das Schulalter erreicht haben, müssen sie hierher. Sie fühlen sich wie in Haft.«

Sie öffneten eine der Türen. Ein kleiner, etwa sechsjähriger Junge sprang beim Anblick der Direktorin vom Doppelstockbett. Lisas Mutter fragte ihn, ob er schon essen gewesen sei. »Ich habe keinen Hunger.« Der Junge war blaß. Die Direktorin wandte sich zum Gehen. Auf dem dunklen Flur flüsterte sie Raissa leise zu, daß er krank vor Heimweh nach seinen Eltern sei. Die anderen Erstklässler hätten sich schon etwas eingewöhnt, aber er habe Probleme.

»Was soll das erst im Winter werden? Selbst für Erwachsene sind die Polarnächte eine einzige Plage. An die weißen Nächte im Sommer gewöhnt sich der Körper auch nur schwer, aber die langen dunklen Tage im Winter, an denen es wochenlang nie richtig hell wird, sind noch viel schlimmer.«

Raissa folgte Lisas Mutter in den Speisesaal, der voller kleiner und großer Kinder war, die keineswegs alle brav an ihren Tischen saßen, sondern Fangen spielten und durcheinanderkreischten. Als sie Lisas Mutter erkannten, ebbte der Lärm etwas ab. Die Köchinnen am Küchenschalter reichten ihrer Vorgesetzten und Raissa Kaffee und Gebäck. »Kann ich dem Kleinen nicht ein Stück Kuchen bringen?«

»Geh nur, vielleicht gelingt es dir ja, ihn ein wenig zu trösten.«

Raissa nahm den Teller und ging in den zweiten Stock hinauf. Sein Zimmer lag fast am Ende des langen Flures. Die Dielen knarrten und schienen zu stauben unter ihren Schritten. Das Holz ächzte, so ausgedörrt war es. Überhaupt machte das Internat einen armen, wenn auch nicht vernachlässigten Eindruck.

Sie klopfte leise und lugte durch den Türspalt. Der blonde Junge schaute mit fragenden Augen in ihre Richtung.

»Kann ich rein?« Er nickte unmerklich.

»Magst du das hier?« Er reagierte nicht.

»Soll ich dich allein lassen?« Keine Antwort.

»Willst du allein sein, oder bist du traurig, weil du hier sein mußt?« Er sah sie an.

»Ich bin Seda. Ich komme aus Chasawjurt. Ich bin Tschetschenin.« Raissa war überrascht, wie gut es ihr tat zu sagen, daß sie Tschetschenin sei. Allein das Wort in den Mund zu nehmen!

»Weißt du, was ein Tschetschene ist?« Der Junge schüttelte den Kopf.

»Hast du eine Landkarte?«

Er zeigte mit den Augen auf ein kleines Bücherbord.

Raissa ging hinüber und zog den großformatigen Schulatlas aus dem Regal. »Genau so einen hatte ich auch«, ging es ihr durch den Kopf.

»Schau, hier ist Ussinsk, wo du jetzt bist. Und hier ist der Süden von Rußland. Und hier der Kaukasus. Und hier ist Tschetschenien.«

»Dort ist Krieg.«

Raissa war überrascht. »Stimmt. Woher weißt du das?«

Keine Reaktion.

»Vom Fernsehen?«

Er nickte.

»Sagst du mir, wie du heißt?«

»Andruscha.«

Andrej also. Raissa fand es lustig, daß die russischen Kinder Fremden stets ihre Kosenamen sagten. Klar, denn anders wurden die Kleinen ja nicht gerufen.

»Darf ich auch Andruscha zu dir sagen oder lieber Andrej?«

»Andruscha.«

»Andruscha, wollen wir jeder ein Stück essen? Was willst du lieber? Mit Himbeeren oder Apfel?« Sie zeigte auf die Teigtaschen.

»Ich mag keine Himbeeren.«

»Hab ich ein Glück! Ich hatte schon Angst, du würdest das mit Himbeeren wollen. Dann kann ich das ja nehmen.«

Sie griffen gleichzeitig nach den Stückchen. Der Junge nahm die Apfeltasche, Raissa das andere.

Mit vollem Mund fragte Raissa ihn: »Gehst du manchmal im Ort spazieren?«

»Wenn ich sage, wohin ich gehe, darf ich. Aber nur, solange es hell ist.«

»Willst du mich besuchen kommen?«

»Wo wohnst du denn?«

»Bei eurer Schuldirektorin. Weißt du, wo das ist?«

Er schüttelte den Kopf.

»Wenn du willst, komme ich morgen wieder und hole dich ab. Und dann zeige ich dir, wo ich wohne, und du führst mich durch den Ort, denn ich bin neu hier, ich kenne ihn noch nicht. Du mußt mir alles erklären, abgemacht?«

»Na gut.«

Raissa beobachtete Andrej, wie er sich den Zeigefinger leckte, um so die Krümel besser aufstippen zu können.

»Hast du noch mehr Hunger?«

Er nickte.

»Wollen wir zusammen hinuntergehen und essen?«

Er nickte wieder.

»Na, dann komm.«

Sie gingen den dunklen Flur entlang zur Treppe. Raissa spürte, wie sich seine schmale Jungenhand in ihre schob. Sie holten sich Suppe und den obligatorischen Kascha, einen Brei, der zwar ungemein sättigte, aber wenig Geschmack hatte. Andrej verschlang das Essen.

»Bringst du mich zurück?«

Im Flur fragte Raissa: »Hast du Angst?«

Andrej schüttelte den Kopf.

»Fehlt dir deine Mama?«

Er nickte.

»Mir meine auch.«

»Aber du bist doch schon groß.«

»Sie fehlt mir trotzdem.«

»Kommt sie bald wieder?«

»Nein.« Raissa stellte fest, daß der Kleine der erste war, an dem sie ihre neue Identität ausprobierte.

»Warum nicht?«

»Weil sie im Paradies ist.«

»Du meinst im Himmel? Aber dann ist sie doch tot. Ist sie tot?«

Raissa nickte.

»Ist sie im Krieg gestorben?«

»Nein, sie war sehr krank.«

»Meine Mama ist nicht tot.«

»Du hast es gut. Du mußt nur auf die Ferien warten. Aber ich werde meine Mutter ganz lange nicht sehen.«

EINE TYPISCHE TSCHETSCHENISCHE FAMILIE

Ich habe Raissa in Grosny kennengelernt. Ihre Schwestern waren fast ein Jahr tot. Raissa hatte inzwischen verstanden, wie knapp sie einem ähnlichen Schicksal entgangen war. Noch immer war sie hin- und hergerissen zwischen dem Wunsch, ihrem Volk zu helfen, dem Haß auf die russischen Besatzer und der Angst zu sterben. Raissa wurde, wie alle Frauen in Tschetschenien, zum Gehorsam jeder männlichen tschetschenischen Person gegenüber erzogen. Als sie aber sah, wohin sie die Befehle ihrer Brüder bringen könnten, widersetzte sie sich ihnen, wahrscheinlich das erste Mal. Denn die junge Frau, heute zwanzig Jahre alt, hatte Sehnsüchte, Wünsche.

Raissa kam ausgerechnet die russische Armee zu Hilfe, die sie in Schutzhaft nahm – um die sie keineswegs gebeten hatte, auch wenn das die russische Propaganda anders darstellte. Die Armee bewahrte Raissa vor ihren Brüdern – alles andere als uneigennützig. Raissa war nichts als ein Mittel zum Zweck. Sie sollte das schwer beschädigte Image der Truppe aufbessern. Die Soldaten Moskaus, die vor allem wegen ihrer brutalen Übergriffe auf die tschetschenische Zivilbevölkerung für Negativschlagzeilen gesorgt haben, die, durch und durch korrupt, mit allem handeln, was ihnen zwischen die Finger kommt – selbst auf die Gefahr hin, mit ihren eigenen Waffen erschossen zu werden.

Das Ansehen der russischen Armee bedurfte dringend einer Korrektur. Raissa kam da gerade recht. Sie mußte vor laufenden Kameras erzählen, wie sicher sie angeblich bei der russischen Armee aufgehoben ist. Keine Rolle spielte dabei, daß sie auf keine der Journalistenfragen antwortete, völlig unverständliche Sätze murmelte, wenn sie Erklärungen zu ihrer Familie abgeben sollte. All das war zweitrangig. Sie war die Trophäe, die präsentiert werden konnte: eine Tschetschenin, die sich von Russen schützen ließ!

Dutzende Tschetscheninnen sind inzwischen den Weg der Schwarzen Witwen gegangen. Über ihr Vorhaben reden sie nicht, häufig wissen sie selbst nicht einmal, was sie erwartet. Sie werden abgeschirmt, um sie sofort wieder unter Kontrolle bringen zu können, sollten sie wankelmütig werden.

Was wir nach einem Attentat über die jeweiligen Täterinnen erfahren, sind vor allem Lügen über angeblich rachsüchtige Monster. Absolut nichts, was die offiziellen Seiten selbst in einem ungünstigen Licht dastehen lassen könnte, erreicht die Öffentlichkeit. Ob Miliz, Armee, Geheimdienst, örtliche Administrationen bis hin zum Kreml – niemand läßt die Wahrheit zu, wenn sie unbequem ist, wenn sie eigene Fehler oder gar die Beteiligung an den Verbrechen offenbart.

Die russischen Behörden analysieren ihre Fehler nicht, es kommt ihnen nicht darauf an, aus ihnen zu lernen und sie in Zukunft möglichst zu vermeiden. Warum sind beim Geiseldrama im Moskauer Musicaltheater Nordost alle Terroristen erschossen worden, obwohl die allermeisten längst bewußtlos waren und von ihnen keinerlei Gefahr mehr ausging? Warum hatte der Geheimdienst keinerlei Interesse daran, die Frauen und Männer zu befragen – wie sie organisiert waren, was ihre Motive ausmachte, wer hinter ihnen stand? Diese Informationen wären nötig gewesen, um bestehende Strukturen zu zerschlagen und neue Attentate zu verhindern. Weil solche Untersuchungen für den Geheimdienst selbst gefährlich werden könnten, forscht lieber niemand allzu genau nach, schließlich könnte plötzlich ans Licht kommen, dass eigene korrupte Mitarbeiter mit den Terroristen unter einer Decke gesteckt haben.

Wie konnte es geschehen, daß beim Geiseldrama in Beslan drei Tage lang die wahre Zahl der Gekidnappten heruntergeschwindelt wurde, wider besseres Wissen? Weil die Regierung das Ausmaß ihrer Niederlage nicht eingestehen mochte. Weil sie ihre Verantwortung nicht wahrgenommen hat und es ihr gleichgültig war, ob sie durch all die Lügen das Vertrauen der Bevölkerung verliert und den Terroristen sogar noch in die Hände spielt.

In der Schule Nummer eins in Beslan herrschte für drei Tage Krieg, an dem abermals Schwarze Witwen als Täterinnen beteiligt waren. Übrig blieben eine Ruine inmitten einer bis dahin ruhigen Kleinstadt und ein neuer Friedhof mit über dreihundertdreißig frischen Gräbern. In weit mehr als der Hälfte liegen Kinder. Das Massaker hat fast keine Familie verschont.

Durch das zerstörte Schulgebäude pfeift der Wind, der das Wehklagen der Frauen in den Hof hinausträgt. Die Wände in den Klassenzimmern und Korridoren sind übersät von Einschüssen und Schriften, die Rache androhen und vom unendlichen Leid der Hinterbliebenen künden. Die Menschen tragen Schwarz. Kinder laufen mit Plastikgewehren bewaffnet durch die Straßen. Die Männer polieren die echten und rüsten zum Gegenschlag. Wie beim Moskauer Geiseldrama verliefen auch in Beslan die halbherzigen Bemühungen, das Geschehene zu analysieren, im Sande. Die Untersuchungskommission hatte nur eingeschränkte Vollmachten, der Einsatz der Sicherheitskräfte durfte nicht hinterfragt werden. Ein Terrorist, angeblich der einzige, der überlebt hat, wurde vor Gericht gestellt. Den Hinterbliebenen in Beslan war allzu verständlich, dass sie dieses Bauernopfer ablenken sollte von weiteren Fragen.

Mit dem Tod von Schamil Bassajew, dem Anführer der tschetschenischen Terroristen, verbindet Moskau die Hoffnung, dass die Zeit der tschetschenischen Attentate und des Widerstandes vorbei ist. Der russische Geheimdienst und die Armee brüsteten sich, den jahrelang gesuchten Terroristen im Sommer 2006 liquidiert zu haben. Einen Beweis blieben sie schuldig. Da aber die tschetschenische Untergrundregierung den Tod Bassajews, wenn auch nicht die Art und Weise, wie er ums Leben gekommen ist, bestätigte, ist Bassajews Tod wohl Gewißheit. Dass der Kampf gegen die russischen Besatzer aber tatsächlich zu Ende ist, darf bezweifelt werden, denn die Übergriffe gegen die Zivilbevölkerung halten an. Nach wie vor werden Menschen verschleppt und gefoltert, liefern sich die kämpfenden Seiten immer wieder Schusswechsel. Neuer Haß wird gesät, neue Rachegelüste flammen auf. Motive, sich den Schwarzen Witwen oder dem Widerstand gegen Moskaus Truppen und die tschetschensichen Statthalter anzuschließen, werden nach wie vor genährt.

Russlands Bürger sind längst zu der Erkenntnis gelangt, daß der Staat sie nicht schützen kann. Nach jedem weiteren schrecklichen Anschlag wird die Furcht vor den Schwarzen Witwen neu geschürt. Das Bild, das sich die Öffentlichkeit von diesen jungen Tschetscheninnen machen soll, ist schwarzweiß, ohne jede Abstufung.

Immer wenn ich für Recherchen in den Kaukasus reiste, bot sich mir das Bild einer festgefügten Gesellschaft, in der das jahrhundertealte Regelwerk der Bergvölker regierte, unbeugsam hart gegen jedes Mitglied dieser Gesellschaft, das sich, gewollt oder ungewollt, widersetzt. Als verhängnisvollste Tradition erweist sich die Blutrache, die von allen Nationalitäten im Kaukasus gleichermaßen gepflegt wird – unabhängig vom muslimischen oder christlichen Glauben und von der auch im Kaukasus gültigen russischen Gesetzgebung. Einen Menschen wissentlich oder unwissentlich zu töten zieht den eigenen Tod nach sich. Es sei denn, die Stammesältesten kommen am Tag der Beerdigung in das Haus der Hinterbliebenen, lassen sich auf die Knie nieder und flehen – mit großen Geldbeträgen in der Hand – um Vergebung. Wehe dem, der diese Tradition nicht kennt oder ignoriert!

Die Tschetschenen gelten unter den Kaukasusvölkern als ganz besonders unbeugsam. Tatsache ist, daß sie eine Nation mit jahrhundertelanger Leidensgeschichte sind, die stets eng mit Rußland verknüpft war. Kriege, Deportation, Massensterben geschahen immer dann, wenn Rußland, später die Sowjetunion und in neuester Zeit wieder Rußland, diesem Volk zu Leibe rückte. Der Haß wurde stets gut genährt.

Wahr ist auch, daß die Tschetschenen zu Sowjetzeiten vom Bildungsprivileg für alle profitierten und außerordentlich talentierte und intelligente Persönlichkeiten hervorbrachten. Verständlich, daß viele aufgeklärte Tschetschenen mitnichten fundamentalistischen Führern auf dem Weg zurück zum islamischen Recht, zur Scharia, folgen wollen, zumal Tschetschenen über Jahrhunderte hinweg nie religiöse Fanatiker waren. Dieses Volk ist heute zerrissen.

Frauen verübten in der Vergangenheit nur dann Blutrache, wenn kein Mann der Familie mehr dazu in der Lage war. Und nur dann.

Aber warum jagen dann ausgerechnet Tschetscheninnen als Schwarze Witwen der Welt Angst und Schrecken ein? Weil nichts mehr so ist, wie es einmal war. Weil die jahrelangen

Kriege selbst diese in Stein gemeißelte Ordnung deformieren konnten. Weil russische und auch tschetschenische Kriegstreiber das Blutvergießen nicht stoppen wollen, denn daran verdient sich trefflich. Weil arabische Fundamentalisten einen neuen Nährboden für ihre mörderischen Lehren gefunden haben.

Wer die tschetschenische Gesellschaft kennenlernt, weiß, wie wenig die Frauen über sich selbst bestimmen dürfen, wie sehr sie von Traditionen, von Männern und deren Regeln gelenkt werden, daß sie fast nie aus sich heraus handeln können.

So laut, wie sich der russische Geheimdienst bei Raissas Festnahme mit ihr gebrüstet hat, so leise verkündete er jetzt ihren Tod.

Raissa soll auf eine Mine getreten sein. Die russische Armee weist jede Schuld von sich, sie habe mit Raissas Unfall nichts zu tun.

Ich hoffe, dass wir diese Nachricht vor allem so zu verstehen haben, dass mit ihrem erklärten Tod ihr neues Leben unter einem anderen Namen in einer weit entfernten Region beginnt.

Wie die allermeisten Informationen kann auch diese nicht geprüft werden, denn die Behörden sagen erfahrungsgemäß nur sehr selten die Wahrheit.

Wenn Raissa tatsächlich tot sein sollte, hätten ihre Eltern alle Töchter verloren. Ihre Familie spiegelt auf tragische Weise die Geschichte des tschetschenischen Volkes wider.

Da es nach dem Tod der Schwestern unmöglich war, das exakte Bild von Raissas Familie zu zeichnen, erhielten alle Mitglieder ihrer Familie neue Namen von mir. All diese Personen gibt es in Tschetschenien, sie existieren wirklich, sie werden sich wiedererkennen. Raissas Familie bestand so aber nicht.

Um zu verstehen, was die beiden Schwestern möglicherweise angetrieben hat, sich bereitwillig dem Witwenkommando anzuschließen, sprach ich mit vielen anderen jungen Frauen, die mir in aller Offenheit von ihren schweren Schicksalen erzählten. Schicksale, die sie ebenso auf den Weg der Schwarzen Witwen hätten führen können.

Heute weiß ich, wie das Umfeld, in dem Raissa und ihre Schwestern gelebt haben, funktioniert. Das ist der hauptsächliche Bestandteil dieser Geschichte, der Geschichte ihres jungen Lebens, das viel zu früh endete.

Ich wünsche mir, dass Raissa nur für ihre neue Identität offiziell sterben musste, dass sie irgendwann ohne Furcht vor der Verfolgung durch ihre Brüder wieder in Tschetschenien leben kann, das dann hoffentlich ein friedvolleres Land ist, in das sich Besucher wagen, ohne mörderische Angst davor zu haben, verschleppt zu werden.

Denn der Kaukasus ist traumhaft schön!

Danke!

Mein größter Dank gebührt denen, die das Risiko auf sich genommen haben, mich durch Tschetschenien zu begleiten, sowie denen, die mir geduldig meine Fragen beantworteten, mich bei sich aufgenommen haben. Bei denen ich, ob in Tschetschenien, Inguschetien, Nordossetien, Dagestan oder Georgien, erfahren durfte, was kaukasische Gastfreundschaft bedeutet.

Ich bedanke mich bei allen, die mich während der Arbeit an dem Buch ermutigt, ermuntert und mit ihrer Kritik unterstützt haben: Kerstin Kohlenberg, Friedrich Schmidt, Conrad Adler, Ingrid Henze, Klaudia Pape, Christel Becker-Rau, Anne Clauberg, Jens Hartmann, Elke Kläuser, Falk Bomsdorf, Katja Demurowa, Sergej Smirnow, Claudia Sinnig, Erika Stegmann, Gabi und Sandra Schumann.

Mein Dank gilt auch denen, die mir bei der Recherche geholfen haben: Eduard Topol, Ludmila Medwedjewa. Und Rainer Burchardt, der mich nach Rußland schickte.